新國中國文動動腦 3

李炳傑、劉崇義、林嫻雅、韓姝如、許碧華、關秀瓊、江艾倫、李敏雪 合著

目錄

序

時代在不斷地進步中，而學校的課本，爲了適應這種進步的步伐，也一次又一次地作了不同幅度的調整。這回依據民國八十三年新訂課程標準所編纂的國民中學國文課本，到現在已推出了三册。就在新譯本逐册推出的同時，國文天地雜誌社和它的關係企業萬卷樓圖書有限公司也在衆多國中國文教師的一再催促下，仿照舊有《國中國文動動腦》，並接納各方的意見，在兩年多前就計畫重新加以編纂，以迎合時代的需求。

舊版《國中國文動動腦》，共含「文字百科」、「成語典故」、「課文賞析」、「作者資料」、「課文資料」、「類文選讀」和「創造性」、「思考性」等欄頁，從各個角度提供教學的參考資料，很幸運地，受到廣大讀者的肯定。有了這種肯定作爲推動，於是經過了幾次的籌備會議後，決定《新國中國文動動腦》分「作者參考資料」、「課文參考資料」、「語文天地」、「課文補充資料」、「成語世界」、「思考與練習」等欄，在原有的基礎上加以調整、強化。其中「作者參考資料」、「課文參考資料」、「課文補充資料」和「成語世界」，相當於舊有的「作者資料」、「課文賞析」、「課文資料」、「類文選讀」和「成語典故」，卻要求更爲扼要而實用，而「語文天地」，則將舊有的「文學百科」予以擴大，不但詳加注釋，並辨析形、音、義，更針對課文來說明有關文法，修辭的技巧與應用，至於「思考與練習」，乃合舊有的「創造性」、「思考性」爲一，而要求更多樣、更活潑，兼顧了內容與形式，儘量取材自日常生活，作精密的設計，俾供教師隨意擇用，以使學生能深入思考，多方練習，增進教與學的雙重效果。

由於提供多樣、活潑而又有實用性的教學參考資料，是極其困難的，所以，爲了集思廣益，克服這種困難，便先後廣邀了多位國、高中的資深國文教授來共襄盛舉。這些教師，不僅富於教學經驗，且極有具研究熱忱，既能配合現實，也能兼顧理想。這樣在他（她）們的努力下，逐册地編纂下去，相信對目前國中國文教學而言，當會有相當的效益。

在第一册出版前夕，一則向所有參與編纂的教師致上敬意，因爲兩年多一路走過來實在太辛苦了，一則爲國文天地與萬卷樓賀喜，因爲終於有了豐碩的成果。於是略述編纂的經過與內容，聊表敬佩與慶賀之意。

陳滿銘　民國八十七年九月十五日
於國立臺灣師大國文學系

一、孔子的人格

／張蔭麟

壹、作者參考資料

一、維護民族文化的張蔭麟

張蔭麟，號素癡。廣東省東莞縣石龍鎮人，生於清德宗光緒三十一年（西元一九〇六年）十一月。

他幼年時母親便過世了，和父親、弟妹相依爲命，刻苦向學。民國十二年，十六歲的他，從廣東省立第二中學畢業，當年秋天考進清華中等科三年級。在清華期間，他天天進圖書館努力研讀，所以成績非常優異。梁啓超這時在清華任教，看了他的文章之後，視他爲天才。有一次，梁啓超在中國文化史演講班上，突然從口袋中拿出一封信來，問聽衆中那一位是張蔭麟，張蔭麟立刻起立致敬。原來他寫信去請教梁啓超前次演講中的問題，梁啓超便利用演講上課的機會，當衆答覆他。那時他才十七歲，便有足夠的學養在《學衡》雜誌上發表文章，批評梁啓超老子考證的優劣；《學衡》雜誌的編輯不認識他，還以爲他是清華的國學教授呢！

民國十五年夏天，他的父親也過世了。這時的張蔭麟上無父母、兄長，家中又沒有積蓄、恆產，不但自己的學費來源沒有著落，而且還必須兄代父職，負擔弟妹生活、求學的費用，情況極爲窘迫。師長、朋友有人知道他所面臨的困難，紛紛向他表示願意盡力給予經濟上的支援；但他卻秉持著自力更生的想法，婉謝了這些人的好意。從此，他更努力研究學問，勤奮寫作，他和弟妹們生活、求學費用的來源，便是靠他在《學衡》、《東方雜誌》、《清華學報》、《燕京學報》和《大公報》的文學副刊發表作品的稿費來支付。他曾經很痛切地說：「沒有學問的人，到處都要受人輕視的。」所以終日埋首於學問之中，奠定了他學術研究的基礎。

民國十八年，他從清華大學畢業後，獲得五年官費留美的機會，到史丹福大學攻讀西洋哲學、社會學，得到文學士、碩士學位。民國二十二年秋天，結束了四年的留美生活，準備回國，並決定順道遊覽一番。他首先由美國西部到美國東部遊覽一星期，然後渡過大西洋，又遍遊英國和歐洲大陸，再從南歐經由海路東返，在民國二十二年冬天抵達香港。他本來有五年官費留美的機會，何以會提早回國呢？據他的好友賀麟所推測，原因有三：

第一，因九一八事變後，他心繫國事，常寫些論學和論時事的文章，寄回國內發表。因為他的心思大半記掛著自己的國家，所以很想早些回國。

第二，西洋哲學的研究並非他的志事所在，所以很想早日回國繼續國史的研究。

第三，從前不理會他，使他飽嘗失戀傷痛的倫慧珠女士，後來又繼續和他通信交往，他想早日回國結婚。

他回國後的第二年，便應母校清華大學之聘，擔任哲學系和歷史系的講師；並在北京大學兼課，開了一門歷史哲學的課。兩年後，他便由講師升為教授。他對學生和藹可親，一點架子也沒有，常招待學生到茶館喝茶或去點心鋪喝豆漿，使學生在潛移默化之中，深受他人格與學問的薰陶。

民國二十四年教育部委託他主編高初中及小學的歷史教科書，於是他向清華大學請假，專心編寫。但是這段時間他仍舊住在清華的教員住宅區，因為一方面可以利用清華的圖書館查閱資料，另一方面，他雖然沒有上課，但也可以在空閒時指導清華的學生。在這段期間，他養成了一個很不好的習慣，就是每當寫一篇文章時，他常常幾個晚上不睡覺，硬撐到文章完成時，才大睡幾天，大吃幾頓。這種不正常的生活習慣，使他的健康日益受損。

民國二十六年，國內發生了七七事變，張蔭麟在戰亂中隻身脫險來到南方。不久，浙江大學聘請他住到天目山的禪源寺，為新生講授史學。後來隨著戰火逐漸往南蔓延，浙江大學幾度遷校，張蔭麟也輾轉南徙，並曾一度回到東莞縣原籍。

民國二十七年，由北大、南開、清華三所大學所組成的國立西南聯合大學在昆明開學，張蔭麟受聘為教授，前往昆明任教。這段時間，他一邊上課，一邊任國防設計委員會第八組（文化組）的研究員；也曾接受軍事委員會政治部的邀請，擬定宣傳工作綱要。民國二十八年，為軍事委員會政治部編印了一冊《蔣委員長抗戰必勝訓詞釋義》，又擔任中央研究院社會科學研究所《中國社會經濟史集刊》主編。

民國二十九年，浙江大學遷校到貴州的遵義，這一年秋天，張蔭麟受聘為浙江大學的教授。民國三十年三月，《中國史綱》第一輯由浙江大學史地教育研究室石印出版。年四月，張蔭麟和張其昀先生等人發起刊行《時代與思想》月刊，六月成立了「時代與思想社」，八月一日《時代與思想》月刊創刊號在遵義出版。張蔭麟所寫的《宋史兵志補闕》、《北宋土地分配與社會騷動》在月刊上逐月刊登。

由於長期以來對自己的健康疏於管理，張蔭麟的身體日益衰弱，民國三十一年十月二十四日上午三時，他因慢性腎臟炎在浙江大學逝世，享年三十八歲。死後葬在遵義老城南門外碧雲山天主教墓地。

張蔭麟學術研究的重心是在史學，特別是國史的研究，那是他一生志業所在。不過，在留美期間，他全心投入數理哲學的領域，修了不少關於數理邏輯的課程，爲他的史學研究奠定了深厚的基礎。

張蔭麟的著作很多，譯有英國漢學家翟利斯所著的《秦婦吟之考證與校釋》，發表的論文有《宋初四川王小波李順之亂》、《宋吳德仁記里鼓車之造法》、《沈括編年事蹟》、《紀元二世紀我國第一位大科學家——張衡》等。這些發表在各報章雜誌的文章，合計有數十萬字。他曾經計畫要寫的書很多，如《歷史研究法》、《民國開國史長編》、《宋史新編》、《中國政治哲學史》等，可惜都還來不及動筆，他便病逝了。已經脫稿的著作，只有《中國史綱》（上古篇）刊印，還沒有刊印的有《通史原理》、《宋史論叢》兩種。其他論文的篇目，都已列入他的學生徐規所著的《張蔭麟先生著作繫年目錄》書中。後來，倫偉良將他的遺作輯集爲《張蔭麟文集》一冊，由中華叢書委員會印行。

貳、課文參考資料

一、《孔子的人格》賞析

孔子是中國的至聖先師，他秉持著誨人不倦、有教無類的態度，及因材施教的方法，開啓了平民教育的大門，塑造出無數的英才，因此後世尊稱他爲萬世師表。以孔子爲中心的儒家思想，更是中國兩千多年來的顯學，深深影響著中國的歷史文化。然而，兩千多年來，他雖備受大部分的人所敬重與推崇；但也有一些人因認識不清或崇信太過，對他還存有誤解或偏見。有些醉心於西方物質文明的偏激之士，將孔子視爲頑固腐儒，要他爲固有文化的流弊負責；有些迂腐的人則爲他加上一層神話的外衣，幾乎奉他爲通天救主；也有些人懷疑他是醉心利祿的政客。面對這些紛擾不已的誤解與偏見，加上兩千五百多年的時空阻

孔子像

隔，今人更難以認識孔子這位聖人的眞面目。

今人想要瞭解孔子，唯有從流傳下來的可靠典籍中去尋找。而最可靠周詳的孔子言行錄當然是《論語》，可惜《論語》只是一本語錄，我們很難從中獲得完整的孔子形象。本文作者張蔭麟先生，從《論語》中選擇和孔子的人格有關的資料，再配合《禮記．檀弓篇》和《史記．孔子世家》所記載的可靠部分，加以融合、編排，運用流利的文字表達，深入淺出地描寫孔子崇高的人生志趣、和藹可親仁厚爲懷的處世態度和完美的人格風範，使得這位兩千多年前的聖人，在我們的心中留下清晰生動的印象。

這篇文章可分爲三個部分。第一部分中，開頭三句自成一小段，運用「重點提示」法總起全文，直接扼要地總述孔子的職業、抱負和理想。這種開門見山式的破題，使主角人物——孔子，在文章開頭就給予讀者鮮明深刻的印象。後面的第二小段則概述孔子的生平，和他求學、教學的經過。首先介紹孔子的身世，說他出身低微，所以多能鄙事；再引孔子的自述，說明他是好學不倦的，因此能博學多才；最後說明孔子「有教無類」的教育主張，點出孔子在我國教育史上的偉大成就，也呼應了開頭「教育是孔子心愛的職業」。

第二個部分寫孔子的性情、爲人處世的態度和人格的風範。開頭運用設問法來提引，接著從孔子的衣著、視盼、舉止、談吐，由外而內逐步深入描述孔子的性格和生活態度。其次，談到孔子喜歡和痛惡的性格，再舉孔子和別人一起唱歌的例證，來說明他寧靜舒適而不驕矜，凡事禮賢求教的生活態度。最後，則特別强調孔子廣博而深厚的同情到處流露，並引用《禮記．檀弓篇》的言證和例證來加以說明，呼應了開頭「淑世是他的理想」。

第三個部分引述兩段孔門師生的對話，用來介紹孔子和弟子相處的氣氛，並說明孔子一生的抱負和志向，照應了全文。第一段對話引自《論語・先進篇》，敘述孔子和弟子（子路、冉求、公西赤、曾晳）的抱負。這些孔門的弟子都是出類拔萃的賢者，他們各有自己的個性和才華，卻共同沐浴在孔門的春風裡，他們也都有各自的抱負和志趣，卻都顯露出成己成人的弘願。孔子重視純眞完美的人生境界，因爲一個人無論學識才能如何淵博卓越，假如失去純眞的性情和磊落、灑脫的胸襟，那麼在成己成人的德業上就不可能有美善的成就。所以，當具有詩人氣質的曾晳在琴瑟的嫋嫋餘音中說出自己所嚮往的境界時，孔子便不禁喟然而嘆，表示與他有同感，因爲曾晳所說的境界，正是灑脫、自在、純眞、完美的境界。

第二段對話引自《論語・公冶長篇》，說明孔子和弟子（子路、顏淵）的志向。子路個性豪爽，講義氣，所以希望待人寬厚、慷慨；顏淵謙虛內斂，善於自省，所以希望律己嚴謹。而孔子的志向則以簡單的三句話來表示：「願給老年的以安樂，對朋友以信實，給幼少的以愛撫。」道出他大同社會的政治理想。他希望人人都能各遂其生，各安其所，而這個志向正是他那「廣博而深厚的同情」的發揚，也是他「淑世」的理想。而且必須要透過教育的工作、政治的抱負來實現。因此作者把這三句話安排在文章末尾，和前文作了極密切的呼應。

孔子爲了這樣的淑世理想，忍受了許多挫折，忙碌奔波一生；並且本著他那廣博而深厚的同情，而能爲之不厭，誨人不倦，甚至「發憤忘食，樂以忘憂，不知老之將至」！司馬遷在《史記・孔子世家》贊中對孔子偉大的人格讚嘆道：「高山仰止，景行行止。雖不能至，然心嚮往之。」讀完了這篇文章，或許稱可體會太史公內心的景仰和感動。

二、《中國史綱・上古篇》序

張蔭麟對於民族文化的維護不遺餘力，並且注意到平民生活的改善，這是他思想上的一大進展。在《中國史綱》中，他談到歷代大政治家，如子產、墨子、王莽、王安石等人的社會政策或社會改革思想時，都會詳加解釋，並深入發揮。秉持學者的超然立場，將民族的歷史文化作一番整理和發揮，並融入個人對於社會現況和世界潮流的觀察研究心得，對眼前和未來的社會貧苦大眾寄予無限的關懷，流露出他愛國愛民的至情至性。下面摘錄《中國史綱》的序言，看他寫此書時的原始概念：

作者寫此書時所懸鵠的如下：㈠融會前人研究結果和作者玩索所得，以說故事的方式出之，不參入考證，不引用或採用前人敍述的成文，即原始文件的載錄亦力求節省；㈡選擇少數的節目為主題，給每一所選的節目以相當透徹的敍述，這些節目以外的大事，只概略地深及以為背景；㈢社會的變遷，思想的貢獻，和若干重大人物的性格，兼顧並詳。至於實際成就與所懸鵠的之間，有多少距離，只好付之讀者的判斷了。

這部書原不是作者刻意要寫的。刻意要他寫這部書並且給他以寫這部書的機會的是傅孟眞先生和錢乙藜先生。住在昆明，黃乙堅先生、孫毓棠先生曾費心謀刊印此書而未成。比來遵義，張曉峯先生主國立浙江大學史地教育研究室為石印五百冊以廣其傳。以下諸先生，作者謹於此誌謝。

三十年三月張蔭麟於貴州遵義書

叁、語文天地

一、文法修辭

㈠文法

1、判斷句

(1)教育是孔子心愛的職業。

(2)政治是他的抱負。

(3)淑世是他的理想。

(4)他從小就是一個好學不倦而且多才多藝的人。

(5)他所喜歡的性格是「剛毅木訥」，他所痛惡的是「巧言令色」。

(6)他們所遇到的是怎樣一位先生呢？

2、表態句

(1)家境很寒苦。

(2)我少時微賤。

(3)這位先生衣冠總是整齊而合宜的；他的視盼和藹中帶有嚴肅；他的舉止恭敬卻很自然。

(4)微音鏗然。

(5)他永遠是寧靜舒適的。

3、敍事句

本課敍事句很多，不一一列述。

(二)修辭

1、排比法

(1)教育是孔子心愛的職業，政治是他的抱負，淑世是他的理想。（兼「類疊」中的「類字」）

(2)「我十五歲便立志向學，三十歲便能堅定自立。」（兼引用、「類疊」中的「類字」）

(3)這位先生衣冠總是整齊而合宜的；他的視盼和藹中帶有嚴肅；他的舉止恭敬卻很自然。（兼類疊）

(4)他所喜歡的性格是「剛毅木訥」，他所痛惡的是「巧言令色」。（兼「引用」中的「暗用」、映襯）

(5)受著兵禍，又鬧饑荒。

(6)顏淵道：「願不誇自己的長處，不表自己的功勞。」（兼引用、類疊）

(7)孔子道：「願給老年的以安樂，對朋友以信實，給幼少的以愛撫。」（兼引用、類疊）

2、對偶

(1)多才多藝。（句中對）

(2)「有教無類」。（句中對、兼引用）

(3)巧言令色。（句中對、兼引用）

(4)「親者不失其爲親，故者不失其爲故」（單句對，兼引用、類疊）

(5)「生，於我乎館；死，於我乎殯」（長對，兼引用、類疊，映襯）

(6)循規蹈矩。（句中對）

3、設問

(1)他們所遇到的是怎樣一位先生呢？這位先生……（提問）

(2)假如有人知道你們，能用你們，又可以有什麼表現呢？

(3)「求，你怎樣呢？」（兼引用、呼告）

(4)「赤，你怎樣？」（兼引用、呼告）

(5)「點，你怎樣？」（兼引用、呼告）

4、映襯

(1)他的視盼和藹中帶有嚴肅。（兼視覺的摹寫）

(2)他的舉止恭敬卻很自然。（兼視覺的摹寫）

(3)他平常對人樸拙得像不會說話，但遇著該發言的時候卻又辯才無礙。

(4)他所喜歡的性格是「剛毅木訥」，他所痛惡的是「巧言令色」。

(5)用壞了也沒有怨憾。

(6)無論待怎樣不稱意的人，他總要「親者不失其爲親，故者不失其爲故」。

(7)生，於我乎館；死，於我乎殯。

肆、課文補充資料

一、世說新語・德行篇

(一)

李元禮風格秀整，高自標持，欲以天下名教是非爲己任，後進之士，有升其堂者，皆以爲「登龍門」。

翻譯：

李元禮爲人風度高雅，品格嚴整，自視甚高，想把教化人倫的是非當作自己的責任；後輩受業於他門下的，人們都認爲他們是「登龍門」。

(二)

客有問陳季方：「足下家君太丘有何功德，而荷天下重名？」季方曰：「吾家君譬如桂樹生泰山之阿，上有萬仞之高，下有不測之深；上爲甘露所霑，下爲淵泉所潤。當斯之時，桂樹焉知泰山之高？淵泉之深？不知有功德與無也。」

翻譯：

有一位客人問陳季方說：「令尊太丘有什麼功德而享有天下極大的德望和名譽？」季方回答說：「家父就如一棵桂樹生長在泰山的山坡上，其上有萬仞的高山，其下有不可測的深淵；他被上面天降的甘露所霑濡，又被下面深淵的清泉所滋潤。在這種情況下，桂樹那裡知道泰山有多高，淵泉有多深呢？我不知道我父親到底有沒有功德啊！」

(三)

華歆遇弟子甚整，雖閒室之內，嚴若朝典。陳元方兄弟，恣柔愛之道。而二門之裡，兩不失雍熙之軌焉。

翻譯：

華歆對子弟非常嚴肅，雖然在內室中，也莊嚴得像朝庭的規章。陳元方兄弟對子弟則採用溫柔慈愛的教育方式。但兩家之中，都沒有失去祥和的氣氛。

(四)

阮光祿在剡，曾有好車，借者無不皆給。有人葬母，意欲借而不敢言。阮後聞之，嘆曰：「吾有車而使人不敢借，何以車為！」遂焚之。

翻譯：

阮光祿在剡縣時，曾經有一輛好車，凡是有人向他借用時，他無不答應。有一次，有人要埋葬母親，想跟他借車又不敢開口。阮光祿事後聽到了這件事，嘆氣說：「我有車，卻讓別人不敢來借，那要車子做什麼呢？」於是就把車子燒掉了。

二、春風化雨

這個成語是比喻完善的教育就像春風、時雨生發、化育萬物，使人在潛移默化之下能學業有成。宋代〈李侗與羅從彥書〉說：「不言而飲人以和，與人並立而使之化，如春風發物，蓋可莫知其所以然也。」（譯：不說話，就能使人心境、行事平和；和別人站立在一起，就可使他受到感化。就像是春風吹拂大地，生發萬物，一切都是在默默之中進行著，所以沒有人知道萬物是如何化育的。）孟子盡心上說：「有如時雨化之者。」（譯：就像時雨化育萬物一樣。）後人就從這兩段話中產生出「春風化雨」這個成語。

三、親者不失其為親

《禮記．檀弓篇》下記載孔子的老朋友原壤這個人平日放蕩不羈，不受禮法束縛。有一天，他的母親過世了，孔子幫忙他辦理母親的後事，他竟然爬到樹上去唱歌！有人勸孔子和他絕交，孔子便說了這句話：「親者不失其為親，故者不失其為故。」孔子認為朋友雖然犯了過失，也不應該遺棄他。就像親人有不合禮法的行為，仍應和他和睦相處，不可以失去做親人的道理；對待老朋友也是一樣的道理，別人可以失禮，我們卻不可以不守禮，要寬以待人，規勸並給他自新的機會，才是做人的道理。

四、子路小傳

子路，姓仲，名由，字子路，又稱季路，少孔子九歲。他原本是卞邑地區粗魯蠻橫的混混，個性粗野，好勇鬥狠，且力大無窮。他曾經想要侮辱孔子，後來被孔子感化，收為學生。有一次，孔子在山中漫遊，他叫子路去河邊舀一些水來喝。子路到河邊取水，遇到一隻老虎，他和老虎搏鬥，把老虎的尾巴扯了下來，藏在身上。回到孔子身邊，他就問孔子說：「高級讀書人用什麼方法殺老虎？」孔子說：「上士殺虎抓虎頭。」子路接著問：「中級讀書人呢？」孔子說：「中士殺虎抓虎耳。」子路再問：「低級讀書人呢？」孔子說：「下士殺虎抓虎尾。」子路聽了就把身上的老虎尾巴丟了，隨手撿了一塊石片，對孔子說：「老師知道老虎在河邊，卻叫我去舀水，是想害我？」因而想殺孔子。他問孔子：「高級讀書人用什麼方法殺人？」孔子說：「用筆尖。」子路再問：「那麼中級讀書人呢？」孔子說：「用語言。」子路又問：「低級讀書人呢？」孔子說：「用石片。」子路聽後便把石片丟掉，走開了。

從此以後，子路便相當好學，且能努力在日常生活中實踐，他只要聽到一件善事，便拳拳服膺，如果還不能做到，就害怕再聽到另一件善事。他具有政治長才，名列孔門政事科。孔子曾稱讚他說：「由啊！擁有一千輛兵車的大國，可派他去治理軍事。」有一次季康子問孔子說：「仲由可以叫他管理政事嗎？」孔子回答說：「由做事果斷，對於管理政事又有什麼難的呢？」但子路個性魯莽，且好勇鬥狠，孔子曾罵他說：「由啊！好勇超過我，只是還不能深切地衡度事理。」又說：「像由這個性子，我真擔心他難得善終啊！」果然，後來他到衛國做孔悝的邑宰，不久孔悝被脅迫作亂，子路在混亂中被殺，碎成肉醬，時年五十四歲。孔子聽到這個消息後，悲痛地說：「唉！老天爺將要斷絕我行道啊！」

五、冉求小傳

冉求，字子有，小孔子二十九歲。他和子路一樣具有政治長才，同列名孔門政事科。他為人謙虛退讓，生性畏縮多慮，所以孔子曾激他說：「聽到一件應該做的事情，立刻就去做。」冉求非常好學，而且才華很多，曾做過季氏的家臣。季康子問孔子：「可以使冉求從政嗎？」孔子回答說：「求啊！多才多藝，從政對他又有什麼難的呢？」又說：「一千戶人家的大城邑，能出百輛兵車的大夫家，冉求可以把軍政之事掌理得很好。」可見冉求的博藝多能，是當時的典型。

六、公西赤小傳

公西赤，字子華，魯國人，小孔子四十二歲。他非常地好禮勤學，具有外交的長才，孔子曾說：「赤啊！可以穿著束帶的朝服，在朝廷上接待鄰國的使者。」有一次公西赤表達自己的志向說：「像宗廟的大事和諸侯的聚會，我願意穿戴著玄端和章甫，在旁邊做一個小相。」曾皙質疑說：「赤所說的不像治理一個國家呀！」孔子便糾正他說宗廟會同這些事，不是諸侯的事是什麼？赤願意只做個小相，那麼誰又能夠做大相呢？」可知公西赤具有輔佐諸侯的才能，是一個難得的外交人才。

七、曾點小傳

曾點，字皙，春秋時代魯國南武城人。他和他的兒子曾參都是孔子的學生。他是一個特立獨行、坦率無掩的狂者，有一次季武子過世，大夫前去弔喪，而曾點卻倚在門邊唱歌。他曾和子路、冉有、公西華陪侍孔子，孔子要他們說說自己的志向，他卻悠然地在一旁彈瑟，所以孔子先問其他三人，最後才問曾點；而他的抱負果然和別人不同，並沒有用世之心，只希望自自然然、快快樂樂地享受平常的生活，而深獲孔子的讚嘆。

八、顏淵小傳

顏回，字子淵，春秋時代魯國人，小孔子三十歲。他的父親顏路也是孔子的學生，小孔子六歲。顏淵天資聰敏，貧而好學，名列孔門德行科，是孔門弟子中表現最優秀的，後世尊他爲「復聖」。孔子稱讚他「學一反三」、「聞一知十」、「賢哉回也！一簞食，一瓢飲，居陋巷，人不堪其憂，回也不改其樂！」孔子曾對他說：「用之則行，舍之則藏，唯我與爾有是夫！」孔子把他當作自己道統的繼承人；可惜顏回才二十九歲，頭髮就全白了，三十二歲便去世了！他死時，孔子哭得很傷心，呼天搶地的說：「老天爺要滅亡我的道啊！」弟子勸他不要太傷心，他卻說：「我悲傷過甚了嗎？我不爲這個悲傷，還爲誰這樣悲傷呢？」後來，魯哀公問孔子那個學生最好學，孔子回答說：「有顏回者好學，不遷怒，不貳過，不幸短命死矣！今也則亡。」可知顏回在孔子心目中的地位是無可取代的。

九、《禮記》簡介

《禮記》，書名，也稱「小戴記」，是漢代學者戴聖所傳的，內容共四十九篇。《禮記》是前人閱讀的禮經，或實踐禮儀之後的心得記錄，原是獨立散篇的形態，而並非一時一地一人的手筆，從孔子之後，一直到西漢初期，陸續有人寫這類文字，所以《禮記》的內容性質無法像個人著作那樣觀念統一，而自成體系。西漢戴德、戴聖在學官中講授儀禮，爲使課程生動活潑而有意義，於是便從龐雜的散篇禮記中選編了一些篇章作爲教材，並各自彙編成書。戴德選了八十五篇，稱爲大戴禮記；戴聖選了四十九篇，稱爲小戴禮記。東漢鄭玄跟隨馬融學習小戴禮記，並爲它作注；後來漢靈帝刻熹平石經，小戴禮記也被列爲七經之一，於是一直流傳至今。而大戴禮記因流傳不廣，所以漸漸亡佚，至今只留存四十篇而已。

十、《檀弓篇》簡介

《檀弓篇》，是取魯國人檀弓作爲篇名，因爲他善禮儀，所以取作《禮記》的篇名。《檀弓篇》由一百多段零散的短文連綴而成，因爲篇幅太長，所以分爲上下兩部分，內容雜記當時人們行禮得宜的事蹟或言語，大抵以有關喪禮的內容居多。

伍、思考與練習

一、說出與教育有關的成語。（可採分組遊戲方式，每組備紙筆，將答案寫在紙上，限時三分鐘。每個成語四分，錯別字扣一分。計算各組總分，定出名次。賞罰方式自定。）

答 ㈠因材施教。㈡有教無類。㈢尊師重道。㈣如沐春風。㈤桃李春風。㈥好學不倦。㈦春風風人。㈧循循善誘。㈨十年樹木，百年樹人。㈩一字之師。(十一)好為人師。(十二)抗顏為師。(十三)春風化雨。(十四)春風中坐。(十五)師嚴道遵。(十六)教學相長。(十七)程門立雪。(十八)經師易得，人師難求。

二、子曰：「有教無類。」請說出「有□無□」形式的成語。（亦可採遊戲方式，與㈠同。）

答

㈠有才無命。㈡有口無心。㈢有己無人。㈣有心無力。㈤有加無已。㈥有名無實。㈦有利無弊。㈧有恃無恐。㈨有始無終。㈩有勇無謀。(十一)有氣無力。(十二)有眼無珠。(十三)有備無患。(十四)有增無減。(十五)有頭無尾。

三、請將本課結尾兩段「孔門師生對話」，採戲劇方式演出。

說明：

可分組表演，由學生自行編劇，分配角色準備道具，彩排，然後在課堂上表演。）

四、如果有一天你掉入時光隧道，回到從前，剛好出現在孔子師生的面前，會有那些趣事發生？請以《我與孔門師生》為題，寫一篇作文。

說明：

可先在課堂上引導學生發言，說出可能發生的狀況，使學生能有所觸發。

五、如果孔子突然來到了現代，也聽得懂現代的話，你會請教他那些問題呢？

答

㈠對今日教育的看法。
㈡贊不贊成體罰？
㈢對聯考制度的看法。
㈣面對今日台灣的諸多問題，有什麼改善的方法？
㈤對後代學者的評價，你的看法如何？與事實有沒有出入？

六、指導學生模仿張蔭麟寫《孔子的人格》的方式，去找資料寫一位歷史人物的略傳。

說明：

藉此訓練可讓學生知道如何上圖書館找資料、閱讀資料、整理資料，再加以妥善地編排敘述。

答

㈠孟子的少年時代。
㈡蘇東坡的智慧。
㈢李白簡介。

（李敏雪）

二、差不多先生傳

／胡適

壹、作者參考資料

本課作者，已見第一冊第九課，因此作者參考資料，除請參考第一冊外，另外補充二則：

一、胡適的書齋：「藏暉室」

胡適早在十五歲在上海中國公學讀書時，主編的《競業旬報》，發表詩文，皆以「藏暉」作爲筆名。「藏暉」出於李白的詩句：「至人貴藏暉」。

民國前二年，胡適十九歲，赴美留學，便以《藏暉室札記》的書名，撰寫自己的留學日記，正式提到自己的齋名。

民國二年，胡適被推爲康乃爾大學世界學生會會長，開始在《留美學生年報》刊載《藏暉室雜錄》，此後胡適自稱「藏暉室主人」以及「藏暉先生」。

民國二十七年，胡適四十七歲，在英國倫敦知道周作人等人叛變，曾經用「藏暉先生」的名義致函周作人，勸其回頭。

胡適也許要眞正「藏暉」，他曾經把「藏」字去掉「艹」，署名「臧暉」刊載文章。（參考：《中華名人書齋大觀》杜産明、朱亞夫主編、漢語大詞典出版社）

二、胡適語錄

摘錄胡適有關於品德、求學的語錄七則，從中可瞭解到胡適人格以及求學的精神。

「我們的行爲，一言一動，均應向社會負責，這便是社會的宗教，社會的不朽……我們千萬不能叫我們的行爲在社會上發生壞的影響，因爲即使我們死了，我們留下的壞的影響仍是永久存在的。『我們要一出言不敢忘社會的影響，一舉步不敢忘社會的影響。』即使我們在社會上留一白點，但我們也絕對不能留一汚點，社會即是我們的上帝，我們的制裁者。」（《一個人生觀》）

「我主辦公家事業三十餘年，向持一個原則：寧可令公家受我一點便宜，切不可占公家一點小便宜。館中許我借如許數量之書，我占便宜已爲極大。故不敢使當局者更受嫌疑也。」（《胡適致王重民的信》一九四三年四月二十

三日）

「有人對你說：『人生如夢。』就算是一場夢罷，可是你只有這一個做夢的機會。豈可不振作一番，做一個痛痛快快轟轟烈烈的夢？

有人對你說：『人生如戲。』就說是做戲罷，可是，吳稚暉先生說得好，『這唱的是義務戲，自己要好看才唱的；誰便無端的自己扮做跑龍套，辛苦的出臺，止算做沒有呢？』

其實人生不是夢，也不是戲，是一件最嚴的事實。你種穀子，便有人充飢；你種樹，便有人砍柴，便有人乘涼；你扯爛污，便有人遭瘟；你放野火，便有人燒死。你種瓜得瓜，種豆便得豆，種荊棘便得荊棘。少年的朋友們，你愛種什麼？你能種什麼？」（《介紹我自己的思想》）

「我到任何機關是不帶人的。我不帶人，什麼人都是我的人；如果帶了幾個人，人家就有分別了，說這個是我的人，這是什麼人的人了。」（《胡適之先生晚年談話錄》）

「我受了十餘年的罵，從來不怨恨罵我的人。有時他們罵的不中肯，我反替他們著急。有時他們罵的太過火了，反損罵者自己的人格，我更替他們不安。如果罵我而使罵者有益，便是我間接於他有恩了，我自然很情願挨罵。如果有人說，吃胡適一塊肉可以延壽一年半年，我也一定情願自己割下來送給他，並且祝福他。」（《胡適致楊杏佛》）

「不盲從，不受欺騙，不用別人的耳朵當耳朵，不用別人的眼睛，不用別人的頭腦當自己的頭腦。」（《大公報》西元一九四六年十月十一日）

「凡治學問，功力以外，還需要天才。龜兔之喻，是勉勵中人以下之語，也是警惕天才之語，有兔子的天才，加上烏龜的功力，定可無敵於一世，僅有功力，可無不過，而未必有大成功。凡第一流的科學家，都是極淵博的人，取精而用弘，由博而返約，故能有大成功。」（西元一九三六年十月三十日致吳健雄函）

貳、課文參考資料

一、《差不多先生傳》賞析

淺析胡適《差不多先生傳》的文章結構：

㈠題解

《差不多先生傳》是記敍文，屬於寓言式的傳紀體。

所謂「傳紀體」，是「傳記描寫人物的經歷、事件經過，都是在實際生活中發生過，存在的，必須有眞實姓名，即使是一個細節，一段插曲，一點發揮，也一定要有切實可靠的根據，決不允許杜撰與虛構。」(見於《中學寫作手冊》上海市教師寫作研究會，上海教育，第一三三頁)

本文的差不多先生，雖然不是眞有其人、其事，卻是影射大多數的中國人，都具備這些事。再說這些事皆是襯托中國人的眞實特質，而作者藉用「差不多先生」來作中國人的代表，因此其人、其事不應該是杜撰、虛構的。

所謂「寓言」，是「一種帶有勸喻或諷刺的故事。一般說來一則寓言可以分爲身體和靈魂兩部分：所述的故事好比是身體，所寄寓的道理好比是靈魂。寓言結構大多簡短，寓深奧的道理於簡單的故事之中。」（見同上）

作者洞識中國人的通病之一是「凡事只要差不多就好了。何必太精明呢？」，由於這通病早已根深柢固、深植人心，造成國人對於任何事無法「實事求是」。於是作者運用作傳形式，藉著「差不多先生」的一生言行，來針砭國人的通病。

在文章中沒有正面諷刺的言語，但帶有反諷的語氣。全文透過肖像、言語、事件的描寫，襯托出「差不多先生」的特質——「圓通大師」，最後差不多先生自誤誤人，中國成爲懶人國了，點出主旨。

㈡文章結構

1、背景

「你知道中國最有名的人是誰？提起此人，人人皆曉，處處聞名。他姓差，名不多，是各省各縣各村人氏。你一定見過他，一定聽過別人談起他；差不多先生的名字，天天掛在大家的口頭，因為他是中國全國人的代表。」

首段，介紹「差不多先生」的來歷。分三小節：

⑴先設問，「你知道中國最有名的人是誰？」，引起讀者注意。

(2)姓名、籍貫，「姓差，名不多，是各省各縣各村人氏」

(3)象徵，由於①「你一定見過他，一定聽過別人談起他」②「差不多先生的名字，天天掛在大家的口頭」，因此「他是中國全國人的代表」。作者藉著「差不多先生」代表中國人，已暗示差不多先生的特質代表中國人的通病。

2、肖像描寫

「差不多先生的相貌，和你和我都差不多。他有一雙眼，但看得不很清楚；有兩隻耳朵，但聽得不很分明；有鼻子和嘴，但他對於氣味和口味都不很講究；他的腦子也不小，但他的記性卻不很精明，他的思想也不細密。」

本段是肖像描寫差不多先生，從各個相貌中，展露特性。分二節：

(1)肖像特徵——「差不多先生的相貌，和你和我都差不多。」顯示差不多先生相貌與大家一樣，確實可代表中國人。

(2)肖像描寫，分四部分：①雙眼——「但看得不很清楚」②兩耳——「但聽得不很分明」③鼻子與嘴——「但他對於氣味和口味都不很講究」④腦子——「但他的記性卻不很精明，他的思想也不細密」。這些器官的功能，促使差不多先生行事頗具特色。

3、言語描寫

「他常常說：『凡事只要差不多就好了。何必太精明呢？』」

本段是引用差不多先生常說的話，表明差不多先生立身行事的準則。其中「凡事只要差不多就好了。何必太精明呢？」是全文的線索，就前段肖像描寫而言，那些器官的功能，即是受此線索所掌控。

4、事件描寫

「他小的時候，他媽叫他去買紅糖，他買了白糖回來。他媽罵他，他搖搖頭道：『紅糖同白糖，不是差不多嗎？』」

本段屬於事件描寫，以時間順序進行描述差不多先生在各階段的表現，同時配合各器官的功能，展現不同的特質。此節描寫差不多先生小的時候買糖的事情，由於他耳朵聽得不很分明，其母叫他買紅糖，他卻買了白糖回來。其母罵他，他卻說「紅糖同白糖，不是差不多嗎？」從此事可以觀察到差不多先生從小對事的態度不認眞。

「他在學堂的時候，先生問他：『直隸省的西邊是那一省？』他說是陝西。先生說：『錯了。是山西，不是陝西。』他說：『陝西同山西，不是差不多嗎？』」

此節描寫差不多先生求學的態度馬虎。直隸省的西邊是山西省，而差不多先生卻認為是陝西，還說：「陝西同山西，不是差不多嗎？」，由於差不多先生雙眼看得不很清楚，把山西認為是陝西，這種顯示求學態度馬馬虎虎。

「後來他在一個錢鋪裡做夥計；他也會寫，也會算，只是總不會精細；十字常常寫成千字，千字常常寫成十字。掌櫃的生氣了，常常罵他，他只是笑嘻嘻地賠小心道：『千字比十字只多一小撇，不是差不多嗎？』」

此節同前節一樣，由於差不多先生的雙眼看得不很清楚，到了社會上工作，一如以往做事馬馬虎虎，做夥計算帳，把十寫成千、把千寫成十，掌櫃罵他，他還笑著說：「千字比十字只多一小撇，不是差不多嗎？」從這事件的描寫可以看出差不多先生到社會上工作的態度草率，不負責任。

「有一天，他為了一件要緊的事，還搭火車到上海去，他從從容容地走到火車站，遲了兩分鐘，火車已開走了。他白瞪著眼，望著遠遠的火車上的煤煙，搖搖頭道：『只好明天再走了。今天走同明天走，也還差不多；可是火車公司未免太認真了。八點三十分開，同八點三十二分開，不是差不多嗎？』他一面說，一面慢慢地走回家，心裡總不很明白為什麼火車不肯等他兩分鐘。」

此節描寫差不多先生辦事情沒有積極，也沒有時間觀念。差不多先生為要緊的事搭火車，由於腦子「記性卻不很精明」，遲了兩分鐘，火車已開走了。他不知自己沒有守時觀念，還搖搖頭道：「只好明天再走了，今天走同明天走，也還差不多；可是火車公司未免太認眞了。八點三十分開，同八點三十二分開，不是差不多嗎？」要緊的事不容延誤，所以差不多先生不僅辦事情沒有積極，更談不上效率，同時做事沒有時間觀念。這些都是拜腦子記性不很精明所賜。

「有一天，他忽然得一急病，趕快叫家人去請東街的汪先生。那家人急急忙忙地跑過去，一時尋不著東街的汪大夫，卻把西街的牛醫王大夫請來了。差不多先生病在牀上，知道尋錯了人；但病急了，身上痛苦，心裡焦急，等不得了，心裡想道：『好在王大夫同汪大夫也差不多，讓他試試看罷。』於是這位牛醫王大夫走近牀前，用醫牛的法子給差不多先生治病。不上一點鐘，差不多先生就一命嗚呼了。」

此節描寫差不多先生患病的情形，由於他「思想也不細密」而「一命嗚呼了」。差不多先生患了急病，本請醫生汪大夫，因爲找不著，只好找到牛醫王大夫，他病急在牀，心裡想：「好在王大夫同汪大夫也差不多，讓他試試看罷。」結果王大夫用醫牛的法子給差不多先生治病，最後喪命。從此事可以知道，差不多先生不知道「病急亂投醫」是危險的做法，同時也患了老毛病，「汪」、「王」看得不很清楚，西醫、牛醫一樣是醫生，結果喪命，皆是受腦子「思想也不細密」所致。

「差不多先生差不多要死的時候，一口氣斷斷續續地說過：『活人同死人也差……差……差……不多，……凡事只要……差……差……不多……就……好了，……何……必……太……太認真呢？』他說完了這句格言，就絕了氣。」

此節描寫差不多先生臨死前說出終生奉行的格言。差不多先生要死的時候，仍然執迷不悟，堅持自己「凡事只要差不多就好了。何必太精明呢」的信條，絕氣之前還說了一句格言：「活人同死人也差不多，凡事只要差不多就好了，何必太認眞呢？」從此事可以了解到差不多是至死不渝地奉行自己原則的人，臨死前說了一句格言，表明一生行事的準則，與前面第三段的線索，前呼後應。其中提到「格言」暗藏諷刺的意味。

5、評論

「他死後，大家都很稱讚差不多先生樣樣事情看得破，想得通；大家都說他一生不肯認真，不肯算帳，不肯計較，真是一位有德行的人。於是大家給他取個死後的法號，叫他做『圓通大師』。」

本段是總結差不多先生的一生及其對後世的影響。分二部分，此節第一部分，先追憶差不多先生一生的功德。

(1)一生的德性：「樣樣事情看得破，想得通」、「一生不肯認眞、不肯算帳、不肯計較」

(2)封號：「叫他做『圓通大師』」從大家對差不多先生的封號中，可以看出來，表面上是在讚揚，實質上具有反諷的作用。

「他的名譽越傳越遠，越久越大，無數無數的人，都學他的榜樣。於是人人都成了一個差不多先生。——然而中國從此就成了一個懶人國了。」

此節爲評論的第二部分，是記敘差不多先生死後的影響。

(1)影響個人：「無數無數的人，都學他的榜樣。」

⑵影響社會國家：「於是人人都成了一個差不多先生。——然而中國從此就成了一個懶人國了。」其中「懶人國」與前面第一段「他是中國全國人的代表」互相呼應，同時交代清楚差不多先生爲什麼是中國人的代表。

㈢結構簡略的示意綱目

1、寫人

⑴背景——介紹差不多先生的來歷

①設問——你知道中國最有名的人是誰？（引起注意）

②姓名、籍貫

③象徵——差不多先生是中國全國人的代表（暗示差不多是中國人的通病）

⑵肖像描寫

①肖像特徵——「差不多先生的相貌和你和我都差不多。」（相貌上看，中國人確屬差不多先生類）

②肖像描寫

A雙眼：「但看得不很清楚。」

B兩耳：「但聽得不很分明。」

C鼻子和嘴：「但他對於氣味和口味都不很講究。」

D腦子：「但他的記性卻不很精明，他的思想也不細密。」

⑶言語描寫——「凡事只要差不多就好了。何必太精明呢？」（全文的線索）

⑷事件描寫——以時間先後爲序

①小的時候其母叫他買紅糖他卻買白糖：耳朵聽得不很分明。（對事的態度不認眞）

②在學堂的時候——先生認爲是山西，他卻認爲是陝西：眼睛看得不很清楚。（求學態度馬馬虎虎）

③做夥計的時候——算帳時，把十字常常寫成千字、千字常常寫成十字：眼睛看得不很清楚。（工作的態度草率不負責任）

④辦事的時候——「火車八點三十分開，他卻八點三十二分到」、「今天走同明天走，也還差不多」：腦子記性不很精明。（辦事不積極，沒有時間觀念）

⑤生病的時候——得急病情急下請到牛醫治病，結果喪命：腦子思想也不細密。（不了解事情的輕重緩急）

⑥臨死的時候——要死時，說一句格言「活人同死人也差不多，凡事只要差不多就好了，何必太認眞呢」：呼

應線索。（一生奉行差不多的原則，至死不渝。）

2、評論

(1)追憶

①一生的德性：看得破、想得通、不肯認眞、不肯算帳、不肯計較。

②封號：圓通大師（暗藏諷刺意味）

(2)死後的影響

①影響個人：無數的人都學差不多先生的榜樣。

②影響社會、國家：人人都成了一個差不多先生、中國從此成爲一個懶人國。（與第一段互相呼應）

（錄自劉崇義著《國語文教與學論集》一書）

參、語文天地

一、注釋

(一)針砭：比喻發現或指出錯誤，以求改正。

針砭的本義是用石製的針扎穴位治病。砭，是古代治病的石頭針。《後漢書・趙壹傳》：「針石運乎手爪」李賢注：「古者以砭石爲針。」祖士衡《西齋話記》：「隴州道士曾若虛者，善醫，尤得針砭之妙術。」後來引申比喻規勸別人過失的意思。

(二)大夫：即醫生、郎中。

我國北方稱醫生爲「大夫」，在南方，尤其在農村，稱醫生爲「郎中」。

「大夫」的來歷，追究起源，「大夫」在古代是一種官職，卻不是醫官。到了宋朝，開始設置大夫以下的官階。醫官中最高級的是大夫，其次爲郎，又稱郎中，以下是醫效、祗侯等。後代的人，因爲大夫是醫官中最高的職位，所以把大夫作爲醫生的尊稱。爲了區別官名，將稱醫生爲「大夫」的「大」音ㄉㄞˋ，不是ㄉㄚˋ。

「郎中」的來歷，追究起源，郎中本是官名，也就是帝王侍從官的通稱。到宋代醫官中有郎中一職。後來古人的習慣，一般設館治病的醫生，稱爲大夫；而開草藥店或在街上高喊包醫疑難雜症的醫生，稱郎中。（以上參考：《名稱由來一〇〇一》，王玉林主編，中國青年出版社）

二、形音義辨析

㈠白瞪著眼：張大眼睛看，沒有辦法。白，徒然。此處「白」作副詞，修飾「瞪」動詞。

相同的例子有：「白費工夫」、「白跑一趟」。如果是「他白了我一眼」的「白」是作動詞，用白眼珠看人，表示輕視或不滿的意味。

㈡錢鋪：舊時兌換金錢的店鋪，又稱錢莊。

此處「鋪」音ㄆㄨˋ，作名詞，商店的意思。另外尚有「用板子搭的牀」的意思，例如：「牀鋪」。

如果音ㄆㄨ，作動詞，把東西展開或攤平的意思，例如：「鋪平道路」

㈢「有兩隻耳朵，但聽得不很分明。」的「分明」與「明顯」，皆是形容詞，表示清楚地顯示出來，而讓人很容易看出的，但兩者有什麼差異呢？

「分明」是強調讓人很容易看出來。例如：「賞罰分明」。

「明顯」是強調顯示得很明白。例如：「態度表示明顯」。

㈣「但他的記性卻不很精明」的「精明」與「精細」，皆是形容詞，表示精確、周到而細微。但兩者有什麼差異呢？

「精明」是形容人機靈、聰明。例如：「這人夠精明能幹的」。

「精細」是形容人的細心。例如：「審查不夠精細」。

㈤「那家人急急忙忙地跑過去」的「急忙」與「連忙」，皆是副詞，表示緊跟著很快作出某種動作行爲。但兩者有什麼差異呢？

「急忙」是含有「心裡著急，行動加快。」的意味。例如：「急忙跑過去」。

「連忙」是強調在時間上緊接著馬上作出動作行爲。例如：「連忙跳下車子」。

㈥「心裡焦急」的「焦急」與「著急」，皆是形容詞，表示因事情緊迫，或一時棘手難以解決而急躁不安。但兩者有什麼差異呢？

「焦急」是強調內心的不安和煩躁。例如：「內心的焦急眞是無法形容」。

「著急」是強調發急，在表情和言行上明顯表現出來。例如：「別著急」。

㈦「就絕了氣」的「絕」與「決」是同音，但有什麼差異呢？

「絕」作動詞，斷絕的意思；而「決」作動詞，是決定的意思。如果兩者，當作副詞，用在否定詞前面，可以互通。例如：「絕無僅有」、「決無僅有」。

㈧「他的名譽越傳越遠」的「名譽」與「名義」兩者有什麼差異呢？

「名譽」是指名聲；「名義」是指做某事時用來作爲依據的名稱或稱號。例如：「名譽校長」、「名義上的校長」。

㈨「都學他的榜樣」的「榜樣」與「模範」，皆是名詞，指值得學習或仿效的人或事物。但是兩者的差異是什麼呢？

「榜樣」是强調顯示出來的好樣子。例如：「學習他的榜樣」。

「模範」是强調值得模仿效法，有「行爲良好模式」的意味，意思比「榜樣」重。例如：「樹立模範」。

三、文法修辭

㈠文法

1、「他只是笑嘻嘻地賠小心道」的「只是」、「笑嘻嘻地」、「賠小心」皆作副詞，修飾動詞「道」。

2、「他白瞪著眼」的「白」作副詞，修飾動詞「瞪」。

3、「就絕了氣」的「絕」作動詞。

4、「但看得不很清楚」、「但聽得不很分明」、「樣樣事情看得破」、「想得通」的「得」是作助詞，音・ㄉㄜ，用在動詞的後面，「不很清楚」、「不很分明」、「破」、「通」是結果補語。

5、「心裡焦急，等不得了。」的「得」也是助詞，用於動詞的後面，表示可能、可以、允許或許可。

6、「他忽然得一急病」的「得」作動詞，音ㄉㄜˊ，得到的意思。

㈡修辭

1、「十字常常寫成千字，千字常常寫成十字。」該句的修辭法是回文。

所謂「回文」，就是刻意追求字序的回繞，使得同一語句可順著讀，也可倒著讀。

例如：乾隆皇帝爲北京「天然居」酒樓撰寫上聯：「客上天然居，居然天上客。」紀曉嵐很快地以回文的形式對出下聯：「人過大佛寺，寺佛大過人。」

另外有一些成語、格言出現回文的形式：「疑人不用人，用人不疑人。」、「成人不自在，自在不成人。」

也有「　茶碗回文　」頗有趣味，這五個字在圓形茶碗上，不論以哪個字領頭，都是一句令人愉快的話：「可以清心也」、「以清心也可」、「清心也可以」、「心也可以清」、「也可以清心」。

2、「他死後，大家都很稱讚差不多先生樣樣事情看得破，想得通；大家都說他一生不肯認眞，不肯算帳，不肯計較，眞是一位有德行的人。於是大家給他取個死後的法號，叫他做『圓通大師』。」

該句是倒反的修辭法。

所謂「倒反」，就是使用和本意相反的詞句來表達本意。運用「倒反」，可以使語言活潑、幽默、有風趣，或能蘊含深刻的思想和激越的情感，具有强烈的諷刺的作用。

例如有一則故事，有關於「倒反」，題目是「演戲人巧罵皇帝」，內容如下：五代十國的後唐，莊宗很喜歡打獵。有一次，他到中牟縣境內打獵，踩壞了好些莊稼，中牟縣的縣官進諫他不能這樣做，他一怒之下，下令要殺縣官。

一般大臣看在眼裡，哪裡敢上前進諫？惟獨在莊宗跟前演戲人敬新磨，看了心裡很不平：如果要勸，皇帝正在火頭上，恐怕自己也會招致災禍；如果不勸，眼看愛護老百姓的縣官必死無疑！他思索一下，下定了主意。只看他衝上前去，指著縣官大罵起來：「你這糊塗的東西，虧你還當縣官！難道你不知道皇上喜愛打獵嗎？」莊宗看見敬新磨也罵縣官，站在自己一邊，高興得直點頭。敬新磨連忙又大聲地開罵：「你這糊塗的傢伙，應該把這片地空出來，好讓皇帝在此處高高興興地打獵！而你爲什麼讓老百姓在這兒種莊稼呢？難道你怕老百姓挨餓嗎？怕國家收不上稅收嗎？皇上打獵事情是大，老百姓挨餓事情是小，國家收不到稅收事情是小。這個道理你難道不明白嗎？」

莊宗覺得越聽越不好受。演戲人哪裡是在罵縣官，他是在指桑罵槐，批評我呀！細想，事情是自己不對，硬要堅持下去，就會留個不好的名譽。於是他就說：「算了吧！算了吧！把這縣官釋放了！」

這個故事，敬新磨運用「倒反」，巧妙地罵了皇帝，又救了縣官一命，可見得，能善用「倒反」，作用還眞大！（參考：《語法修辭的趣味故事》岳冬梅主編，藍天出版社）

肆、課文補充資料

一、好好先生

明・馮夢龍《古今譚概》

後漢司馬徽不談人短，與人語，美惡皆言好。有人問徽：「安否？」答曰：「好。」有人陳子死，答曰：「大好。」妻責之曰：「人以君有德，故此相告，何聞人子死，反亦言好？」徽曰：「如卿之言，亦大好。」今人稱「好好先生」本此。

翻譯：東漢的司馬徽不評論別人的短處，和人談論事物，不論好壞都說好。有人問徽：「安好嗎？」他回答說：「很好。」有人到他那裡訴說自己的兒子死了，他說：「很好。」徽的妻子責備他說：「別人因爲你的德性好，所以把這件事告訴你。爲什麼你聽到別人兒子死了，反而說好呢？」徽說：「像你這樣說，也很好。」現在的人說「好好先生」來源於此。

說明：請比較《好好先生》與《差不多先生》的異同。

提示：㈠體裁方面、㈡主旨方面、㈢寫作方式、㈣語言表達。

二、有趣的遺言

㈠「有爭議的遺囑」

古代，有位八十歲的老先生養了一位獨生子。他知道自己年事已高，不久於人世，於是寫下一式兩份文字相同的遺囑。

給女婿的遺囑是：「八十老翁生一子人言非吾子也家產全予女婿外人不得干涉」

女婿看了，大爲高興，把這段文字讀成：「八十老翁生一子，人言非吾子也。家產全予女婿，外人不得干涉。」

老先生死後，兒子與女婿爲家產繼承打官司。結果，女婿敗訴，財產歸給兒子。原來老翁怕財產落入女婿之手，在給兒子的那份遺囑上加上了標點符號：「八十老翁生一子，人言非，吾子也，家產全予。女婿外人，不得干涉。」

㈡「達芬奇的最後日記」

義大利偉大的畫家達芬奇，臨終的時候，已經不能開口說話。他用眼睛向在病牀旁侍候他的傭人表示，讓他們拿紙和筆。

達芬奇在病牀上，十分費力地寫下人生最後的一篇日記：「一生過得很美好，夜裡一定會睡得很香甜。一生利用得很充分，臨終一定會覺得很幸福。可惜的是，我一生中從來也沒做過一件值得一提的事。」

㈢「科學的遺言」

荷蘭著名的物理學家和化學家赫爾曼・約爾哈夫，在西元一七二三年去世，臨終前，在他的寫字臺上留有一本加封的書，封面寫著：「唯一深奧的祕訣在於醫術」。

至於書的內容，受了加封，誰也不知道，大家推測：可能是一部偉大的著作。後來，在拍賣會上，這本書賣到兩萬元金幣。

買主興致勃勃地將書打開，這本書共有一百頁，其中九十九頁是空白的，只在首頁留下科學家寫的一句話：「注意保持頭冷腳暖，這樣，最知名的大夫也會變成窮光蛋。」

（以上三則參考：《幽默詩文小品一〇〇一》齊昌、郁采、紀彥、馮仙合編，中國青年出版社）

三、諷刺的故事

㈠

「宋太祖嘗面許張融爲司徒長史，敕竟不出。融乘一馬甚瘦，上曰：『卿馬何瘦，給粟多少？』融曰：『日給一石。』上曰：『何瘦如此？』融曰：『臣許而不與。』明日即除長史。」

翻譯：

南齊太祖蕭道成曾經當面許諾張融擔任司徒長史，然而詔書一直沒有下來。張融騎著的一匹馬非常瘦，太祖問他：「你的馬爲什麼這麼瘦，你給牠吃多少糧食呢？」張融回答：「每天餵食一石。」太祖又問：「爲何還瘦到如此地步呢？」張融說：「我只許諾，卻不眞給牠！」第二天，張融即刻被任命爲司徒長史。

㈡

「高宗出獵，遇雨，問諫議大夫穀那律曰：『油衣若何不漏？』對曰：『以瓦爲之則不漏。』上因此不復出獵。」

翻譯：

唐高宗正在外面打獵，忽然下起雨了，就問諫議大夫穀那律說：「油衣怎樣才不會漏雨呢？」穀那律回答說：「用瓦做成的，就不會漏雨了。」唐高宗從此以後不再出外打獵了。

㈢

「馬季長女嫁袁次陽爲妻，初婚夜，次陽問曰：『弟先兄舉，世以爲笑，今處姊未適，先行可乎？』答曰：『妾姊高行殊邈，未遭良匹，不似鄙薄苟然而已。』次陽默然不能屈。」

翻譯：

東漢馬融的女兒嫁給袁次陽作妻子，新婚的夜晚，袁次陽問她：「弟弟比哥哥先應舉，就會被世人恥笑，現在你的姐姐尚未出嫁，而你先行出嫁，這樣妥不妥當呢？」她回答：「我的姐姐品行高潔，還未遇上合適的對象，不像我目光短淺，隨便找個人就嫁出去罷了。」袁次陽聽了以後默然無語。

㈣

「晏子使楚，楚王曰：『齊無人耶？』對曰：『齊使賢者使賢王，不肖者使不肖王。嬰不肖，故使王耳！』」

翻譯：

晏子出使楚國，楚王問：「齊國沒有人物嗎？」晏子回答：「齊國讓賢人出使賢德的君王，讓不肖的人出使不肖的君王。我不肖，才出使您這兒！」

原文：

「慈溪某縣令，初至任，欲行威福，謂羣下曰：『汝聞破家縣令，滅門刺史乎？』有父老應曰：『問者士子多讀書，惟聞豈弟君子，民之父母。』令乃默然。」

翻譯：

慈溪某縣令，剛剛上任，想發發威風，他對百姓說：「你們聽說過破家縣令，滅門刺史嗎？」有位老先生回答：「這裡的士子多讀書，只聽說過愷悌君子、民之父母。」縣令默語不能作答。

（以上五則參考：《歷代妙語小品》唐富齡主編，湖北辭書出版社）

伍、思考與練習

一、《差不多先生傳》的問答教學

㈠範文理解

1、第一段

(1)中國最有名的人是誰？

(2)差不多先生是那裡人氏？

(3)差不多先生爲什麼是中國全國人民的代表呢？

2、第二段

(1)差不多先生的相貌如何？

(2)差不多先生相貌各有什麼特別的功能呢？

3、第三段

(1)差不多先生經常說什麼格言呢？

4、第四段

(1)差不多先生在小的時候，由於耳朵功能的影響，發生了什麼事情呢？

5、第五段

(1)差不多先生在學堂求學的時候，態度馬馬虎虎，發生了什麼事情呢？

6、第六段

(1)差不多先生在錢鋪裡做夥計，由於雙眼功能的影響，發生了什麼事情呢？

7、第七段

(1)差不多先生爲了一件要緊的事，要搭火車到上海，由於他的腦子功能的影響，發生了什麼事情呢？

8、第八段

(1)差不多先生有一天，忽然得一急病，由於他的思想的影響，發生了什麼事情呢？

9、第九段

(1)差不多先生要死的時候，說了什麼終生奉行的格言呢？

10、第十段

(1)差不多先生一生的功德有那兩方面呢？

(2)差不多先生死後，大家給他什麼封號呢？

11、第十一段

(1)差不多先生死後的影響，在個人及社會、國家方面，各有什麼呢？

(二)形式鑑賞

1、全文

(1)本文的文體是什麼呢？

(2)本文的線索是什麼呢？

(3)本文的主旨是什麼呢？

2、第一段

(1)文章一開始，作者用什麼修辭法，引起讀者注意呢？

(2)作者介紹差不多先生的姓名、籍貫及特徵，其目的爲何？

3、第二段

(1)介紹差不多先生的相貌及其功能，是利用什麼方式描寫的呢？

4、第三段

(1)引用差不多先生的話，這是什麼方式的描寫法呢？

5、第四、五、六、七、八、九段

(1)這六段是利用什麼方式描寫呢？並且是以什麼進行敍述的呢？

(2)第四段記敍差不多先生，他媽叫他買紅糖他卻買了白糖。這件事呼應第二段那一句話呢？

(3)第五段記敍差不多先生，把山西看成陝西。此事呼應第二段那一句話呢？

(4)第六段記敍差不多先生，把十寫成千，把千寫成十。此事呼應第二段那一句話呢？

(5)第七段記敍差不多先生，搭八點三十分的火車，結果八點三十二分到車站。此事呼應第二段那一句話呢？

(6)第八段記敍差不多先生，得急病找醫生，卻讓牛醫試試看。此事呼應第二段那一句話呢？

(7)第九段記敍差不多先生臨終說的話，呼應前面那一句話呢？

6、第十段

(1)差不多先生死後，獲得大家稱讚，說他是一位有德行的人，又給他取圓通大師的法號。這些是運用什麼修辭方法呢？

7、第十一段

(1)差不多先生死後，人人都成了一個差不多先生，然而中國從此就成了一個懶人國了。這「懶人國」呼應前面那一句話呢？

（以上的答案，可參考貳、課文參考資料）

◆二、從《差不多先生傳》來談作文訓練

《差不多先生傳》一文，使用記人的方法有：肖像描寫、言語描寫、事件描寫等三種。因此不妨從這三種方法練習記人的作文練習。

㈠三種方法的內涵介紹

1、所謂「肖像描寫」，冉欲達先生解釋：

「泛指文學作品中爲展示人物的內心世界、性格特徵，對人物的容貌、姿態、風度、表達、動作、服飾等方面作的具體描寫。狹義的肖像描寫，主要指文學作品中對人物的容貌、姿態、服飾的具體描寫，在這種描繪中表現出人物的風度、神韻和表情。具體地說，就是對人物的面部、身材體態及其它的細部、服飾所作的描寫。」（《文學描寫技巧》一三二頁）

因此了解肖像描寫的範圍，包括容貌、姿態、風度、表情、動作、體態、服飾等方面，但是在進行描寫人物時，從中選擇最能彰顯人物精神特質的項目。

2、所謂「言語描寫」是以個性化的人物語言刻劃人物性格的一種人物描寫方法。

「言爲心聲」，可見人物的言談，不論是獨白、對話、會話，皆是以表達人物的思想、概念、情感等，因此在進行描寫人物時，宜從中選擇最佳的方式，表達人物的人格特質。

3、所謂「事件描寫」是採取通過人物做的一件或幾件具體事情來表現人物的方法。「事在人爲」，可見事情能完成，須靠人物全力投入。因此從事情的始末、處理過程，可以窺出人物的思想、人格特質。

㈡作文題目

1、自己的親人

2、自己的師長

3、自己的同學

4、自己敬仰的人物（熟識、不熟識）

5、自己崇拜的偶像

（劉崇義）

三、田園之秋選

／陳冠學

三、出國入境

壹、作者參考資料

一、現代陶淵明——陳冠學

陳冠學，台灣省屏東縣新埤鄉人，民國二十三年生。臺灣師大國文系畢業，起初擔任教職，輾轉於初中、國中、高中、專科學校達十一所之多。並主持過高雄三信出版社，民國七十年辭去教職，避居高雄澄清湖畔，民國七十一年搬回北大武山下的萬隆村老家幽居至今。

陳冠學三十歲前曾試寫散文，後皆輟筆毀棄，四十七歲又恢復創作。關於他的著作，散文有《田園之秋》、《父女對話》等書；筆鋒常帶熱愛這塊土地的一股熱情，足以教人讀來心情激動而掩卷，久久不能自已。曾受教於近代哲學大師牟宗三，乃有志於學術，所以昔日他在任教課餘之時，二十年如一日地鑽研中國古代哲學思想，成就頗為可觀，他這方面著作，也不在少數，出版過《論語新注》、《象形文字》、《莊子新傳》、《莊子宋人考》、《莊子新注》、《莊子》等。而《論語新注》的完成，總結他對儒家思想的印證，牟宗三先生曾讚許為：「錢賓四先生《論語新解》或不必能及。」《莊子新傳》、《莊子宋人考》是學術史的一大翻案，他甚至自負為眞能解莊者，古來今往唯他而已矣。歸隱田園之後，也專注於台灣拓荒歷史和台語的研究，著有《老臺灣》、《臺語之古老與古典》等；《老臺灣》是將他本具的臺灣歷史文化，融入生命熱情與智慧的心血，是他的得意之作，也是研究先民活動的重要史料。《臺語之古老與古典》一書中，他發現臺灣語的歷史性與典雅性，更駁斥了其他較具權威的聲韻學家的論點；曾有台大教授譽為「傲視學界台語研究的權威巨著」。民國七十年，懷抱著「先天下之憂而憂」的鄉土情懷，為了「中央山脈的存亡，也關連臺灣的存亡」毅然決然地參加了省議員競選，敗選之後，也負了不少的債。至於小說《第三者》，散文和小說的合集《訪草》等書，翻譯作品有《少年齊克果的斷想》等書。民國七十二年《田園之秋》獲得中國時報的時報文學獎推薦獎（散文獎），七十五年也榮獲吳三連文藝獎（散文獎），至此，陳冠學以其凝練的文字，獨特自然哲學觀，一心為後代子孫保留臺灣故去的田園之美，及文化遺產這份的殷殷心意，終於受到肯定。

陳冠學是今日台灣最有資格被尊稱爲「現代陶淵明」的人。因爲他是一位道道地地的隱士，而且成了徹底徹尾的農夫，所以一般人很難得能夠認識他。知名作家亮軒說：「陳冠學，一如『五柳先生』，不知道他是誰，也搞不清楚他現在何處。」作家何欣寫《評析田園之秋》一文開頭即說：「作者陳冠學的名字，也是初見。是位年輕的後起之秀嗎？不像，除老練的文字之外，文章表現的思想與生活態度，似乎不是初出茅廬者所能望其項背的；是位老作家嗎？怎麼沒有人提起過他呢？」

爲何歸隱？書中未見交代，但是字裡行間當然看得出來，是他經過長期的深思熟慮之後，徹底檢討而產生的絕望，這應該是個人思想必然會面對的一個問題，只是俗念太重的人，恐怕只能發出感慨，卻不能付諸行動；然而陳冠學在喟嘆「田園將蕪胡不歸」之後，眞能以大決斷的勇氣，回到「老田園」，彷彿遊子回到母親懷抱一般，發出對家鄉的孺慕之情。他說：「我出去，是一種生命裡的渴求，想拿腳底去親親田園的膚表，……恢復自然原始的生命；是田園呼喚我，也是我自發的回向自然。」（《九月二十四日》）眞正一次强烈聽到自然的呼喚，大概在一個平常的日子裡，走過平常走過的道路上，偶而瞥見一朵平常的藍色小花朵，頓時做了即刻隱遁，反璞歸眞的決定。以下我們從他的《田園今昔》一文來看出其中端倪：「一九五二年秋，爲了求一點兒智識，睽違了老田園。誰料這一睽違竟就是二十年，待一九七二年春回來，老田園早已過去了。到處看，到處嗅，到處聽，爲失去的老田園，一直想嚎啕大哭。只爲歲數大了，不便如兒時任性盡情，於是十年來，悲哀與懷念竟在內心裡積成了壘塊。」

回到了老田園，他不管世界怎樣改變，他堅持要過著神農氏的生活模式：以人力、牛力去營生，住在一棟瓦厝裡，耕耘著兩甲旱田，輪作旱稻、番薯、土豆、番麥等；屋邊總有瓜、豆、菜、蔬；粗食淡飯，自給自足。「滿院青草、滿田綠苗，在燕珩劃破熹微曉空的鳴聲中醒來，在鈴蟲的幽幽夜吟中睡去。沒有疲勞感，沒有厭倦感，這是我的生活。」（《九月二日》）

黃石濤先生在《田園之秋》的序文說：「陳冠學具有中國傳統的舊文人氣質，同時又有台灣知識份子參與（committed）的入世思想，他辭掉教職，毅然脫離看不見的枷鎖，絕不能看做是退縮和逃避，毋寧是一種更積極的爲求眞理寧願殉道而死的强烈意願。中國的知識份子一向是依附權力謀生的。設若堅決不想妥協，那麼唯一的出路便是退隱；晴耕雨讀，過著清貧得道的生活。可惜我們的田園在哪裡？……」

或許本身研究莊子思想的關係，自然而然受其影響，所以落實在自然的生活中，是陳冠學的一生職志。因此他不是一般的農夫，而是位「見山是山，見水是水」之後，歷經「見山不是山，見水不是水」，又回到「見山還是山，見水還是水」的哲學農夫。他服膺「現象」而懷疑「本體」，也因如此，他具有科學家認知事物的精神，未落入傳統文人忽視科學，又把文學、哲學綁死在自己的象牙塔內，他努力要證實人本自天地大化而生，也能融匯在天地大化中俯仰自如。因此他每日過著平凡不過的躬耕生活，自給自足，安貧又樂道，在無所爭、無所求的田園之中恣意地享受純淨的生命。自然哲學家的他說：「既以荷鋤下田，便要耕作；既以出生爲人，便要好好做人。今天你不好好做人，卻講來生，豈非將此生辜負了？踏不過此生，哪得到彼生？」所以他選擇：「一早起來，天光明亮，健康的日子。」和「在陽光豐沛的屋頂下，在陽光豐沛的田野中。」（《藍色斷想》），每天過著與世無爭，而與自然分享的田園生活。

也許梭羅的《湖濱散記》打動過無數人內心深處的質樸，對於中國人而言，尤其是在台灣生活的中國人，陳冠學以他的勇氣、經驗與智慧，爲我們提供了生命中早已忘卻的一種可能，更彌足珍貴。他，不只是「採菊東籬下，悠然見南山」的陶淵明而已，而是「此中有眞意，欲辯已忘言」的自然隱者；誠如其友鄭穗影說的：「陳先生他沒有『自己』，卻在『自我』的覺醒與自適之中，無形爲社會盡了他的心血，塑造了人生向上的典型。」

二、陳冠學的作品

書名	類別	出版	
莊子——古代的存在主義	專論	三民	58
少年齊克果的斷想	翻譯	三信	60
藍色的斷想	隨筆	三民	83
孤獨者隨想錄ABC全卷			
零的發現	翻譯	三信	62
人生的路向	翻譯	三信	66
人生論	翻譯	前衛	73
父女對話	散文	圓神（三民）	76
臺語之古老與古典	專論	第一	73
田園之秋——初秋篇	散文	前衛（草根）	72

田園之秋——仲秋篇	散文	前衛(草根)	73
田園之秋——晚秋篇	散文	前衛(草根)	74
老臺灣	專論	東大(三民)	70
第三者	小說	圓神	76
莎士比亞識字不多	專論	三民	87
莊子宋人考	專論	三信	66
莊子新注內篇	專論	三信	67
莊子新傳——莊周即楊朱定論	專論	三信	65
訪草(第一卷)	小說	前衛(三民)	77
莊子	翻譯	三民	60
論語新注	專論	復文	71

貳、課文參考資料

一、《田園之秋選》賞析

這是選自《田園之秋——初秋篇》中之一篇，以日記形式寫出，屬於應用文兼記敍文，形式上少了記錄「星期幾」、「天氣」，內容主要描寫在初秋時分，將田園生活所見的一場午後西北雨，從開始到結束，從烏雲密佈到雷電交加，最後雨過天青的經過，其中的氣象萬千，而引出種種的感受，十足表現了「文學」的味道。文中以人的渺小，來襯托大自然力量的偉大，以欣賞的角度來看待這個大自然的傑作。全文爲「順敍法」，以「摹寫」見長，「白描法」成篇，筆法靈活、細膩，描繪生動，情感豐富，呈現出對大自然膜拜的虔誠。也是一篇頗具特色的鄉土文學及鄉土教材。

文章共分成五段。

首段先寫出例行公事——摘番薯葉，以輕描淡寫的方式，敍述當日生活的大概，這是以「揭旨法」開頭的方式。本段著墨不多，主要在正文部分集中火力，記錄午後的西北雨。

次段進入本文的重心——寫西北雨，以「大雨滂沱，霹靂環起」八字，提綱挈領地點出主題，描繪一場出其意料，令人驚心動魄的西北雨。作者點出明確的主題之後，再以「特寫法」鋪排成章，如童話般地記錄落雨的整個過程，「霎時間，天昏地暗，……只覺滿天無數黑怪，張牙舞爪，盡向地面攫來。……可名爲惡魔與妖巫的出現。」

這是第一個高潮，作者以赤子之心，將讀者帶進一個懾人的情境。其中善用譬喻修辭格，將烏雲比擬成「黑怪」、「惡魔」、「妖巫」，更是維妙維肖，懾人心魂。也讓人想像當時孤獨，又全然無法在荒野之中，覓得藏身之處的作者，如何去應對這樣詭譎多變的環境。而這只是戲劇的「前奏」、「序幕」罷了，眞正的壓軸好戲還在後頭呢！

接著描寫的主題是雷電，「正當人們籠罩在這樣恐怖的景象中，……匍匐不能起的。」照應前一部份所描述令人膽顫心驚的場景，緊接而來的「雷電纏身，霹靂壓頂」帶來更大的震撼，使人應接不暇，原本以萬物之靈、天地主宰自居的人們，早已俯首稱臣了。此時人們卑屈的姿態是：由膽破魂奪到氣脫萎頓，匍匐不能起。

「好在接著便是大雨滂沱，……你說這是戲劇不是戲劇？」這最後一層次的筆調不似前面那般緊湊逼人，有稍緩的趨勢。縱然大雨滂沱直下，烏雲的詭譎也無復見，霹靂閃電的氣勢，似乎也逐漸減緩了。而歷經一場浩劫的人們，在雨水的澆灌下慢慢蘇醒。一轉眼，雨過天青，陽光重新露出燦爛的笑臉來，而晶瑩的雨珠，是那一場大雷雨所留下的見證。

這一整大段描述，作者以戲劇的演出，來比擬這場大雷雨的進行：先由密佈的烏雲揭開序幕，再由交加的雷電帶入情境，最後烘托主角——西北雨正式出場。因爲一切都得伴隨它起舞、歡唱，除了烏雲、雷電之外，這齣大雷雨的主戲中還有一個串場的配角——人。藉著人的行動，襯托這場西北雨磅礴的氣勢，原本頂天立地，到「膽破魂奪」而轉變成「氣脫萎頓」、「匍匐不能起」，終於在閉幕之前漸漸「蘇醒」，總是稱職的配合主角來扮演。在大雷雨盡情揮灑之後，大地得到滋潤，一切歸於平靜，這是典型的戲劇結局模式，所以作者說：「你說這是戲劇不是戲劇？」如此圓滿，不也呈現了大自然多采多姿如戲劇般的一面。

第三段加重描述——雷電的威力，彷彿是電影的特寫鏡頭。此處爲照應前段的「霹靂環起」，而本段更深入描繪它的無比威力，使天地間的萬物不得不臣服在它的淫威之下，也不得不承認它是此時此刻唯一的英雄，無人能凌駕其上。在修辭方面，連用數個「排比」句法，來加强它「一夫當關，萬夫莫敵」的威勢。

第四段筆法如同第三段，也是特寫——西北雨的特質，也是照應首段「大雨滂沱」。作者描述雨水之大、雨量之多、雨勢之快，是以「好像天上的水壩在洩洪似的」、「每一雨粒，大概最小還有拇指大」等如此精妙的譬喻句表達，也是對「滂沱」做一個最完美的註腳。接著以當地的石灰岩地質滲水於地下快速的特點，來烘托這場來勢洶洶，卻也去得匆匆的台灣西北雨，做了最精彩且鉅細靡遺的轉播。而不可忽視的是在段末作者不經意地道出自己不愛拖泥帶水的個性，而乾脆俐落正是南台灣民衆的習性。

末段是跳接第二段而來——雨過天青的景象，此時電光、雷聲、雨勢皆已遠離了，田園是一幅亮彩的風景畫，幕逐漸緩緩降下來，配上貝多芬田園交響曲牧羊人之歌的樂章作爲尾聲，一齣大自然高潮起伏的戲劇饗宴，便圓滿落幕了。

二、現代的擊壤歌——《田園之秋》

(一)關於《田園之秋》

陳冠學的《田園之秋》是一部三册的散文集套書，以日記方式寫成，分爲《初秋》、《仲秋》、《晚秋》三篇，起自九月一日，終於十一月三十日。曾發表在《文學界》，而這一套書是民國七十二年至七十四年每年一册出齊的，可以說是花了三年的時間才出齊了三個月的日記。因而推斷日記的完成是在四十八歲之前，大概是四十七歲左右。

《田園之秋》這套書初版時原只有《初秋篇》編寫目次，書前有葉石濤先生的《序》，書後有作者翻譯愛默生和歌德分別論「自然」的兩篇隨筆，及何欣先生的一篇評析；《仲秋篇》和《晚秋篇》則是簡單明瞭地從初一寫到三十。因爲作者認爲一本完整的文學作品不應該有序，《田園之秋》和《父女對話》，是用純文學方式寫的，十分虔敬，故不必有序；現由草根出版重新出版，合訂爲一集。本書是作者歸隱田園之後的生活實錄，透過農村四周景物的描寫，充分反映台灣本土所蘊藏豐富的美，是作者對樸實生活的緬懷，和對昔日農村自然之美的謳歌。同時也是一本台灣少見的博物志，因爲作者是一位「每事問」的農夫，分不清是學者好學的習性，還是天生的好奇心所使然，將他所見聞的野生動植物、生態環境、氣象景觀、農村的生活習性等面貌呈現出來，顯示出他的博學與精細。例如，

《九月十七日》：「我留下來再看看番麥上有沒有綠金龜。還是有，幸而很少。這裡荒地多於耕地，蟲害自然的少。有朝一日，荒地盡闢成耕地之時，蟲害就不可屏當

了。金龜子一向在鬆土中產卵，若盡闢成耕地，金龜子的產卵地就漫無限制，危害之地也就漫無限制了。現時牠產卵有限，爲害地無限，耕地才得到保護，否則就不堪設想了。」

《十月十一日》：「我發覺我的日記幾乎成了田園鳥類生態記了。這使得我要寫下日記之際，頗感到躊躇，今天要寫的竟全是鳥類。可是這實在也不足怪，我寫的是田園生活啊！況且一個離羣索居的人，在田園中，豈有不把日月星辰、風雲雨露、草木蟲鳥當友伴的嗎？……尤其是鳥類是田園最活躍的居民，是我接觸最頻密的鄰人，寫得多些原是事實使然的啊！」

總歸這三冊書要寫的只有兩個字——「自然」。自然、原始、淳樸的鄉居環境，和自然自在的生活方式。他的「一家六口」，是指一隻赤牛哥、一隻花狗、一隻花貓、一對雞跟他自己，這原本可以封號爲現代的「六一居士」，但他卻說：「一燈如花，一室如斗，一泉如蟲，一室如僧，歐陽修若自號六一，我若自號四一，還勝他二贅。但名號向字來是文人的把戲，太上無名，何用名爲？」（《九月二十一日》）由此可見他奉行的「清靜無爲」，連名號，及身外物都嫌累贅。而他的鄰居是田園間的飛鳥、田鼠、青山、白雲等草木鳥獸，彼此相安無事地共同生活著，且各取所需，相互依存，呈現天人合一的生活哲學。所以作者說：「我的這本日記，日日都記下不少的字，這些字在身外的記事簿上是看不到的空白，我記得是在內心的情況啊！」（《十月十四日》）

作者所處的田園，並不是逍遙自在，衣食無虞的華屋別墅；而他的身分原本是世俗所公認的「萬般皆下品，唯有讀書高」的士大夫階級，但他卻毫不留戀地放下身段，過著「日出而作，日入而息；鑿井而飲，耕田而食，帝力於我何有哉？」的田園生活；他說：「我想今日天下寒士所急的第一要務，恐怕不是廣廈千萬間，而是能夠獲得自我，日日如意地親近心愛的書，寄身於田園與自然了。」（《十月十八日》）以最平實的筆調，寫出最簡單的生活模式，他既不以遁世的隱士自居，也不以說教的方式寫來，其中安貧樂道的生活，並非人人可企及，但透過他的描述，讀者不難看到，一顆感恩歡愉的心讚頌自然，帶人進入一個不需參禪打坐，便可修鍊塵心的妙方，而能時時空淨喜悅。

一年之中，這位農夫書生的寫作心情，因季節而異，通常是過年後的那一段春天時節，寫作起來最順遂。而在落雨期，是陳冠學最無寫作興致的時候，就像他鍾愛的雲雀一樣，落雨就不唱歌。舉例說，《十月十九日》那一篇，作者早有意念要表達，卻苦於無法參透下筆，暗想可能是營養不良之故。恰好其母買鴨拜拜，陳冠學吃了鴨之後，竟如有神助，一下午寫了三千多字，而且自認是一篇精彩的散文；所以笑說是：「半隻鴨子寫出來的」。而《十月六日》那篇的結尾部分，作者修改很多次，直至今日，仍不滿意。

讀陳冠學的日記，可以使被科學文明禁錮甚久的現代人，發現世外桃源竟然就在《田園之秋》，眞可謂「書中自有桃花源」；更發現自然的變化詭奇壯麗，遠遠超過人世，也比人親切誠懇，具有任人取捨的胸襟。陳冠學以現身說法的方式，絲毫不做作，裡外澄澈透明，若地上清泉、若天上皓月一般的情意，形諸文辭，透露「天機」：原來人世還可以有另一種活法，不見得比我們在滾滾濁世中掙扎搶奪更辛苦，而且，沾染污泥的面孔與雙手，也不會比名利場上許多光鮮的模樣難看。他從實際的生活體驗中證實，一個純淨樸實的生命即使過得短暫，也比紅著眼與人殺伐詭詐百年，來得更有價值。

《田園之秋》一書，充滿了作者對單純生活的熱愛，以細膩的觀察、凝練的文字，將其委身田園之三秋嘉興，以無邪天眞的赤子情懷，寫下人和自然之間的和諧，讓人讀來陶然忘機；這是作者對台灣田園生活的寄情和讚美，個中蘊含了許多人文的思考和觀照。在台灣近數十年來在經濟起飛，創造經濟奇蹟之後，難得在一片風花雪月作品之中，可見到令人靈魂悸動的散文，可使人在潛移默化之間，激起自我超越的力量與滌濾的功能，可謂上好的中國散文，也是獨樹一幟，極本土化的佳作。最後附帶一談的是他自題的英文書目：「Fields in Autumn by Koarn Hack Tarn」，除了書名外，還有以台語發音的名字，這是他希望此書將來能傳之名山大業。

㈡名家評論

亮軒先生《評田園之秋全卷》：「不讀陳冠學的《田園之秋》又會怎麼樣？老實說，看不出有何必然之影響。一部再好的書也無法說是非讀不可，一部好書眞正的影響是讓讀過的人感覺到：『如果此生沒有讀過這部書，該是多麼大的遺憾！』《田園之秋》便是這樣的書，雖然我們可以更保留的說，讀出多少品味與境界，也是要看緣份與福份的。」

《讀者文摘》（一九八六年十一月號）：「《田園之秋》以日記形式寫成，是作者對樸實田園生活的緬懷，也是對昔日台灣農村自然美的讚歌。」

林文月（台大中文系教授）：「《田園之秋》是知識份子下鄉寫的田園文學，文筆自然，沒有造作，最可貴是他躬耕自持的精神。他不只寫田園之美，也有很多人文思考和高層次的人文觀照。」

何欣（譯評家）：「從他的敍述和描寫中，知道這位書生農夫對現代工業文明的抗拒，教人尊重自然，強調對待天地萬物要順其自然，重返人與自然和諧的關係。」

吳念眞（導演兼作家）：「《田園之秋》一直是我案頭枕側三本永遠讀不完的書。其實，我並非把它當書看，反而把它當成一個私人的心理治療師，或是無雜的思緒裡一處可供徜徉、休息的清麗天地。」

三、番薯

所謂「摘番薯蒂」，是把番薯與莖藤連接的蒂頭折斷，並把番薯的根鬚一併除掉，整理成一粒粒的番薯。

番薯，又名甘薯、紅薯、甜薯、白薯、蕃薯、地瓜等，蔓生草本塊莖類植物，皮紫肉紅，亦有皮灰肉白及皮白肉黃者，可食的部分除了莖、葉之外，還有它肥大塊根；富含胡蘿蔔素，及維生素A、B、C羣，可刺激胃腸蠕動，防止便祕，被稱爲生理鹼性食品，口感又好。其模樣與臺灣地圖挺像，也是臺灣特有的名產，以台北縣的金山鄉和南投縣的竹山鎭盛產的甘薯爲最有名氣。我國一向以漢爲尊，所以把外來的人、物均稱爲「番」或「蕃」或其他代稱，如番薯、番麥（玉米）、蕃茄、番仔火（火柴）、胡瓜、胡琴、紅毛土（水泥）、紅毛港等。

有關番薯的諺語：「芋仔番薯」比喻什麼東西，或外省人與本省人的代稱。「時到時當，無米巧煮番薯湯。」比喻走一步算一步，不必杞人憂天。

四、西北雨

㈠定義

就是指台灣北部地區夏季午後，因對流層大氣受到太陽輻射，而發生熱力對流作用，所產生之熱雷雨，也叫做氣團性雷雨。

這種氣團性雷雨，其水平涵蓋範圍，一般小者僅一至二公里，大者可達數十公里，降雨時間短者僅數分鐘，長者可持續一至二小時，因此所造成的降雨都非常局部。往往也發生「東邊下雨，西邊晴」，或出現「陽光雨」的怪現象。有時常常連續三個下午接連發生，偶而也有連續出現五、六個下午之情形，出現時間有時逐日提前，有時候卻逐日延後，而且一下起雨來驟起驟歇，非常瀟灑，從不藕斷絲連，拖泥帶水，十分有趣。

㈡由來

根據《新編臺語溯源》的說法有二：

1、有補傘老人指西北雨為「獅豹雨」的訛音，因為這種雨來勢兇猛，有如獅豹奔騰。

2、另有老人認為是「三八雨」的變音，因為這種雨來臨時，好似一個「三八」婦女，幾近瘋狂，蠻不講理。

還有一種民間說法，「西北雨」都在午後太陽「西」斜時發生，這是「西」字的出處，而「北」字代表水（北方壬水）。「西北雨」就是指太陽西斜後所下的雨水。

其實，「西北雨」一詞，早在三百年前就有史書和方志記載，清聖祖康熙三十三年（西元一六九四年），高拱乾就在《臺灣府志》卷七《風土志》「風信」條中說：「五、六、七月間（指農曆），風雨俱至，即俗所謂西北雨，風時雨也。」

陳冠學《臺語之古老與古典》：其實「西北雨」是轉音之後的白字。按「西北雨」的正字是「夕暴雨」，古音siák pák hōa，經數千年長時間的轉變，「夕」siák轉變siá，再轉為se，就變成了「西」。「暴」（《說文解字》造有正字「瀑」字，疾雨也）pak和「北」同音，是這一音將「夕」siák拉向「西」字轉音的。這種雨有兩種特徵：第一個特徵是暴起於傍晚，第二個特徵是其勢兇暴，故得「夕暴」之名。

㈢有關「西北雨」的台語歌謠

1、西北雨，直直落，鯽仔魚要娶某，鮎鮐兄打鑼鼓，趕緊來，火金姑，做好心，來照路，西北雨，直直落。

2、日頭過半晡，天氣宛然像火爐，約束不敢誤，想要出門，丟丟銅仔伊嘟看著滿天雲變黑，唉唷出門敢會遇著西北雨。

出門無疑誤，果然大雨已經滴落土，丟丟銅仔伊嘟要去又落雨，不去驚伊，講阮失約才糊塗，唉唷心內愈急想到無撇步。

雨落這呢粗，無採趕緊行來半途，要過大馬路，又驚大雨，丟丟銅仔伊嘟渥甲歸身淡糊糊，唉唷第一害人著是西北雨。

參、語文天地

一、文法修辭

本文以「摘番薯蒂」為線索，以「大雨滂沱，霹靂環起」為主題，由烏雲湧動、雷電大作、傾盆而下寫到雨過天青，駭人恐怖到安詳平和。

㈠本課文法方面，運用最多的是「複詞」。複詞可分為兩類：「衍聲複詞」和「合義複詞」。

1、屬於「雙聲、疊韻」雙音節衍聲複詞（聯綿字）的，有「彷彿」（雙聲）、「霹靂」、「匍匐」、「盤旋」（疊韻）等。

2、屬於疊字衍聲複詞（重言）的，有「黑壓壓」、「亮晶晶」、「孤伶伶」、「哀哀」、「漸漸」、「遙遙」等。

3、屬於帶詞綴的衍聲複詞的，有「第二」的「第」、「人們」的「們」、「漸漸地」的「地」等。

4、屬於合義複詞（由意義關係合成的詞）的，有「滂沱」、「咫尺」、「蘇醒」、「閃爍」、「震懾」、「閃電」等。

㈡在句子的結構方面，以使用普通句（主詞在前，謂語在後）為多。列舉如下：

1、表態句　表態句是表達人、物、事的性質或狀態的句子，句型為：主語——謂語。如「大雨——滂沱」、「牛羣——在原野上狂奔」。

2、敘事句　敘事句以一個動詞作中心，這動詞稱做「述語」；發起這動作的人或物，稱做「主語」；接納這動作的人或物，稱做「賓語」。述語和他所連帶的賓語合起來，就是此句的「謂語」。敘事句的基本句型是：主語——謂語（述語＋賓語）。如「閃電——纏——身」、「霹靂——壓——頂」。

3、判斷句　判斷句是解釋事物的涵義與屬性或判斷事物的是非與異同的句子。句型是：主語——謂語（繫詞＋斷語）。如「它（霹靂）——是——英雄」、「它——是——無敵的大主宰」。

㈢本文運用多種修辭法如「轉化」、「排比」、「對偶」、「設問」等，尤其對於烏雲、雷電的比擬，以使用「摹寫」、「譬喻」、「誇飾」等最爲突出，因而顯得栩栩如生。

1、譬喻法　本文第二段中，作者巧用「譬喻」手法來寫烏雲，把當時的天空詭譎恐怖，營造出一個懾人的情境，足以扣人心絃。如：「只覺滿天無數黑怪，張牙舞爪，盡向地面攫來。」、「大自然有時很像戲劇」、「像今天這種西北雨的序幕前奏，可名爲惡魔與妖巫之出世。」、「好在接著便是大雨滂沱，再看不見滿天張牙舞爪的黑怪。」、「彷彿聽見了貝多芬《田園交響曲》第四樂章《牧羊人之歌》」

2、誇飾法　作者以「誇飾」方式極盡能事地製造千軍萬馬的大場面，令人震懾不已。同時有的也兼使用了「譬喻」，來加强磅礴的氣勢。如：「大野中，孤伶伶的一個人，不由膽破魂奪。」、「像今天這種大西北雨的序幕前奏，可名爲惡魔與妖巫之出世。」、「接著便是閃電纏身，霹靂壓頂」、「在荒野中的人，此時沒有一個不是被震懾得氣脫萎頓，匍匐不能起的。」、「於是匍匐在地的失魂者，便在雨水的不斷澆淋下，漸漸地蘇醒。」、「遇到這樣氣勢萬鈞的大西北雨前奏，誰也不能逞英雄，因爲此時在天地之間除了它是英雄之外，不准有第二個人是英雄。」、「沒有蓑衣遮蔽，一定被打得遍體發紅。」

3、摹寫法（白描法）　本文摹寫句處處可見，較典型的有四類：視覺、聽覺、觸覺、聽覺兼視覺。如：「霎時間，天昏地暗，抬頭一看，黑壓壓的，滿天烏雲，盤旋著，自上而下，直要捲到地面。」、「太陽又探出了雲端，樹葉上、草上閃爍著無邊亮晶晶的水珠」、「牛羣在原野上狂奔」、「電光只在遙遙的天邊橫掃」（以上爲「視覺」的摹寫）。「羊羣在哀哀慘叫」、「終於雷聲越來越遠」（以上爲「聽覺」的摹寫）。「沒有蓑衣蔽體，一定被打得遍體發紅。」（觸覺）。「太陽又出來了，一片清新的空氣、鮮潔的色彩，彷彿聽見了貝多芬《田園交響曲》第四樂章《牧羊人之歌》。」（視覺兼聽覺）。

4、轉化法　作者爲了求生動逼真，採用「以物擬物」或「以物擬人」的「轉化法」，達到加深讀者印象的效果。如：「只覺滿天無數黑怪，張牙舞爪，盡向地面攫來。」、「像今天這種大西北雨的序幕前奏，可名惡魔與妖巫出世。」（擬物法）。「太陽又探出雲端」、「直待到閃電與霹靂左右夾擊，前後合攻。」、「此時它是無敵的大主宰」；「羊羣在哀哀慘叫，樹木在盡力縮矮。」（擬人法）。

5、排比法兼類疊法　兩種修辭合用，一方面顯示作者遣詞造句的功力，一方面也讓讀者看來流暢自如。如：「大雨滂沱，霹靂環起」、「牛羣在原野上狂奔，羊羣在哀哀慘叫，樹木在盡力縮矮」、「一片清新的空氣、鮮潔的色彩」。

6、對偶法　「對偶」的表現是文字最美的形式，本文使用頗多。如：「張牙舞爪」、「膽破魂奪」、「閃電纏身，霹靂壓頂」、「左右夾擊，前後合攻」、「手舉得最高，頭伸得最長」。

7、設問法　以反詰語句，留給讀者無限的想像空間。如：「你說這是戲劇不是戲劇？」

肆、課文補充資料

一、關於「風」、「雨」、「雷」、「電」

我國民間俗神中，「風伯」、「雨師」、「雷公」、「電母」都是屬於自然氣象神，在古代的農業社會，由於天候的自然變化攸關農業的收成，而當時又缺乏抵禦這些天災的能力，除了藉助長久的經驗累積外，也認爲冥冥之中有神明主宰一切，所以虔誠地膜拜風、雨、雷、電諸神祈求保佑：「風調雨順，五穀豐登」。在大陸蘭州有個著名的道觀叫「金天觀」，進入正門，就是雷壇，正中供奉雷祖，左右分列十大雷神，雷公、電母、風伯、雨師侍立其下，顯示人們對氣象諸神的敬畏與信仰。

(一)「雷公與電母」

小時候，總會問大人：「爲甚麼先閃電後打雷？」長輩就會來個機會教育，告訴我們一個感人的傳說。

據說雷公是天上脾氣最壞的神，只要看到有人爲非作歹，或糟蹋糧食，便會「暴跳如雷」，也會「轟隆！轟隆！」的開口罵人，甚至揮舞著手中的閃電斧頭和霹靂鎚子，將人打昏。

雷公和其他動物一樣也會「冬眠」，直到大地春回，才緩緩甦醒，打了一個大哈欠——「春雷」，昭告冬眠的動物和休年假的農夫，該開始工作了，這便是農曆中的二十四節令之一的「驚蟄」；再伴著綿綿春雨，春耕於是由此開始。

某日雨天，雷公例行公事地巡視凡間善惡，發現有一婦人將米飯倒棄於地，便發起「雷霆之怒」，使出看家武器——霹靂，將婦人擊倒在地。事後才知誤殺好人。原來這是一個孝順婆婆的好媳婦，平日都將得來不易的米飯，讓給婆婆吃，自己則吞食瓠瓜子維生；當天婆婆發現眞相，感動之餘，婆媳兩人搶著瓠瓜子吃，一不小心，將碗翻倒，……。

雷公獲知詳情，方知鑄成大錯，然而後悔已遲。向玉皇大帝請罪，玉帝爲免雷公在大雨中，視線不好時再造成遺憾，也彌補孝順的婦人，於是賜予寶鏡一面，並封號爲「閃電娘娘」，只要遇到雨天打雷之前，先用寶鏡照一下，再行使生殺大權。

長輩說完故事之後，總會告訴後生晚輩兩件事：一是不可爲惡，一是不可糟蹋農人辛苦耕種的食物，否則便會遭「天打雷劈」。又，臺灣人常在發誓時說：「如果……，會給雷公打死。」足見在人民的心中，雷公具有懲惡的警惕之用。雖然，漸長之後，得知光速比聲速快，但仍願相信「舉頭三尺有神明」，足見民間故事潛移默化的作用。

㈡相關詩詞欣賞

- 山雨欲來風滿樓——唐許渾《咸陽城東樓》
- 久旱逢甘雨，他鄉遇故知——佚名《四喜詩》
- 少年聽雨歌樓上，紅燭昏羅帳——宋蔣捷《虞美人》
- 沾衣欲濕杏花雨，吹面不寒楊柳風——宋僧志南《絕句》
- 風聲、雨聲、讀書聲——明顧憲成《東林書院門前對聯》
- 東風吹醒英雄夢，不是咸陽是洛陽——明朱元璋《率師征陳有諒至瀟湘所寫》
- 東邊日出西邊雨，道是無晴還有晴——唐劉禹錫《竹枝詞》
- 回首向來蕭瑟處，歸去，也無風雨也無晴——宋蘇軾《定風波》
- 風乍起，吹皺一池春水——五代馮延巳《謁金門》
- 舞榭歌臺，風流總被雨打風吹去——宋辛棄疾《永遇樂》

(三)相關成語集錄

1、關於氣象

一雨成秋、十風五雨（五風十雨）、亢旱不雨、冬風解凍、和風拂拂、金風颯颯、朔風獵獵、春風澹蕩、秋月春風、苦雨淒風、斜風細雨、蕙風和暢、薰風習習、雲行雨施、傾盆大雨、寒風砭骨、雨疏風驟、風雨交加、疾風迅雷、風調雨順、風吹雨打、狂風暴雨等。

2、關於人事

雷聲大，雨點小、呼風喚雨、風風雨雨、雨後春筍、春風得意、春風滿面、春風化雨、風馳電掣、風平浪靜、風行草偃、風雨同舟、風雨飄搖、風起雲湧、風雲際會、風華絕代、風範猶存、風聲鶴唳、雷厲風行、雷霆之怒、雷霆萬鈞、天有不測風雲，人有旦夕禍福等、迅雷不及掩耳、如雷貫耳、暴跳如雷、喝西北風、什麼風把你吹來等。

(四)相關歇後語彙編

1、鴨子聽雷：不知所云。

2、好心給雷親：好心沒好報。

二、關於田園詩

(一)陶淵明：《歸田園居》

種豆南山下，草盛豆苗稀。

晨興理荒穢，帶月荷鋤歸。

道狹草木長，夕露沾我衣。

衣沾不足惜，但使願無違。

(二)范成大：《夏日田園雜興》

晝出耘田夜績麻，村莊兒女各當家。

童孫未解供耕織，也傍桑陰學種瓜。

三、戲劇

(一)定義

一種由演員在舞台上或不特定的場所扮演各種角色，當衆以動作、歌唱或對白等表演故事、或情節的藝術形式。

㈡發展

戲劇是最古老的文學形式之一，最初起源於宗教儀式，後來發展出各種不同的形式。從戲劇中經常使用音樂、舞蹈、合唱的情況就可看出它的起源。

㈢分類

第一個將戲劇分類爲喜劇和悲劇的是亞里士多德。但隨著時代的轉變，戲劇所呈現的主題和情感，便出現了多元化，不僅有喜劇、悲劇、還有悲喜劇和輕喜劇，以及黑色喜劇等類。

㈣特性

一場戲劇的演出，包括戲劇文學、導演、表演、音樂、舞台美術、甚至現代科技等多種藝術成分的綜合藝術。

㈤種類

可分爲戲曲、話劇、歌劇、舞劇、歌舞劇、以及舞台劇、電視劇、電影等形式演出。

㈥影響

通過典型的舞台形象，反映社會現實生活，表現主題思想，除藝術層面之外，還提供人們抒發情感以及休閒活動的方式。

㈦序幕

戲劇公演時，排在第一幕前，用以介紹劇中人物、劇情發展或預示全劇主題等；引申事情將要有變化的預兆。

四、貝多芬

貝多芬生於西元一七七〇年十二月十六日德國波昂，自祖父以來都以音樂爲業，家境清寒，母親早逝，兄長夭折，父親粗野而無才，只想把年幼的貝多芬加工成「神童」，來負擔家計。

十幾歲時，貝多芬曾進波昂大學讀書，接觸了當時新興的民族革命思潮，也受到啓蒙。西元一七八七年首赴維也納，拜見前輩巨星莫札特，得到教導。回波昂後擔任貴族的家庭教師，認識許多知識份子，席勒和歌德就是此時認識的。西元一七九二年二度造訪維也納，拜師于海頓門下學作曲。而自此以後，貝多芬處於青年和壯年時期，這一年代，正是歐洲十九世紀初的混亂政局糾結纏繞的年代。貝多芬個性耿直，絲毫不在豪門巨商前露出卑微神色，也因此博得維也納人士的一致尊重。

貝多芬創作分為三個時期：第一時期是西元一七九二～一八〇二年，主要作品包括兩首交響曲、六首四重奏，以及《悲愴》和《月光》奏鳴曲。這一時期的創作風格逐漸形成個性。第二時期是西元一八〇三～一八一二年，開始創作《英雄交響曲》，主要作品還有五首交響曲，困難的《克羅采奏鳴曲》、小提琴協奏曲、「大公」三重奏（西元一八一一年）和《拉斯莫夫斯基四重奏》。第三個時期始於西元一八一三年，這一個時期主要作品有莊嚴彌撒曲、合唱交響曲（西元一八二三年）和最後五首四重奏。儘管貝多芬沒有吸引人的外貌，而且恃才傲物，但他的作曲家身分，獲得極高的聲譽，為維也納音樂界及社會所推崇。

個性孤僻，情感豐富而內斂的貝多芬，終身未娶，所以一生都是孤獨的活著。他與他的學生有過戀情，但都是短暫的，而無法天長地久相處。西元一八〇二年他一方面受到愛情的打擊，一方面又對親情失望，就是領養死去弟弟的孩子卡爾所帶來的煩惱。

貝多芬二十八歲開始覺得耳力漸退，最後終至全聾，西元一八〇二年曾意志消沈而寫下遺書打算自殺。結果他還是不向命運屈服，反而寫下歡愉的第二交響曲。貝多芬的晚年健康情況不佳，西元一八二六年後他在奈森多夫完成了他最後的作品，因嚴重受寒，在返回維也納的敞篷馬車中病情加劇，從此臥病在牀，延至次年三月二十九日逝世。臨終時樂聖仍揮舞拳頭，似要與命運作最後搏鬥。

貝多芬是真正堪稱「樂聖」而當之無愧的音樂家。「聖」就是「極致」，只能被發揚、傳承、衍生，不可能被超越或取代；至今貝多芬仍是支持整個音樂體系的主幹。大部分近代的音樂潮流和思想，從布拉姆斯、華格納、到荀伯克，從管弦樂法到鋼琴流派，都可追溯到和貝多芬的淵源關係。

究竟貝多芬音樂作品感人的因素何在？大概是當其人生在連綿苦難逆境中，偶而找到一點喜悅的空隙。對於人生的開脫，有無數的宗教家、哲學家提出他們當時的解答，而貝多芬的解答就是「抗爭！」以微薄有限的體力、以終將毀滅的宿命，無懼的向老天爺翻臉。這就是貝多芬，也就是近代西方人本哲學的寫照。

貝多芬著作等身，尤其是如擎天巨柱般的「九大交響曲」，更是一曲一宇宙；在人類音樂殿堂上，把近代人類精神作了一個扼要的寫照。其他還有五首鋼琴協奏曲、一首小提琴協奏曲、多首管弦樂序曲、三十二首鋼琴奏鳴曲、十首小提琴奏鳴曲、大量四重奏、三重奏等室內樂。歌劇只有一齣「費黛里歐」，大型彌撒曲只有兩首。

貝多芬九大交響曲是史上最「字字珠璣」的作品，其中沒有任何內涵重複。內容如下：第一號C大調、第二號D大調、第三號降E大調「英雄」、第四號降B大調、第五號C小調「命運」、第六號F大調「田園」、第七號A大調、第八號F大調、第九號D小調「合唱」。

本課作者陳冠學是如此論樂聖的（選錄自《藍色的斷想——孤獨者的隨想錄ABC全卷》）：

「貝多芬臨終揮拳，很有意思。但那時他還不算老。貝多芬的D大調小提琴協奏曲，是偉大的平靜心境；也唯有命運交響曲、合唱交響曲的作者，方能平靜到這樣偉大的情境。此曲是憤怒的昇華。」

五、田園交響曲

㈠由來

《田園交響曲》是貝多芬第六號交響曲，由他親自附上田園的標題，是西元一八〇七年在海里金史塔所寫的，和第五號命運交響曲幾乎同時期完成，並一起舉行初演。

㈡情意

《田園交響曲》是貝多芬九大交響曲中最恬淡舒適的一首，因為貝多芬那種暴躁又唯我獨尊的獅子脾氣，實在很難與人相處，唯獨大自然帶給他無比的慰藉。只有在這首曲子裡，看得出貝多芬似乎暫時放下他的抗爭，單純得近乎天眞，盡情地描繪心目中的大地之美。貝多芬曾親自解釋說：「這首《田園交響曲》，並非繪畫性的描寫，而是描寫人們在田野之中的喜悅氣氛，心中引發的若干情感。」又說：「只要一走入田園，我跟我不幸的耳朵便豁然開朗，在那裡樹木跟我講話，森林讓我喜悅。這一切應該都可以表現出來。」因此，貝多芬用交響曲的形式，來描寫走入田園的一種愉悅心情。

三特色

貝多芬並不主張太多寫實的寫景方式，而是著重於「描寫來到田園的一種心情」。另外，他異於一般交響曲的通例——四個樂章的形式，而寫出五個樂章的特例。

四內容

本曲共有五個樂章：

第一樂章　抵達鄉村時的愉快心情。

第二樂章　小河邊的風景。

第三樂章　村民們愉快的聚會。

第四樂章　雷雨和暴風。

第五樂章　牧歌，暴風雨後的喜悅與感謝。

註：第四、五樂章通常一起演奏，所以作者誤將《牧羊人之歌》認定爲第四樂章。）

五《牧羊人之歌》

《牧羊人之歌》又譯爲《牧羊人的讚美詩》（Shepherds' Hymn ），是接著被譽爲最偉大的寫景樂——第四樂章《暴風雨》後的雨過天青，因爲雨水帶來萬物生機，牧人們不禁對天地產生感恩的心情。

本樂章運用「寫意」的境界。當時貝多芬的耳疾非常嚴重，也因此寫出著名的《海涅金遺書》。不過本樂章的主題一出來，宛如陰霾一掃而光。開頭仍可以聽到低音提琴代表的悶雷，在遠處的天邊響著，接著法國號暗示主題的出現，而田園豐饒安詳的喜悅由管弦樂齊奏。相信弦樂帶出的牧歌主題，給人一種畢生難忘的經驗（尤其是緊接《暴風雨》段來欣賞）。

伍、思考與練習

一、「日記」和「週記」的寫作教學

古來今往的歷史名人除了留下專著和傳記之外，日記是另一項生活眞實的紀錄，也是創作時容易被採用的方式。例如曾國藩的《曾文正公日記》、盧梭的《懺悔錄》、歌德的《少年維特的煩惱》等膾炙人口的作品；所以有人說：

「日記是寫作的最佳途徑。」

寫週記對於有些學生而言，或許是件苦差事，所以敷衍了事的，大有人在。爲了增進作文能力、溝通師生情感，故指導寫作週記不能等閒視之。

㈠日記的寫法

1、日記的功用：

(1)幫助記憶　爲免日後記憶消逝的遺憾。

(2)檢討過去，策畫未來　人生的道路要走得更好，便要反省、規劃。

(3)提高作文能力　因爲日日寫、日日想，作文自然精進。

(4)養成「今日事，今日畢」的好習慣　這是培養責任感的好辨法。

(5)增加練字的機會　字，是練出來的。

2、日記的材料：

(1)特別的人、事、物、言語　因爲「特別」，才與衆不同。

(2)讀書心得　無論書、報、雜誌的心得或摘要、剪報皆可。

(3)時事　當日或近日社會新聞、事件。

(4)言情抒懷　少男、少女的心情總是詩。

(5)言行反省　人非聖賢，孰能無過？知過能改，善莫大焉。

(6)生活或工作計畫　《中庸》：「凡事豫（預備也）則立，不豫則廢。」

3、日記要訣：

(1)確實記載年月日、星期、天氣　日後才能查考、回想。

(2)切勿作流水帳　凡是例行公事，不必常提，即使提了，宜深刻爲之。

(3)言之有物　要求重點、不可泛泛。

(4)忠於自己　忠於自己，才有眞情意。（日記是個人隱私，不可偷窺。）

(5)用心選材　選擇有意義的事，才值得記上一筆。

㈡週記的寫法

1、週記功用

(1)提高寫作的意願　週記是屬於强迫性的制式作業；學生寫週記，已成習慣。

(2)奠定寫作的基礎　從各方面的學習指導，改進以往作文的缺失。

(3)增加寫作的經驗　從多寫、多看、多聽、多讀之中累積經驗。

(4)抒發情感　青澀的歲月，情感最容易觸動，需要有傾訴、發洩的園地。

(5)表達意見　週記可以是「下情上達」的最佳管道。

2、週記材料：

(1)一週大事　除國內外新聞之外，還可以記載校園、班級或社區的新聞。

(2)專題報告　對於平時興趣之事物，經由資料蒐集或研究報告。

(3)生活檢討　道德、學業、交友、家庭等生活檢討。

(4)心情寫眞　無論是喜、怒、哀、樂都可以盡情抒發。

(5)讀書心得　包括學習心得、課外閱讀等。

(6)輕鬆小品　校園笑話、名人軼事、自我消遣等。

3、週記要訣：

(1)取材多樣　像編刊物一樣，內容要多采多姿。

(2)變化多端　形式切勿一成不變，週週有新的創意。

(3)賞心悅目　文字務求整潔，加一點色彩或美工更棒！

(4)文情並茂　除了要求「信」、「達」、「雅」外，「情盡乎辭」也很重要。

二、作文指導教室

(一)先修課程——觀察力的培養

美國盲人作家海倫凱勒，有一篇文章：「給我三天，讓我看看」，文中寫出她對光明世界的渴望。我們生而有幸，得以觀看多采多姿的天地萬物，所以，更不能糟蹋這個可貴的本能。或許人往往在失去之後，才知道珍惜；但從來不知道作文不好，是因爲觀察力不夠造成的。

本課作者陳冠學先生的代表作《田園之秋》，便是從日常生活中的經驗，發諸文章。而我們生處在台灣，卻從未用心去觀察「西北雨」的特徵與現象；生活渾渾噩噩地過，自然會五穀不分，四肢不勤了。因此「觀察力」的培養是學習作文的先修課程，觀察力的訓練，包括「七情六慾」中的「六欲」——即是由眼、耳、鼻、口、手、心所得到的六種感覺。分列於下：

1、第一感「視覺」：漢賦大家揚雄曾說：「觀千劍而後能劍，讀千賦而後能賦。」正是說明，唯有多用眼力去「察言觀色」，並且要多閱讀書籍，才能成就。

2、第二感「聽覺」：運用「諦聽」（仔細聆聽）的方法，才能聽到萬物的天籟之聲，再「繪聲繪影」地描繪出來。

3、第三感「嗅覺」：經由各種氣味傳來時，我們就得扮個「虎鼻師」（台諺），來辨別各種氣息。

4、第四感「味覺」：當酸、甜、苦、辣、鹹，五味雜陳時，敏銳的味蕾，就要發揮功能了。

5、第五感「觸覺」：肌膚的接觸是最眞實的，所以多觀察各種不同觸感，同時別忘了還有古人說的「讀萬卷書，行萬里路」。

6、第六感「感覺」：古代文人一向喜歡「傷春悲秋」，是因爲他們有一顆敏感的心和一份豐富的感情所致，這種感覺，可以「直教人生死相許」呢！

㈡入門課程——修辭學的訓練

羅家倫曾說：「許多人的頭腦不清楚，並非由於天性，乃是缺少訓練的緣故，尤其缺少精確觀察的訓練和思想系統訓練。」所以除了「觀察力」的培養外，「有系統」修辭的訓練是必要的。（參考、配合本課的修辭部分）

1、如何增進修辭能力

⑴仔細推敲　遣詞造句時，盡可能要求準確和所刻意製造出來的效果。

⑵觀摩作品　名家名著是最好的習作範本。

⑶勤於筆記　英國哲人培根說：「勤於筆記，使一個人做事篤實。」日後可做爲寫作的參考書。

⑷培養想像力和創造力　「想像力」和「創造力」是寫作的靈魂，尤其在修辭的訓練中，更是不可或缺的。

㈢進階課程——命題作文指導

有關「雨」的作文題目，很受聯考命題老師的喜愛，因爲臺灣的考季都是在夏日的雷雨時節舉行的，例如七十九年北聯的「風雨之後」，和八十三年的「一場及時雨」，都是和本課「西北雨」的主題相關的作文題，所以，試就以「下雨天」爲題，將作法分析於下：

1、作法

可模擬《田園之秋》的寫作章法，採「順序法」寫來，而寓景於情，再寓情於理（或意）；切忌寫出純粹的記敘文，若能以夾敘夾議的方式，則必有深度。修辭方面除了以「摹寫」成篇外，應多利用其他修辭，如譬喻、轉化、誇飾、排比、類疊、設問、引用等，以加深印象。

2、結構

(1)首段：以視覺摹寫和譬喻，寫「大旱望雲霓」的心情。

(2)次段：以視覺摹寫和轉化，寫「久旱逢甘霖」的雨中即景。

(3)三段：以聽覺摹寫和誇飾，寫雨聲的旋律。

(4)四段：以嗅覺摹寫和設問，寫萬物散發的氣息。

(5)結語：以感覺摹寫和引用，寫雨後的感受。

3、詞藻的運用

(1)詞語：滂沱、朦朧、晶瑩、清新、妍麗、浪漫、迷濛、蔚藍、潺潺、漉漉、絲絲小雨、淅瀝淅瀝。

(2)成語：火傘高張、烏雲密佈、雨過天青、傾盆大雨、蓬勃朝氣、欣欣向榮、未雨綢繆、青葱翠綠。

(3)佳句：如萬馬奔騰、大自然的獻禮。

三、方言（母語）學習教室

方言是展現語言的另一種藝術美，故在現今推廣母語教學的潮流，也因應鄉土教材的課程中，適時加入方言教學，更能引起學生的學習動機與興趣。如本課提到的「西北雨」、「好在」、「番薯」等詞，不妨來個隨機教育！

(一)課本的用語

1、疊字形容詞　本課的「黑壓壓」，台語可唸成「烏索索」、「烏傌傌」、「烏巴巴」等；而「亮晶晶」台語可念爲「金嚇嚇」、「金係係」。

2、口語常用詞　課文中說到「好在」，應是台語常用語「好佳在」的另一種說法，爲「幸好」之意。

3、專有名詞　「西北雨」、「番薯」。

(二)關於「天氣」的臺灣諺語

1、西北雨無過田岸：比喻夏日驟雨往往限於一隅。

2、六月一雷破九颱，九月一雷九颱來：比喻農曆六月打雷則不會有颱風，九月打雷則颱風不斷。

3、驚蟄未到雷先響，四十五日暗天門：比喻驚蟄之前打雷是多雨的預兆。

4、春霧曬死鬼，夏霧做大水：比喻春天霧重會有豔陽天，夏季霧濃雨水會多。

5、日出紅霞水淋頭哪，日落紅霞曬死老爺：比喻早霞主雨，晚霞主晴。

6、清明穀雨，寒死虎母：比喻清明時節下雨，天氣便會十分寒冷。

7、四月初八落到五月節：比喻梅雨時節，陰雨連綿。

8、四月初七落到五月十一：比喻陰雨不斷。

9、春寒雨綿綿，冬寒苦大旱：比喻春雨主雨，冬寒主晴。

10、初一落，初二落，初三落到半月：比喻月初連下三天雨，往往半個月不得放晴。

11、頂看初三，下看十八：比喻農曆十二月天天預測法。

12、十二月春有通吃，又有通春（剩）：比喻豐年之兆。

13、冬節月尾，寒冷在二月：比喻寒冬會延長。

14、冬節在月中，無雪也有霜：比喻豐年之兆。

15、冬節在月頭，寒冷在新年：比喻新春早寒。

16、好天也著準備雨米糧：比喻未雨綢繆。

17、九月颱風無人知：比喻農曆九月颱風難測。

18、濛濛仔雨，落久土也會湛：比喻積少成多。

19、未甲粽前，棉襖不甘放：端午節之前，天氣仍會冷，不可將冬衣提早收藏。

20、正月凍死龜，二月凍死牛，三月凍死播田夫：一到三月越來越冷（春寒料峭）。

(三)關於「天氣」的臺灣歇後語

1、七月半的鴨子，不知死活。

2、日頭赤炎炎，隨人顧性命。

四、多媒體教室

(一)音樂欣賞

無論雅、俗，現代、古典均可，師生共同提供、聆賞。

1、貝多芬第六號交響曲《田園交響曲》之第四樂章《暴風雨》、第五樂章《牧羊人之歌》。

2、有關「風」的音樂

3、有關「雨」的音樂

4、有關「雷電」的音樂

5、有關「鄉村」的音樂

6、有關「大自然」的音樂

㈡影片欣賞

可由師生共同提供、觀賞

1、有關「風」的影片

2、有關「雨」的影片

3、有關「雷電」的影片

4、有關「大自然」的影片

㈢圖片展示

由老師收集展示

1、番薯

2、蓑衣、斗笠

3、雷電

4、鄉村

（林嫻雅）

四、鳥

／梁實秋

壹、作者參考資料

一、與莎士比亞絕交的梁實秋

梁實秋，是一代散文大家，也是一代翻譯大師；他在中國近百年風雲變幻的政局中屹立不移，在新文學浪潮中筆路藍縷、披荊斬棘；尤其是在文學創作上細水長流的定力，在翻譯莎士比亞作品中奮力不輟的耐力，在編輯英漢字典上過人的體力與智慧，更使人們推崇他是「智者的化身、仁者的形象、勇者的模樣」了。

梁實秋原籍浙江杭縣，清光緒二十八年（西元一九〇一年）農曆十二月初八生於北平，原名治華，字實秋，書齋名「秋室」，居處爲「雅舍」，筆名有秋郎、子佳、程淑等。

梁實秋遠祖在河北（直隸）沙河一帶務農，祖父至北京謀生，其後宦遊廣東，曾在杭州小住，爲使梁實秋的父親能入籍應考，於是就落籍錢塘。梁實秋的母親爲杭州人，家道本爲小康，略有恆產，父親曾投資北平「厚福德飯莊」，但在民初的動亂中，一切經營付諸流水，從此家道中落。

民國四年，十四歲的梁實秋畢業於京師公立第三小學，同年秋天考入外交部清華留美預備學校。清華是由各省攤派庚子賠款而設立的，所以學生由各省考送，梁實秋爲了就近在天津應考，所以在直隸省京兆大興縣署（北京東城屬大興縣）申請入籍，從此籍貫就成爲北平了。

梁實秋在清華度過了中等科四年、高等科四年，前後八年，這八年中他和來自各省的菁英齊聚一堂。在中等科時，生活管理非常嚴格，例如：規定學生身上不許帶錢，錢必須存進銀行中，帶在身上的零用錢還必須一角一分的記在帳本上，每到月底送交齋務處（類似舍監）備核蓋印。看小說在清華也是不被准許的，有一次，梁實秋買了一部《綠牡丹》，利用晚上躲在牀上偷看，倦極而眠，忘了收起來，第二天就被齋務處先生發現叫去詢問，還好他是初犯，而且俯首認錯，所以沒有被關進「思過室」裡處罰禁閉。

清華是預備留美的學校，每天上午安排的課程有：英文、數學、西洋史、生物、物理、化學等均用英語講授，課本也是美國出版的教科書，教師多半是美國人或能說英語的中國人。下午的課程是國文、歷史、修身、哲學史、中國文學史等，用中國的教科書，一律用國語。上午的成績一定要及格，下午則不列入成績，因此學生必定重英文而不顧國文。而梁實秋在中等科遇到教國文的徐鏡澄先生，使他在作文上更爲精進，徐先生改文章常是大勾大抹，把幾千字的文章改得剩二、三百字，這樣的經驗，使梁實秋領略了文章須少說廢話，避免煩冗。

同班同學之中，也有許多傑出人物，如作過葡萄牙公使的王化成，出使土耳其、巴西的李迪俊，曾任主計長的吳大鈞，改良稻種有成的李先聞，擅長聲樂的應尚能，專攻電影的孫瑜，研究天文的張鈺哲，精通語言學的李方桂，傑出的陸軍將領孫立人，建築學者梁思成，電機學家顧毓秀等。

同學之中，又以聞一多、潘光旦對梁實秋影響最大，聞一多學美術出身，早年專攻西洋油畫，也作白話詩，又轉而研究中國古典文學。很有文才，重感情、講義氣；課餘之暇，兩人常相與論文，梁實秋的文學興趣大半是他激發出來的。潘光旦專攻優生學，對於文學、譜牒之學也很有研究，這些也使梁實秋不自覺受到他的影響，反映在文學觀中。

清華對於體育也非常注重，在各種運動比賽中總是居於領導位置，甚至在遠東運動會中清華的選手也贏得不少錦標，爲國爭光。但梁實秋的體育成績總是讓老師大爲搖頭嘆息，畢業考要考體育，項目包括田徑、游泳等。他百公尺跑了十九秒，四百公尺是九十六秒，跑完後人幾乎快暈過去了；田賽裡的鐵餅、鐵球、跳高、跳遠他還可勉強及格，但游泳就不行了。第一次考試前，梁實秋只在陸地上練習，沒有下水過，當然臨考時只得喊救命，被同學用竹竿鉤了起來；一個月後補考，他是連游帶爬的喝了好幾口水游完全程，而且在水裡翻江搗海，搞得水花四濺，連老師都笑彎了腰，只好勉強算他及格。

梁實秋在清華用心地探求新知，求知慾非常旺盛，大量地閱讀中外的典籍：如胡適的《實驗主義》、《嘗試集》、《中國哲學史》，周作人的《歐洲文學史》、《域外小說集》，王星拱的《科學方法論》，潘家洵譯的《易卜生戲劇》、《少年中國叢書》等，進化論、互動論、資本論、蕭伯納與托爾斯泰、羅素與伯格森、泰戈爾與王爾德……，這些書刊他來者不拒，努力吸收，充實腹笥。但也因太過度探索新知，反而忽視了學校的正課，他只敷衍地讀完了一年生物，對其後的物理化學即不再問津。數學他更是沒耐心，於是他給自己製造了一個「性情不近」的藉口，此時梁啓超提倡的「趣味說」正好又可讓他自圓其說，而且梁實秋也認爲自己將來並不預備習理工，何必用功讀數學，因此數學一科都勉强及格六十分。但到了美國，他和趙敏恒兩人同在一個大學讀書，需要補修三角及立體幾何，他們兩人一方面懊惱，一方面引爲恥辱，於是拚命用功，結果得了班上一、二名，成績甲上可免於參加大考。經由這一番經歷，梁實秋深深覺得：沒有人的興趣是不近數學的，只要按部就班的用功，再加上良師誘導，就會體認到其中趣味了；千萬不可如他年少任性，相信「趣味主義」才好。

民國十二年八月，二十二歲的梁實秋和班上六十多人（原有九十多人，畢業時淘汰剩下六十多人）登上「傑克遜總統號」前往美國。他帶著父親給他的前四史（這是父親怕他國文根柢太差，要他在三年中讀完的）。還有一具景泰藍香爐，兩只琺瑯花瓶，及一面五色綢質大國旗。香爐後來送給了聞一多，花瓶則爲了進哈佛必須趕補拉丁文，而賣了五十元美金充學費，國旗則在紐約孫中山哀悼大會時派上了用場。

二十二歲那年秋天，梁實秋進入科羅拉多大學英語系四年級就讀，翌年夏天畢業，繼續轉入哈佛大學研究院及哥倫比亞大學研究院，各肄業一年，由於成績優異，因此留美三年後即學成歸國。

民國十五年夏天，二十五歲時返抵南京，執教於東南大學，開始大量寫作，此時的梁實秋服膺浪漫主義，倡導爲藝術而藝術。民國十六年與程季淑女士結婚，婚後南下上海，擔任時事新報《青光》副刊主編，並兼編《苦茶》雜誌，這是中國第一本純幽默性質的讀物，此時他還抽空任教於暨南大學、光華大學及復旦大學。

二十七歲時擔任《新月》書店總編輯，主編《新月》月刊，以筆作槍，挺身與左翼作家魯迅等人展開筆戰。二十九歲至青島大學擔任外文系系主任兼圖書館館長，此時也開始《莎士比亞全集》的翻譯工作，並爲天津《益世報》主編《文學週刊》。卅三歲時受聘爲北京大學英文系研究教授，不久兼任系主任，並主編《自由評論》週刊。

民國廿六年，以學者身分應中央之邀參加廬山會議，不久七七事變發生，北京淪陷，由長沙逃抵四川，在重慶主編《中央日報》副刊，並兼任國立編譯館翻譯委員會主席。

在主編《中央日報》副刊時，他曾親自寫了一則編者的話，沒想到卻引來了極大的批評。文章是這樣說的：「我老實承認，我的交遊不廣，所謂『文壇』，我根本就不知其坐落何處，至於文壇上誰是盟主，誰是大將，我更是茫然……。現在抗戰高於一切，所以有人一下筆就忘不了抗戰。我的意見稍有不同。於抗戰有關的材料我們最為歡迎，但是與抗戰無關的材料，只要是真實流暢，也是好的，不必把抗戰截搭上去。但至於空洞的『抗戰八股』，那是對誰也沒有益處的。」梁實秋這篇爲文學而文學的徵稿啓事，卻起了一番風波，引起許多知名作家的攻擊，連老舍也指責他「態度輕佻，出語儇薄」，還有左翼作家編織了一頂「抗戰無關論」的帽子扣在梁實秋的頭上。但梁實秋仍致力於抗戰時期的文化宣傳工作。

民國卅五年，抗戰勝利的次年，梁實秋回到北平，擔任北師大英語系教授；政府播遷來台後，他應聘爲師範大學教授，前後達十七年之久。

膾炙人口、傳頌一時的《雅舍小品》，就是梁實秋描寫抗戰時期四川的鄉居瑣事。雅舍位於重慶郊區，是他和清大同學吳景超及其夫人龔業雅女士合資所購的一間平房，爲什麼以朋友的妻子名中的「雅」字命名？主要是爲方便送信的郵差，或遠來拜望的朋友容易尋路，並非自命風雅。

梁實秋的散文小品除《雅舍小品》外，還有《雅舍散文》、《雅舍雜文》、《雅舍談吃》、《雅舍小品合集》。文章多半從生活中尋找材料，他單刀直入的寫法，不拖泥帶水，也不拐彎抹角，文字簡約，用語詼諧，使讀者感受到新鮮及創意。

有些人以爲梁實秋的文章文白夾雜，又愛用典故，是他的一大缺點。然而梁實秋以爲要寫出好的白話文必定得熟讀古文，在豐富的文化遺產中尋找脈絡和傳承是必須的，如此文學的內容才能博大而精深。而且白話有時而窮，反倒是可用適切的文言或典故，可以巧妙地寫出文字的趣味來。

翻譯《莎士比亞全集》是梁實秋另一項傲人的文學成就，他以四十年（一九三〇年至一九六七年），獨力翻譯完成莎劇三十七種，詩三卷，共四十本的鉅作；除此之外，他還譯了十三種書：《沈思錄》、《西塞羅文錄》、《咆哮山莊》、《織工馬南傳》、《潘彼德》、《阿拉伯與哀綠綺思的情書》等，都是西方文學名著，他如此踏實有恆的精神，可稱爲翻譯界的典範，一顆長久璀璨的恆星。

不過，梁實秋倒是在《莎翁全集》出版慶祝會上自我調侃說：「我年輕的時候寫過詩。過了一陣，又寫過小說。可是我覺得自己沒什麼天才，寫詩寫小說都寫不好，於是退一步做翻譯的工作。做翻譯工作，有很多積極條件，但是必須有兩個消極的條件，一個是沒什麼才氣，不能創作；一個是沒有多大學力，不能做高深的學術研究，一個人很不容易具備這兩個條件，而我完全具備了。」不但如此，他又補充「翻譯工作做得像我這樣慢，必須再具備一個消極的條件，就是壽命得相當長。」

事實上，梁實秋能堅持到底，主要動力是父親的叮嚀，父親要他一定得把莎氏全集譯出來，其次是得力於胡適之的督促；但他父親在叮嚀他之後一個月即撒手人寰，而完成這部作品時，胡適之也早就作古了。然而他翻譯莎翁作品卻花了卅年，難怪後來有人請他談莎士比亞，他常開玩笑地說：「我已經跟他絕交了，因爲他佔去我卅年的時間，雖然我喜歡他，但也有些恨他。你們說，人生有幾個卅年？」

民國五十五年，梁實秋六十五歲時獲准退休，這之後他讀書寫作，陸續完成了莎氏全集的翻譯，也出版了多部文學作品。

六十三年，七十三歲的梁實秋居住在美國西雅圖，不幸結婚四十年的妻子意外受傷死亡；老年喪偶的梁實秋悲慟萬分，和淚濡墨，寫成了《槐園夢憶》追憶和妻子共處的點點滴滴，出版後風行一時，感人至深。

但隔了一年一個月，梁實秋卻和卅八歲的影歌星韓菁清小姐結婚，社會一片嘩然，撻伐之聲四起，紛紛指責這位垂垂老者背棄了自己莊嚴的許諾。雖然梁實秋已是七十四歲老人，但在熱戀之中，他可是天天一封厚厚的情書，兩人彼此暱稱「清清」「秋秋」，親密之情一如少年夫妻。更重要的是，他們不但年齡懸殊，生活背景也完全不同，梁實秋是早睡早起，韓菁清卻是晚睡又遲起；一個不吃辣，一個嗜辣如命；唯一相同的嗜好就是兩人都喜愛小動物。他們養了兩隻白貓，天天將牠們打理得乾乾淨淨，叫牠們「白貓王子」，一如自己的孩子般疼惜寵愛。

這兩人在十二年的婚姻生活，彼此互相扶攜照料、相互容忍、恩愛情深。值得一提的是梁實秋婚後創作量更是大增，無窮的活力又再度展現了。他用了六年（七十二～七十八歲）先後撰寫一百萬字的《英國文學史》，及一百二十萬字《英國文學選》，獲得國家文藝獎的殊榮。

當梁實秋八十歲生日時，因其子梁文騏及女兒梁文薔均已在美國成家立業，不需加以照料，於是宣布放棄綠卡。因長年的糖尿病及心臟病已使他身體大不如前，雙耳也完全喪失聽覺。八十三歲時，他就親筆立下遺囑：「余故後，關於治喪之事一切從簡。一、不組治喪委員會。二、不發訃聞、不登報。三、不舉行公祭，不收奠儀，不舉行任何宗教儀式。」文中並交代了遺產的分配事宜。

民國七十六年十一月一日夜晚，梁實秋心臟病突發，因心肌梗塞而去世，享年八十六歲。距他的第一任妻子去世十三年，而第二任妻子韓菁清也在十年後——民國八十五年去世。在兩段不同的時空中，他誠摯而眞情地對待生命中最重要的兩個女人，雖然當時的社會並不認同，也不理解他的執著，但吾人卻不可諱言：這兩段情感同樣都豐富了一代文豪梁實秋的生命旅程啊！

綜觀這位一生誨人不倦、寫作不輟的新文學健將，雖然他一生我行我素，特立獨行，但論學問，學貫中西；論生活，情趣盎然，充滿活力；待人更是謙沖溫厚，提攜後進，不遺餘力。一生勤於治學，雖與政治若即若離，但他是愛國的、反共的。他的文學主張取古人之長補當世所缺，他的作品更是寫出了人性的溫柔敦厚，在嚴肅眞摯的外表下，洋溢著熱烈的情感，更閃動著智慧的詼諧。難怪有人說他的小品文，「如晨曦中的花香」、「更如在寒夜中的濃酒」給人盪氣迴腸的感受。席慕容推崇他是「所有中國人的散文老師，文如其人，是一個眞正的文學家。」臺大齊邦媛教授認爲他是一個「恬淡、寧靜、有尊嚴的人，他的言行一致，態度平和，對人生有一種透徹的智慧。」同是一代文壇巨擘的余光中說他是「春耕秋收，始而爲勇者，終而兼智仁。新月人物，始於徐志摩之浪漫，而終於梁實秋之古典，清輝不減，已近於滿月了。」由以上這些悼詞，我們更可說：梁實秋爲當代的新文學運動寫下了璀璨的一頁篇章。

二、梁實秋的文學觀

(一)寫作

1、讀書需要紀律，而不是興趣

梁實秋說：「讀書需要紀律，而不是興趣。」梁實秋接受訪問曾經說：「我讀書速度很快，數量亦多，接觸面頗廣，沾沾自喜，自以爲博覽羣籍，腹笥不儉，實則讀書漫無目標，隨興之所至，淺嘗輒止，虛耗光陰。到了應該學以致用的時候，才矍然警覺，自己的學識基礎薄弱，當初老師指定閱讀的書才是最有用的基本知識的寶庫。大好時光已經浪費，只好急起直追，儘量惡補。」

梁實秋曾說，直到三十歲開始，他才決定發憤向學。「此後讀書比較有計劃，不再任性，不再隨波逐流。」他早年論讀書之道時所曾說的一段話——「莫以爲需要等待一個夠長的空暇期間方可開卷，那樣的等待往往即是長期的展緩，——要讀就讀，此時此地立刻開始！」——他必是將「此時此地立刻開始」化爲行動，充分貫徹至生活每一層面，讀書如此，寫作、行事堅持篤行，因之才能抵擋外在事務的影響，而在學術、創作、翻譯事業上，都卓有建樹。

2、讀書「重廣」「貴精」

「學而不思則殆。讀書貴專精，專精才能有見地。讀書亦貴博廣，博廣才能有透視。」是梁實秋的經驗之談。

他說：「自從知道發憤讀書之後，深知人生短暫而知識無窮，無可奈何之中局限自己的讀書範圍於某一時代、某些作家。有些書宜全部精讀，有些書宜分別略讀，有些書宜選讀若干篇章，饒是這樣，數十年來所讀之書還是有限。所幸我的職業是在教書，有一個讀書的環境，困而後學，得教學相長之益。」

書海浩瀚，好書何其多；因此，在梁實秋的讀書生涯中，仍覺得有力窮之感，於是，他採精讀及略讀兩種方法，以科學的方式掇拾文學的菁華。

3、讀書的秘訣——利用零碎的時間、精選版本

讀書，就像品茗一般，要細細地品味，更要深深地領略。

讀書的秘訣：利用零碎的時間，古人所謂的「枕上、馬上、廁上」，亦無非是教人隨時努力讀書而已。先讀作品，後讀有關作品的評論，這才是培養自己獨立判斷的方法，這也是充分了解評論的價值的基本條件。

從研讀英國文學作品，到翻譯莎士比亞，梁實秋掌握到一把快樂的鑰匙：「我發現，中外的人性是互通的，是相同的。」他更建議：永遠使用最有權威性的版本；版本是日新月異不斷的進步，通常是後來居上，不過也有不少權威版本歷一、二百年，仍不失其權威性。根據他的治學經驗，他認爲：版本決定之後，最好自己購備一冊，可以隨時批批點點，翻檢起來也比較方便。

4、散文寫得好的訣竅

梁實秋說：文章要深、要遠、要高，就是不要長。描

寫要深刻，意想要遠大，格調要高雅，就是篇幅不一定要長。

梁實秋强調散文寫得好的訣竅是「能割愛」，這是他在初中讀書時代，掌握到的訣竅。他的老師告訴他，「文章，尤其是散文，千萬要懂得割愛，自己喜歡的句子，也要捨得割愛。」每次文章交上去，老師就用大筆一勾，三、四千字的文章，只剩了四百字。老師發下來，他就重抄一篇，自己讀讀，也覺得乾乾淨淨，簡潔有力，而且文字有生氣、有力量。

從此，他養成了兩個習慣：一是以後寫文章，就寫不長了，看別人，一寫就幾萬字的大文章，非常羨慕。一是看別人的文章，好的就欣賞，不好的也欣賞。對不好的文章，他喜歡用筆來勾，替別人割愛一番，也過過當年老師勾文章的癮。

5、有志於文學創作的年輕朋友應具備怎樣的條件？

梁實秋認爲「最重要的還是寫作的志趣能否持之以恆，不以外務而分心。」他認爲一個志在創作的人，「平日一定要用功，要多讀書，多看報，還要隨時作筆記」，此外，尚需開拓一己的胸襟氣象，培養獨立思考的能力，資料的運用也要嫻熟……。

對於如何培養個人的文學修養，梁實秋曾扼要的提出一些意見：

「第一：不管你的職業如何，你是中國人，必須熟悉中國的典籍，四書五經乃人人所宜細讀。我不主張復古，也不重視故步自封的遺老遺少，但是我强調中國文化傳統的基本精神之所寄的四書五經，讀過一點，比不讀强，但是最好全部精讀，愈早愈好。」

「第二：不管你的行業如何，要作一個有修養的人，西洋的文、史、哲的若干巨著必須涉獵，如不能讀原文，譯本亦可，作爲一個現代人，必須知道西洋文化傳統的精華之所在，至於西洋現代的作品，其重要性倒是在其次。」

「第三：不管你的研究屬於哪一方面，那方面的基本典籍務必通曉。」

梁實秋又特別提出：讀書的習慣需要培養，養成了習慣之後自有樂趣，「與古人遊」，樂自無窮，是之謂「讀書樂」。

6、從事白話文創作必須具備那些條件？

梁實秋則以爲白話文至少必須具備兩個條件，即白話與文；若白話太多，文太少，那麼充其量，不過只是白話的紀錄而已；而所謂文，乃指在句法、章法，也就是技巧上下工夫；這便必須熟讀古文了；一般人以爲讀古文是爲了從中求取典故，梁實秋說其實不然，「熟讀古文，是爲了學習散文藝術。」因此梁實秋鼓勵年輕人多讀韓愈和柳宗元的作品，因爲「韓柳之文有波瀾，能予人極多啓示，去充實作品實際版面。」

有人批評他的文章「文白夾雜」是一大病。梁實秋說：「這批評很對，不過，不僅我的文章是文白夾雜，我說話也是這樣，我認爲，不管是文言也好，白話也好，那種最能表達我的意思，我就表達。」「文如其人」，這是梁實秋堅持的原則：「一個人一個樣，各有各的風格和特點，不需要模仿，要知道，學也學不像。」

7、莎士比亞害了梁實秋一生？

《莎士比亞全集》耗費了梁實秋畢生的精力和時間，梁實秋認爲：研究文學的人，不能不讀莎翁全集。這是一部淵博精深、超越時代與空間的偉大著作，書中處處洋溢著人性的呼喚。三十七部戲裡所塑造的人物，刻劃入微，所經歷的事故，五花八門，可說是天下之大，無所不包；用字造句，也都經過特別的考研，巧意的安排。

在完成譯述之作時，梁實秋輕鬆的說：「我譯完之後，深感獲益最多的是我自己，因爲我至少把莎氏原文全部咀嚼了幾遍。其中有不少難以咬破的硬果核，可是我都試著咬了。」他說：「翻譯這樁事，也是一種享受。翻譯用不同的文字來表達書中的意句，沒有自由沒有折扣，會不過意來的地方，不能躲，也必須翻。」所以，當《莎士比亞全集》出版時，他笑說：「我和莎士比亞絕交了！」。

8、梁實秋的妙語

- 翻譯，就像別人請吃飯，是享受；不過，菜是主人訂的，菜好不好，喜歡不喜歡吃，就全由不得自己了；而寫作就像請客，你請別人吃，菜單可以隨心擬訂。
- 人生最愉快的事，莫過於讀書；人生最大的樂趣，是完成一件有意義的工作。
- 有人問我如何打發日子，我答曰：我不打發日子，是日子打發我。
- 如願便是滿足，滿足便是幸福。
- 頭是理性的機關，裡面藏著智慧；心是情感的泉源，裡面包著熱血。
- 懶人的座右銘：可以拖到明天做的事，今天不要做；可以推給別人做的事，自己不要做。

貳、課文參考資料

一、《鳥》賞析

梁實秋曾說：「短的文章未必好，壞的文章一定長。」在《雅舍小品》諸篇之中，文字簡約、用語幽默；這也是「鳥」這篇文章的最大特色。

全文首段揭示「我愛鳥」，開宗明義寫出了本文主旨，文章段段均緊扣此三字來鋪展，只是每段各有重心，但不管是寫牠們的鳴聲、寫牠們的形體、動作，均可看出作者對鳥有著深刻的觀察和無盡的憐愛。

第二段中，梁實秋用反襯的筆法寫出他對鳥的疼惜，他不忍看籠中鳥常年的被束縛，文中以他慣用口吻，嘲諷地寫出他的抗議，我們讀到「牠的苦悶，大概是僅次於黏在膠紙上的蒼蠅；牠的快樂，大概僅優於標本室裡住著罷？」這句話被梁實秋的幽默所渲染之外，除了會心一笑，更會對人類殘害鳥族的種種手段升起厭惡之情，這些描繪，也爲後文中鳥在大自然中的自在悠遊，作了有力的伏筆。

第三、四段是本文的重心，也是最可看出作者筆力之處。這兩段由聽鳥寫到看鳥，由清晨至深夜，由靜態而動態，文章的動線更是由近及遠，由小處至大場面，由快節奏至慢節拍，充分地運用了視聽的摹寫，寫出鳥在枝頭，在山巔，在藍天，引喉翺翔的種種樣態。

第三段中作者以「時間」爲動線，以「音樂」爲主軸；寫清晨時婉轉悅耳的鳥鳴，有的似曲調悠揚的獨奏，有的如節拍和諧的合唱，掀開了一天的序幕；而夜深人靜中，杜鵑殷切的鳴叫是一曲哀樂，奏出多少他家遊子無盡的鄉愁？也是作者此時客居四川山城，遠離家鄉的寫照。

第四段中作者以描繪鳥的形體之美爲中心，在文中我們可充分領受到作者敏銳的觀察力，以及對天地萬物的關愛之心。本段中「動態」的描寫是一大特色，他寫鳥在枝頭跳躍的輕盈，寫鳥靈巧如彈簧般的跳盪，更寫出牠們來去如虹般的迅捷，層層推進，動感十足。而又用一行白鷺上青天的柔美動感，映顯出盤旋在天際的鳶鷹的雄姿，兩兩相映，各自展現不同的風姿，使讀者產生更深刻的印象。

梁實秋在第三段中大量的引用了詩詞及古文是第二個特色，如寫牠們形體「細瘦而不乾癟，豐腴而不臃腫」「減一分則太瘦，增一分則太肥」「一行白鷺上青天」等，乍看似乎咬文嚼字，但仔細品賞，這些引文卻適度地增加了文章的濃度，使它和第二段平淺的比喻產生了不同層次的美感。

第五段的時空回到現在的感受，因物遷地轉，再也沒有山城熱鬧的鳥雀身影、美妙的鳥囀，現今身旁只有麻雀及幾隻寒鴉及鴟梟的怪叫，連喜鵲、鴿子都不見踪跡，可見作者喜愛的是善良的鳥禽。此段末句又以「籠中鳥」呼應第二段不忍看籠中鳥作結，再次揭示作者「愛鳥、憐鳥」的一番眞情。也使文章在自然順適的氛圍中，畫下了句點。

再細看文章的脈絡，首段揭櫫了主旨「我愛鳥」，二至五段，則以「反→正→正→反」的形式，呈現了作者以有情的眼光看鳥、賞鳥、寫鳥的心意。平實的文字中，更傳達了作者關懷萬物的愛心。

叁、語文天地

一、文法修辭

(一)譬喻

1、「簡直是一派和諧的交響樂」「竟是淒絕的哀樂」——以音樂來譬喻鳥叫聲。

2、「腳上像是有彈簧」「像虹似地一下就消逝了」——此兩句用生動的喻依來表出鳥的動作迅捷。

3、「有時是獨奏，有時是合唱」——兼用譬喻、擬人及排比。

(二)映襯

1、「細瘦而不乾癟，豐腴而不臃腫」「減一分則太瘦，增一分則太肥」——以映襯兼排比句法，寫出鳥的玲瓏俊俏。

㈢倒反

1、「飲啄倒是方便，冬天還有遮風的棉罩，十分地『優待』」、「牠的快樂，大概是僅優於在標本室裡住著罷？」——此二句皆運用反諷筆法，寫出人對鳥的虐待。

㈣誇飾

1、「世界上的生物，沒有比鳥更俊俏的。」「減一分則太瘦，增一分則太肥，那樣的穠纖合度。」——以誇張的口氣，將對鳥的喜愛表露無遺。

肆、課文補充資料

一、和鳥有關的詩

㈠唐・李白《觀放白鷹》

八月邊風高，胡鷹①白錦毛②。
孤飛一片雪，百里見秋毫③。

注釋：

①胡鷹：產在我國北方邊疆或西域地區的鷹。

②白錦毛：形容鷹的羽毛似白色絲織品。

③秋毫：鳥獸秋天所生的細毛。這句是說：鷹眼銳利，連百里之外景物都能分辨得很清楚。

賞析：

這首詩以雄壯筆調，寫出在秋高氣爽季節，白鷹矯健英姿和銳利的目光，氣象開闊。

㈡唐・高越《鷹》

雪爪星眸世所稀①，摩天專待振毛衣②。
虞人莫漫張羅網③，未肯平原淺草飛④。

注釋：

①雪爪：白色的鳥爪。星眸：明亮的眼睛，常用來形容蒼鷹銳利的目光。

②摩天：接近高空。振毛衣：抖動翅膀。這句是說雄鷹展翅，翱翔藍天。

③虞人：古代掌管山澤的官員。漫，助詞，猶言徒然、枉然。

④未肯平原淺草飛：這句是說蒼鷹慣於高飛，不肯低飛。

賞析：

這首詩外表是描寫蒼鷹矯健英勇形象，以及高遠的志向；事實上詩中更寄寓作者不凡的抱負。

㈢唐．杜甫《孤雁》

孤雁不飲啄，飛鳴聲念羣①。
誰憐一片影，相失萬重雲②。
望盡似猶見，哀多如更聞③。
野鴉無意緒④，鳴噪亦紛紛⑤。

注釋：

①孤雁不飲啄，飛鳴聲念羣：這兩句是說孤雁不吃不喝，一邊飛一邊叫，一聲一聲都在呼喚雁羣。

②一片影：指形單影隻的孤雁。萬重雲：形容相去很遠。

③望盡似猶見，哀多如更聞：這兩句是說望盡天涯，彷彿孤雁還在天際出沒，孤雁已遠，但哀鳴仍然在耳邊縈迴。更，又。這兩句寫出孤雁對羣雁的思慕和迫切追求。

④意緒：心情。指野鴉渾渾噩噩，無法了解孤雁失羣的心情。

⑤鳴噪亦紛紛：這句是說鳴叫聲紛亂嘈雜。

賞析：

這首詩託意於孤雁，表現作者與親人離散的孤獨和痛苦。深刻的寫出在飄泊離亂中失羣的人的心情。

㈣唐．劉禹錫《秋詞》

自古晴空悲寂寥①，我言秋日勝春朝②。
晴空一鶴排雲上③，便引詩情到碧霄④。

注釋：

①寂寥：寂寞空虛。

②勝春朝：勝，勝過、超過。春朝，春天。

③排雲：衝開雲層。

④碧霄：碧藍的天空，晴空。

賞析：

這首詩以「秋詞」爲題，是作者被貶到朗州之後寫的。全詩立意新穎，格調脫俗。歷來詠秋的詩，多營造冷落肅殺、荒涼淒厲的情調，本詩卻一反常態，詩中說「秋日勝春朝」可見作者喜愛秋天勝過春天，更藉鶴凌雲駕風、翱翔萬里，營造壯美景象；而作者的情感也隨之飛越長空，馳騁在藍天之中了。

(五)唐．李白《白鷺鷥》

白鷺下秋水①，孤飛如墮霜②。
心閒且未去，獨立沙洲旁。

注釋：

①秋水：秋日之水。

②墮霜：鷺鷥羽色雪白，從高處飛落，彷彿如下落的霜雪。

賞析：

這首詩以「下秋水」「獨立沙洲」兩幅動靜對比的畫面，寫出白鷺鷥潔身自愛的性格；其次，詩中更運用「如墮霜」的比喻、「心閒且未去」的擬人，生動的寫出白鷺鷥的形象。

(六)唐．杜牧《杜鵑》

杜宇竟何冤①，年年叫蜀門②。
至今銜積恨，終古吊殘魂③。
芳草迷腸結，紅花染血痕④。
山川盡春色，嗚咽復誰論⑤？

注釋：

①杜宇：古代蜀帝名，相傳死後化爲杜鵑。故後人也稱杜鵑爲杜宇。

②年年叫蜀門：蜀地杜鵑最多，春暮而鳴，聲音悲淒，故云「年年叫蜀門」

③終古：永遠、長遠的。殘魂：指杜鵑的靈魂。

④這兩句是說：芳草使杜鵑心緒迷亂，紅花是杜鵑啼血染成。迷腸結，愁腸百結，心煩意亂。

⑤這兩句是說：山川處處都是春色，杜鵑的悲啼又有誰來理會？

賞析：

這首詩寫杜鵑的悲啼，以及得不到同情的痛苦，寫來淒婉欲絕。

二、形容人姿態的詞語

- 瞵視昂藏：此指神采飛揚，左顧右盼的樣子。
- 玉樹臨風：比喻人的風采俊秀。玉樹，傳說中的仙樹，喻人的姿貌或是才幹秀美。
- 高視闊步：指人的氣概不凡，或指神氣十足。

•龍驤虎步：形容人昂首闊步，氣勢威武。驤，馬疾行昂首的樣子。

•器〈氣〉宇軒昂：形容人的氣度高邁不凡。

•龍章鳳姿：龍章，本指帝王衣服。形容人的風儀絕俗，或指出身高貴。

•風度翩翩：形容男人的風采蕭灑儒雅，容貌俊美。

•雄姿英發：雄偉的姿態，英姿奮發。

三、形容聲音的語詞

•珠圓玉潤：形容歌聲婉轉，或指文詞優美。

•珠落玉盤：形容樂音清脆悅耳。白居易《琵琶行》：「嘈嘈切切錯雜彈，大珠小珠落玉盤。」

•新鶯出谷：比喻聲調輕快婉轉。

•乳燕歸巢：比喻聲調清新嬌嫩。語出劉鶚《明湖居聽書》：「忽羯鼓一聲，歌喉遽發，字字清脆，聲聲宛轉，如新鶯出谷，乳燕歸巢。」

•石破天驚：本指箜篌聲的淩厲激越；也可用來比喻震撼之大，或出奇驚人。

•響遏行雲：指聲音宏亮，足以遏阻行雲。

•響徹雲霄：徹，達也。形容聲音宏亮，徹達雲霄。

•聲動梁塵：形容歌聲宏亮激越，震落了樑上的塵土。

四、形容人枯瘦的樣貌

•鳥面鵠形：指人饑餓消瘦的樣子。鵠，ㄏㄨˊ，天鵝。

•鳩形鵠面：腹部滴凹，胸骨突起如鳩，兩頰顴骨削瘦如鵠。形容人枯瘦的樣子。

•面黃肌瘦：臉色蒼黃，肌膚消瘦，形容人有病容。

•雞骨支牀：形容瘠瘦。語出《世說新語．德行》：「王戎、和嶠同時遭逢大喪，俱以孝稱，王雞骨支牀，和哭泣備禮。」

•骨瘦如豺：形容身體非常消瘦。豺，與狼同類異種，形狀如犬，而身體非常細瘦，也作「骨瘦如柴」。

•形容枯槁：形容人的形貌消瘦，面容憔悴。

•形銷骨毀：形容體貌極度瘦損枯槁。也作「形銷骨立」。

五、有關顏色的語詞

「黛青」：墨綠色

「蒼」天——深青色

「朱」門——紅色

「丹」楓——紅色

「素」帳——白色

青紅「皂」白——黑色

「緋」聞——粉紅色

「絳」帳——深紅色

「殷」紅——黑色

「縹」碧——淡青色

「碧」竹——深青色

「赭」石——紅色

六、杜鵑

體長十五～六十公分，多爲暗棕色或灰色，外型和鷹相似，以昆蟲和毛蟲爲主食，有時也吃鼠類及小型果實。

杜鵑是一種寄生性鳥類，牠將蛋產在別種鳥類的巢中，利用寄主鳥代其孵育幼鳥；在寄主鳥產下部分的蛋後，便潛入寄主鳥巢中，偷偷移開一枚寄主鳥的蛋，自行產下一枚蛋取而代之。杜鵑的蛋被寄主鳥接受後，約需十二天左右孵化，幼鳥孵出十小時後，兩眼雖未張開，但是精力旺盛，會用背部將巢中其他的蛋或幼鳥推出巢外。而那些可憐的養父母卻毫不知情的餵養照顧牠們。

七、鳶

俗稱鷂鷹，又稱老鷹。體長六十多公分，生活於平原丘陵、城郊，在高空轉圈滑翔，捕食野鼠、蛙、蛇，或幼弱家禽。築巢於崖石和大樹，每窩產一至五枚卵，孵化期三十八天，四十二天離巢。由於數量逐漸減少，被列爲保育動物。

八、莎士比亞

莎士比亞（西元一五六四～一六一六年）生於英國亞逢河上的斯特拉福鎮，父親務農且兼營商業，他遺傳父親强健的體格，以及母親的優雅教養與道德。莎士比亞小時候很調皮，曾跑到鹿園偷鹿，卻被逮住，送進了監牢。他大約十四歲就休學了；十八、九歲時，父親負債，家道中落，莎士比亞又和一個大他七、八歲的女子名叫安恩・海瑟威（Anne Hathaway）結婚。後來莎士比亞到了倫敦，在劇院看馬，偶爾上台跑跑龍套，充當臨時演員。不久，莎士比亞試著改寫劇本，沒想到卻大受歡迎，於是莎士比亞便專心致力寫作。「舞台」與「人性」是莎士比亞生命中最熟悉的兩件事，他以豐富的想像力加上優雅的文筆，在十二年中，莎士比亞寫下三十幾齣膾炙人口的舞台劇本，如《羅密歐與朱麗葉》、《哈姆雷特》、《仲夏夜之夢》、《凱撒大帝》等等。難怪英國人稱他爲「文字的魔術師」！

九、賞鳥活動

㈠臺灣特有的鳥種

臺灣島的鳥類在長久以來與大陸隔離後，原先的天敵消失，爲適應島嶼的新環境及競爭者，於是有些鳥類部分構造產生特化，經過長期演化，成爲特有種或特有亞種。臺灣有十四種特有種，佔留鳥的百分之九。如：金翼白眉、藪鳥、栗背林鴝、帝雉、紋翼畫眉、黃山雀、冠羽畫眉、白耳畫眉、火冠戴菊鳥、深山竹雞、藍腹鷴、臺灣藍鵲、紫嘯鶇、烏頭翁。

㈡臺灣賞鳥地點

1、臺北近郊適合賞鳥的地點

關渡：適合觀賞水鳥、白鷺鷥。

植物園：適合觀賞都市鳥類、白腹秧雞。

動物園：鳥類館有各種珍禽可仔細觀察。

2、臺灣十大賞鳥的地點：

⑴海鳥

• 澎湖羣島：是海鳥繁殖地，如蒼燕鷗、白眉燕鷗、玄燕鷗等。

⑵水鳥

• 宜蘭沼澤區：每年九月至隔年五月是候鳥遷徙時期，可以看到數量龐大的雁鴨、鷸等水鳥。

• 客雅溪口：位於新竹香山海濱，是一海埔新生地，從九月至隔年五月可以看到鶇、鷺、雁鴨、鷸等水鳥。

•曾文溪口：稀有的黑面琵鷺是此地的貴賓，從十月陸續抵達至隔年五月才離去。

(3)山鳥

•烏來：距離台北市約四十分車程，冬季可見到高海拔山鳥，十一至二月鳥況最佳。

•合歡山：海拔三千五百公尺，是高海拔及高山寒原鳥類的天堂。鷦鷯、岩鷚、金翼白眉處處可見，賞鳥適合在夏季。

•溪頭：海拔八百五十公尺，是中低海拔最佳賞鳥的地點。畫眉、黃山雀、白頭鶇都很易見，一整年均可賞鳥。

•阿里山：海拔二千公尺，是中低海拔賞鳥的地點。尤其五、六月櫻花開時，吸引許多鳥類，最適合賞鳥。

•玉山國家公園：海拔二千七百公尺，鳥類資源豐富，約有一百三十種，春夏秋均適合賞鳥。

•鞍馬山：位於台中東勢，海拔二千三百公尺，位於中低海拔交接處，鳥況複雜。

(三)賞鳥必備物品

1、**望遠鏡**：七至十倍爲宜。

2、**鳥類圖鑑**：以攜帶方便爲宜，便於野外辨別鳥類。

3、**服裝**：必須舒適、輕便、色彩不可太鮮豔爲宜，如橄欖色、褐色、墨綠色。

4、**鳥類紀錄簿**：外出賞鳥必須隨時記下看到的鳥類，如：日期、地點、時間、氣候、海拔、鳥種、數量及疑問；這樣，對鳥類才會有更精確的認識。

(四)賞鳥資訊

各地鳥會每週日均有賞鳥活動，同學可以結伴或和家人一起參加。相關資訊可諮詢：臺北野鳥學會〈TEL：02-23259190〉、中華民國野鳥學會〈TEL：02-87874551〉

伍、思考與練習

一、請觀察校園中（或鄉野中）的鳥類，試寫一段牠們的叫聲及動態。

答

(一)綠繡眼：秋初時節，校園中的水黃皮纍纍紫紅，在耀眼陽光中，一隻一隻的綠繡眼「啾、啾、啾」飛上枝頭，只見輕巧的身子，跳上跳下，你啄我、我追你的，穿梭在層層疊疊綠蔭中。

(二)五色鳥：一身鮮麗的彩衣，佇足枝頭，「郭、郭、郭」不停叫著。

(三)頭烏線：「是誰打破汽球？是誰打破汽球？」

(四)竹雞：「雞狗乖——雞狗乖——」

(五)痲雀、白頭翁……

二、文章第二段寫出人們虐待鳥的種種，在現今還有那些對鳥的摧殘？

答 (一)屏東縣楓港沿街販賣烤伯勞鳥。

(二)屏東縣滿州鄉每逢十月灰面鷲過境，即大量捕捉。

三、現階段政府和民間對鳥的保育有何成果？

答 (一)成立自然生態保護區

(二)設立國家公園

(三)舉辦野鳥季活動

(四)成立野鳥學會、荒野保護協會

四、下列是「以鳥喻人」的成語，請在（　）內填入適當的字。

（　）雀無聲，（　）程萬里，（　）燕燕，（　）聲燕語，（　）蚌相爭，（　）髮童顏，（　）鼻雞眼，（　）鷦一枝，（　）鳳合鳴，（　）面鵠形，驚弓之（　）

答 鴉，鵬，鶯鶯，鶯，鷸，鶴，鷹，鷦，鸞，鳥，鳥

五、課文中作者著力描寫鳥的身影如：「穠纖合度」「細瘦而不乾癟」「肥胖而不臃腫」「減一分則太肥，增一分則太瘦」……。請用這樣細膩的筆法，觀察生活中形形色色的眾生相並寫下來。

答 (一)本班班長：只要一下課，就看到他樓上樓下不停穿梭，一下子是集合、一下子是交報表；上了課，他還得聲嘶力竭的喊口令，上台又得口齒伶俐的傳達師長的交代……。

(二)老阿公：佝僂的身軀吃力的顫慄著，拖沓著蹣跚的腳步慢慢前移，臉上佈滿溝渠般縱橫的線條，無神的眼珠空洞洞地望向前方。

（請自由發表，或是指定每人做三種人物的描述）

六、課文中作者在顏色描摹也非常生動，如：「釉綠的水田」、「黛青的山色」、「一行白鷺上青天」……。請你說說下列顏色的涵義。

答 「白色」恐怖：指政治迫害。

掃「黃」：指色情行業。

「滿江紅」：指成績不及格。

紅得發「紫」：指非常有名。

景氣亮「藍」燈：指景氣低迷。

「黑」箱作業：指事情暗中進行，不公開。

「黑」名單：指登記有案。

掃「黑」：指掃蕩黑幫。

七、相關作文題目

- 野外（校園）賞鳥記趣
- 我最喜愛的動物
- 鳥的自述
- 我的賞鳥（或養魚、寵物……）經驗

（江艾倫）

五、古體詩選

／陶淵明
／白居易

壹、作者參考資料

一、陶淵明二三事

有關於陶淵明的參考資料，可參考第二冊第九課《五柳先生傳》外，另補充幾則參考資料：

㈠「陶淵明攢眉離蓮社」

《蓮社高賢傳》：「時遠法師與諸賢結蓮社，以書招淵明。淵明曰：『若許飲則往。』許之，遂造焉，忽攢眉而去。」

翻譯：

當時慧遠法師與諸名士結蓮社，寫信邀請陶淵明參加。陶淵明說：「如果允許飲酒才去。」慧遠答應，於是陶淵明至廬山，但最後仍緊蹙雙眉而離開。」

㈡「白依送酒」

檀道鸞《續晉陽秋》：「陶潛嘗九月九日無酒，宅邊菊叢中，摘菊盈把，坐其側久，望見白衣至，乃王弘送酒也。即便就酌，醉而後歸。」

翻譯：

陶淵明曾經有一次九月九日重陽節的時候，沒有酒，在住宅旁邊有一片菊叢，摘取一把菊花，並且坐在裡面過了好久，忽然看見有一位穿著白衣的人來到，原來是王弘派人送酒來的。淵明立即就喝起酒，喝醉就回家。

㈢「淵明拜火」

馮贄《雲仙雜記》卷六：「陶淵明日用銅缽煮粥，爲二食具。遇火發，則再拜曰：『非有是火，何以充腹。』」

翻譯：

陶淵明每日使用銅製的缽煮粥，缽作爲二餐的食具。每次煮的時候，遇到火著起來了，淵明就向火拜說道：「要是沒有火，如何能添飽肚子呢？」

（以上參考：《中國古代文學事典》朱碧蓮主編，中州古籍出版社）

二、陶淵明格言欣賞

㈠「開卷有得，便欣然忘食。」《與子儼等疏》

翻譯：

翻開書册獲有心得的時候，於是高興得連飯都忘記吃了。

㈡「古人惜寸陰，念此使人懼。」（《雜詩》）

翻譯：

古人珍惜一寸光陰，每想到這件事情使人心存畏懼。

㈢「先師有遺訓，憂道不憂貧。」（《癸卯歲・始看・懷古田舍》）

翻譯：

先師有遺留訓示：讀書人擔心自己的理想抱負能否實行，並不擔心貧窮。

三、早識之無的白居易

白居易，生於唐代宗大曆七年（西元七七二年），卒於唐武宗會昌六年（西元八四六年）。字樂天，晚年居香山，自號香山居士、醉吟先生；又曾官太子少傅，後人稱爲白傅。祖籍太原，他雖然出生在河南新鄭縣，但是在他的詩文中皆自稱太原人。

白居易的祖父白鍠，是有名的文人，專長在文章，對五言詩尤爲專精，作官到滑臺節度使。其父親白季庚是白鍠的長子，曾作過彭城縣令、徐州別駕、襄州別駕等官。白鍠、白季庚皆是明經出身，可知：白居易出於在「世代書香」的家世。

白居易的母親陳氏十五歲，嫁給四十歲的白季庚，生白居易時，其母十八歲，由於父親在外作官，於是教養的責任，就由白居易的外祖母、母親承擔起來。

「及居易、行簡生，夫人鞠養成人，爲慈祖母。迨乎潔蒸嘗，敬賓客，睦娣姒，工刀尺，善琴書，皆出於餘力

白居易

焉。」（《唐故坊州鄜城縣尉陳府君夫人白氏墓誌銘並序》）這是白居易外祖母教導外孫的情形；而白居易讀書卻由母親教授的：「及別駕府君即世，諸子尚幼，未就師學；夫人親執詩書，晝夜教導，恂恂善誘，未嘗以一呵一杖加之。」（《襄州別駕府君事狀》）

白居易兄弟有四人，其兄幼文早沒，其最小的弟弟幼美九歲夭折。其弟行簡，後來不僅是詩人，也是小說家，傳奇中有名的《李娃傳》、《三夢記》就是出於行簡的手筆。

白居易三十六歲娶楊虞卿從妹爲妻，他與妻子的感情相當深厚，彼此互相敬愛，一往情深。「漠漠暗苔新雨地，微微涼露欲秋天。莫對月明思往事，損君顏色減君年。」（《贈內》）可見一斑。

白居易育有三個女兒，長女金鑾三歲夭折，他在五十八歲獲有一子阿崔，可惜三歲因重病而夭折了。晚年的白居易覺得非常孤單，與沒有兒子有極大的關係：「吟玩獨當明月夜，傷嗟同是白頭時。由來才命相磨折，天遣無兒欲怨誰？」（《酬微之》）

白居易生性聰穎，出生六七個月，就能辨識「之」、「無」二字，他自己說到：「僕始生六七月時，乳母抱弄於書屏下，有指『無』字、『之』字示僕者，僕雖口未能言，心已默識；後有問此二字者，雖百十其試，而指之不差。」（《與元九書》）五、六歲，便學作詩，八、九歲便已懂得音韻。

大約在十一歲的時候，白居易離開家鄉，跟隨父親到南方的任所，詩人青少年時代的生活，是顛沛困苦的，由於其祖父和父親雖然都作官，只因「清廉自守」都沒有掙得家業，所以詩人從小不得不以「家貧」而憂嘆。尤其此時久居外地，到處流浪，常常到了「憶歸復愁歸，歸無一囊錢」的地步。同時加上詩人疲於奔波，身體很弱，常常臥病不起，在行旅之中，就更加感到孤單，下面的詩句可作證明：「病客非舊日，歸思逼新正。」（《除夜寄弟妹》）這些顛沛流離的遭遇，在詩人的心靈留下了深刻的印象，這對後來他能成爲一個熱誠關心民間疾苦的詩人，有著相當大的關係。

相傳十八歲的白居易帶著自己的詩文，到長安拜謁著作郎顧況。顧況一看到他的姓名，又仔細打量一下說：「長安米價正貴，居也不易。」說罷就看他的文章，第一首詩是《賦得古原草送別》：「咸陽原上草，一歲一枯榮。野火燒不盡，春風吹又生。」顧況贊嘆地說：「能寫出這樣的妙句，在長安居也易。」於是到處爲白居易宣揚，白居易一時聲名大振。

二十歲中了秀才，白居易更加「苦學力文」，用功的情形，自己說道：「二十已來，晝課賦，夜課書，間又課詩，不遑寢息矣。以至于口舌成瘡，手肘成胝，既壯而膚革不豐盈，未老而齒髮早衰白，瞥瞥然如飛蠅垂珠在眸子中也，動以萬數。」（《與元九書》）

貞元十六年，白居易二十九歲以第四名中進士第，詩人年少及第，十年苦學，一舉成名。「慈恩塔下題名處，十七人中最少年」的詩句，正表現詩人得意的心情。另有一首詩表現詩人中第還鄉時的興奮心情：「十年常苦學，一上謬成名，擢第未爲貴，賀親方始榮。時輩六七人，送我出帝城，軒車動行色，絲管舉離聲。得意減別恨，半酣輕遠程。翩翩馬蹄疾，春日歸鄉情。」（《及第後歸覲，留別諸同年》）從此，結束了「窮書生」的生活，開始踏上政治生涯。

憲宗元和元年，白居易與元稹將應制舉，兩人居住華陽觀「閉戶累月，揣摩時事」寫成《策林》七十五篇，陳述他們的政治主張。他們看見朝廷的腐敗，認爲若要使國家清明，就必須廣通言路，使民情可以上達。因此他們非常推崇周代的採詩官的制度，認爲只有如此才能「上下交和，內外胥悅。」這種「酌人言、察人情，而後行爲政」的主張，只是一種理想，可惜未被朝廷所重視。

元和三年，白居易拜左拾遺，左拾遺是諫官，職位雖然不高，但是有與皇帝直接說話的機會，授官以後，非常盡責，「臣所以授官以來，僅經十日，食不知味，寢不遑，唯思粉身以答殊寵，但未獲粉身之所耳。」對國政、朝官不當的地方，都大膽地提出批評，勵行他的「有闕必規，有違必諫」的職責。當時憲宗要召王鍔爲宰相，王鍔入朝，多進奉，賂宦官，白居易察明王鍔的眞象，向皇上報告：「王鍔在鎮日，不卹凋殘，唯務差稅。淮南百姓，日夜無憀。五年誅求，百計侵削，錢物既足，部領入朝，號爲羨餘，親自進奉。凡有耳者，無不知之。今若授同平章事，臣恐四方聞之，皆謂陛下得王鍔進奉而與宰相也。」（《論王鍔欲除官事宜狀》）終於力諫奏效，把貪官打擊下去。

元和五年，元稹因讒言，由監察御史貶爲江陵府士曹參軍。主要原因是因爲元稹爲官正直，在作御史時舉奏不避權貴，而受到權貴親黨們的挾恨。白居易非常地激憤，上書列舉元稹不應貶官的三項理由（《論元稹第三狀》）可惜沒有成功。不久元稹便左轉江陵，白居易一直陪送到新昌里。一路上彼此互相勉勵、互相勸慰。同時也有一些詩互相酬答，其中白居易有一詩，用大觜鳥比喻欺詐、狡猾和殘酷的朝官貴族，用鸜鵒代表正直的諫官。但是大觜鳥卻因爲善於欺詐而得逞，鸜鵒卻因爲直言而獲罪，詩人在最後說道：「誰能持此冤？一爲問化工，胡然大觜鳥，竟得天年終？」（《和大觜鳥詩》）詩人對當時黑暗社會不合理的制度的懷疑，同時也是對現實社會提出的責問！

白居易在論元稹不當貶，失利後，隨即左拾遺任期屆滿，三年的諫官生活，使得白居易深刻地認識到統治階級的奸詐、殘酷和腐敗，並且也體會出這種政治的黑暗，並非他一人直言所能改善的，於是詩人請求改授京兆府判司，結果，改授京兆府戶曹參軍。

元和六年四月三日，白居易的母親陳太夫人去世，享年五十七歲。詩人懷著喪母的悲痛和政治上的苦悶回到闊別十年的故鄉下邽渭村（陝西省渭南附近），重遊舊地以前親手種植的弱柳小桃，現在都已成了高林大樹，鬱鬱成蔭；從前童孺已長大成了壯丁；舊有的老人多已半爲繞村墓了。白居易也深深感受自己的變化，回顧十年的宦途生活，實在感受到「水暗波翻復，山藏路險巇。」（《代書詩一百韻寄微之》）的可怕，於是決定多留在故鄉一段自由的生活。

白居易從此每日穿農民一樣的布民，吃一樣的蔬菜，清晨黃昏都到渭水邊上散步。有時攜帶弟侄們到鄰村遊逛，有時帶著釣竿、書本在渭水邊垂釣、閱讀。在渭村住過二、三年中，使他有機會親自接觸到農民的生活。有一天傍晚，他到農場去看農民的收成，農民立刻擺酒招待他。白居易問起他們的生活，農民告訴他：雖然夫妻老小終年勞動，累得筋疲力竭，但是收成的糧食一半多都要納租、納稅，剩下來的維持不了最低的生活。白居易聽了感到非常慚愧：「自慚祿仕者，曾不營農作；飽食無所勞，何殊衞人鶴？」（《觀稼》）

白居易丁憂已滿，回朝任「左贊善大夫」，第二年（元和十年）平盧節度使李師道密派中岳寺僧人，刺殺宰相武元衡。朝廷混亂，白居易難以坐視，便上疏請捕殺刺客。白居易的忠直敢言，早已使一般權貴懷恨在心，於是他們藉機報復，說白居易不是諫官，越位上書與法制不合，並且又汚蔑白居易的母親因看花墮井而死，白居易卻作《賞花》、《新井詩》有傷名敎，對白居易加以攻擊。憲宗竟然聽信小人的話，把白居易貶爲江州司馬。

在江州，白居易寫下著名的《琵琶行》詩：「同是天涯淪落人，相逢何必曾相識。」詩人藉著一個被壓迫、被傷害的妓女的描寫，同時也表現出自己此刻的無限憂鬱的身世感慨！

後來轉忠州刺史，元和十四年春，白居易在往忠州途中，正遇到元稹，這兩位闊別四年，日夜渴慕的老友相遇了。二人竟至相對長嘆，徹夜不眠。在臨別的時候，兩人互相勉勵一番，留戀不捨地灑淚登程。

元和十五年，白居易召回長安拜尙書司門員外郎，又升爲主客郎中知制誥，這時元稹也由外任召回爲祠部中知制誥。這兩位「曩者定交非勢利，老來同病是詩篇。」的情投意合的老友又重逢長安，當然是非常高興的。此時，白居易的弟弟白行簡也回長安任授拾遺官。兄弟同列近官是很難得的榮譽，白居易同時也想到自己的責任：「唯求殺身地，相誓答恩光。」

穆宗長慶二年，白居易任杭州刺史，在任內替杭州人民做一件大事情，就是在西湖中修築了一條堤壩，使瀕湖人民可以引水灌田，這就是後人稱的「白公堤」。

長慶四年，白居易返回東都洛陽，任庶子分司，是個閒官，白居易整日躲在家中種花蒔草，修竹剪枝做些怡情養性的雜事，竟至「設如宅門外，有事吾不知。」的地步。

敬宗寶曆元年，白居易除蘇州刺史。原本「秉國權、治天下」的宏志，一直沒有得到重要官職，施展抱負，只有任外放的地方官，三年秩滿，來去不定，很難做出一些政績，所以在接受蘇州刺史的時候寫下詩句：「換印雖頻命未通，歷陽湖上又秋風。不教才展休明代，爲罰詩爭造化功。」（《答劉和州》）、「未酬恩寵年空去，欲立功名命不來。」（《赴蘇州至常州答賈舍人》）、「鉛刀磨欲盡，銀印換何頻。杭老遮車轍，吳童掃路塵。虛近復虛送，慚見兩州民。」（《去歲罷杭州今春領吳郡慚無善政，聊寫鄙懷》）這些詩一方面怨嘆自己的時運，另一方面總感到對不起人民。

在蘇州任上，白居易依然兢兢業業地爲百姓做些事情。不過，由於政治上的失意和嚴重的眼疾，使他終日很少歡樂。第二年白居易稱病休官，離開蘇州回老家。由於蘇州人民對這位廉潔愛民的刺史依依不捨，在白居易臨行的那一天，河岸上送行的人民扶老攜幼隨行十多里。白居易的詩寫到：「青紫行將吏，斑白列黎甿。一時臨水拜，十里隨舟行。」（《別蘇州》）可見白居易熱愛百姓，是非常深厚的！

太和五年，又召白居易爲河南尹。此時白居易已無心情做官了：「職與才相背，心將口自言。磨鉛教切玉，驅鶴遣乘軒。只合居岩窟，何因入府門？年終若無替，轉恐負君恩。」（《歲暮言懷》）七月，元稹在湖北武昌去逝，白居易聞訃悲痛不已。先前元稹與白居易在洛陽相會，曾贈詩給白居易，說：「自識君來三度別，這回白盡老髭須，戀君不去君須會，知得復回相見無？」誰知從此即成永別，白居易的《祭微之文》，字字血淚，句句斷腸，使人不忍讀完，其中說道：「嗚呼，微之！六十衰翁，灰心血淚，引酒再奠，撫棺一呼……」更令人傷心欲絕！

從太和七年到會昌二年的十年之中，歷任太子賓客分司及太子少傅等官，職務很清閒，心情卻很冷淡。正所謂：「留侯爵秩誠虛貴，疏受生涯未苦貧，月俸百千官二品，朝廷雇我作閑人。」（《從同州刺史改授太子少傅分司》）。開成三年作一篇《醉吟先生傳》，其中說到：「性嗜酒，耽琴，淫詩，凡酒徒、琴侶、詩客多與之遊。遊之外，棲心釋氏，通學小中大乘法。與嵩山僧如滿爲空門友，平泉客韋楚爲山水友，彭城劉夢得爲詩友，安定皇甫朗之爲酒友。」敍述他放浪於詩酒之間的生涯，從此，他便自號「醉吟先生」。

會昌二年，白居易從擺脫官累，「人言世事何時了，我是人間事了人。」（《百日假滿少傅官停自喜自懷》）他和香山僧如滿結香火社，白衣鳩杖自號「香山居士」。從此，他完全是「棲心釋梵，浪迹老莊」了。

會昌四年，白居易住在洛陽，在洛陽龍門潭的南面有所謂的「八節灘」、「九峭石」，是一些天然的石灘阻礙舟楫上下的去路。往來的船爲了要避險，即使在大寒之月，舟人也要赤足下水推拉渡筏，因此常有「饑凍有聲，聞於終夜。」白居易知道後，便傾自己的資財開鑿了龍門石灘，完工時白居易作詩云：「七十三翁旦暮身，誓開險路作通津。夜舟過此無傾覆，朝脛從今免苦辛。十里叱灘變河漢，八寒陰獄化陽春。我身雖沒身長在，暗施慈悲與後人。」（《開龍門八節石灘詩》）題刻在石上。

會昌六年，白居易去世，享年七十五歲，諡曰「文」，葬於洛陽龍門，李商隱撰墓碑銘。

（以上參考：《舊唐書・白居易傳》、《新唐書・白居易傳》、《中國歷代著名文學家列傳》第二卷・山東教育出版社、《白居易評傳》褚斌杰著・北京大學出版社等）

四、有關於白居易母親的死

依據《舊唐書．白居易傳》知道，中書舍人造謠中傷，說白居易母親因爲看花墮井而死，白居易竟作《賞花》、《新井》等詩，「甚傷名敎，不宜置彼周行。」遂被貶爲江州司馬。

不過有另一個說法：依據宋人陳振孫《白香山年譜》引高彥休《闕史》的說法，白居易的母親，素來有心疾。寡居後，由於家貧，白居易兄弟經常在外，心疾就更加厲害。白居易隨到宣州的時候，嘗因憂憤發狂，用葦刀自殺，幸而被人救活。後來遍訪醫藥，有時好有時壞，只好派兩個健壯的婢女，經常服侍她。有一天，稍微一疏忽，墮井而死。當時薛存誠是白居易的鄰居，向裴度極力證明白居易的母親確是心疾，常常呼叫，鄰里皆聞。（以上參考：《白居易集綜論》謝思煒著．中國社會科學出版社、《白居易研究新探》彭安湘著．西南師範大學出版社等）

五、白居易二三事

㈠「白樂天每作詩，令一老嫗解之。問曰：『解否？』嫗曰：『解。』則錄之；不解，則易之，故唐末之詩，近於鄙俚。」（宋．釋惠洪《冷齋夜話》卷一）

翻譯：

白居易每次作詩，派遣一位老婦人來瞭解詩的內容。並且問她：「你了解嗎？」老婦人回答：「我了解。」白居易就把詩登錄起來；如果老婦人不了解的話，白居易就會換掉，（後來，許多詩人都學白居易作詩的方法）因此晚唐詩歌大多接近通俗。

㈡「時白樂天老退，極喜商隱文章，曰：『我死後，得爲爾兒足矣。』白死數年，生子，遂以『白老』名之。既長，殊鄙鈍，溫飛卿戲曰：『以爾爲侍郎後身，不亦忝乎？』後更生子，名袞師，聰俊。商隱詩云：『袞師我嬌兒，英秀在無匹。』此或其後身也。」（元．辛文房《唐才子傳》卷七）

翻譯：

白居易晚年，最喜歡誦讀李商隱的詩文，曾經對他說：「我死掉以後，希望能轉世做你的兒子，就心滿意足啦。」白居易死後幾年，李商隱果然生了個兒子，取名叫「白老」。白老長大以後，癡呆得很，溫庭筠開玩笑說：

「把你當作白侍郎再世，不是太侮辱他了嗎？」李商隱後來又生了個兒子，叫「袞師」，聰明又英俊，李商隱作詩說：「袞師是我的嬌兒，英俊秀美是無人能比的。」這個兒子說不定是白居易投胎的。

㈢「貞元中，樂天應宏辭，試《漢高祖斬白蛇賦》，考落，蓋賦有『知我者謂我斬白帝，不知我者謂我斬白蛇』也。然登科之人，賦並無聞；白公之賦，傳於天下也。」（五代．王定保《唐摭言》卷十）

翻譯：

貞元年間，白居易參加博學宏辭科，試題是《漢高祖斬白蛇賦》，沒有考上，因爲賦中寫了「知道我的人說我斬了白帝，不知道我的人說我斬了白蛇」的話。但是登科的人所作的賦，沒有人曉得；白居易被刷落的賦，卻傳遍天下。）

㈣「長安冰雪，至夏月則價等金璧。白少傅詩名，動於閭閻，每需冰雪，論筐取之，不復償價，日日如是。」（唐．馮贄《雲仙雜記》卷六）

翻譯：

長安市中的冰雪，一到暑天，價錢飛漲，與黃金、璧玉同價。太子少傅白居易的詩名，連賣冰的小販都知道。聽說他要冰塊，小販常整筐整筐送去，不取分文，天天如此。

六、白居易的箴言

㈠「一人不善，衆人惡之，故赦之可也；一人不善，衆人效之，故赦之不可也。」（《眚災肆赦》）

翻譯：

一個人不好，如果衆人都厭惡他，那麼赦免他是可以的；一個人不好，如果衆人都效法他，那麼赦免他是不可以的。

㈡「人無常心，習以成性；國無常俗，教則移風。」（《策林一．策令》）

翻譯：

人沒有固定不變的心性，習慣成自然；國家也沒有固定不變的習俗，教育可以移風易俗。

㈢「天下雖興，好戰必亡；天下雖安，忘戰必危。」（《策林三．議兵》）

翻譯：

國家雖然強盛，窮兵黷武必會導致滅亡；國家雖然太平，大意輕敵，也會導致危險。）

(四)「聞毀勿戚戚，聞譽勿欣欣；自顧行何如，毀譽安足論？」（《續座右銘》）

翻譯：聽到毀謗的話不要憂傷，聽到贊揚的話也不要得意忘形；重要的是檢討自己的行爲，旁人的議論何必理會呢？

貳、課文參考資料

一、《歸園田居》賞析

(一)《歸園田居》的寫作背景

園田居，是陶淵明四十二歲（東晉安帝義熙元年十一月）辭去彭澤令後，回家鄉（今江西省九江縣）時所居住的地方之一。辭官後第一年（義熙二年），作者寫下《歸園田居》詩，共五首，本課文選自其中的第三首。

從詩中的內容上看，是作者從事農耕的艱辛及其無怨悔的思想，或可深入一層探討，能更明確地了解本詩的主旨。

陶淵明毅然罷官彭澤令，其因「歸去來兮，田園將蕪胡不歸？既自以心爲形役，奚惆悵而獨悲，悟已往之不諫，知來者之可追，實迷途其未遠，覺今是而昨非。」（《歸去來辭》）強烈地對於過去的官場深惡痛絕，在多年「世與我而相違」（《歸去來辭》）情況下、有愧「猛志逸四海」（《雜詩》），因此告別官場，而追求「窮則獨善其身」，歸隱田園，過著耕讀的生活。儘管不熟習農務、倍增艱辛，若是與混濁的官場，再作一次的選擇，淵明仍然會再次選擇田園，因爲田園的生活，不會使他做出「違己志」的事情來，這種的表白，就是本詩的主旨。

(二)《歸園田居》的提要分析

1、描寫種植的艱難：暗藏詩人失望的心情

(1)種植：「種豆」

(2)地點：「南山下」

(3)種植結果：暗點詩人不善長農耕，缺乏經驗，並且有自我揶揄、自慚自嘲的含義。

①「草盛」

②「豆苗稀」

2、描寫勞動的艱辛

⑴出門的時間：「晨興」

⑵工作：「理荒穢」

⑶回家的時間：「帶月」，暗點工作時間太長，並且使用誇飾法顯現詩人悠然自得的神情。

⑷回家的裝備：「荷鋤歸」

3、描寫返家的途中情景：也點出勞動的辛苦

⑴環境：（不便利）

①「道狹」

②「草木長」

⑵結果：「夕露沾我衣」（爲下面作墊舖）

4、陳述堅定的意志（心理描寫）

⑴後果：「衣沾不足惜」

⑵假設的事實：「但使願無違」（倒裝句子，強調詩人的意志，不變初衷）：「無違」是詩眼。

二、《慈烏夜啼》賞析

1、描寫慈烏的孝思（白描法）

⑴事情的原因：「慈烏失其母」

⑵事情的經過：「啞啞吐哀音」

⑶事情的結果：「夜夜夜半啼」

①時間：「晝夜不飛去」

②空間：「經年守故林」

⑷旁觀者

①反應：「聞者爲沾襟」

②推測：「聲中如告訴，未盡反哺心」（「反哺」爲線索）

③議論

a自問：「百鳥豈無母，爾獨哀怨深？」

b自答：「應是母慈重，使爾悲不任。」

2、贊美慈烏

⑴反面諷刺

①人物：「昔有吳起者」

②原因：「母歿喪不臨」

③批評：「嗟哉斯徒輩，其心不如禽。」

⑵正面褒揚

①人物：「慈烏復慈烏」

②譬喻：「鳥中之曾參」

參、語文天地

一、注釋

㈠啞啞：形容烏鴉的叫聲，尚有：

1、形容小兒語聲。例如：《聊齋誌異．口技》：「小兒啞啞」

2、形容笑聲。例如：《聊齋誌異．捉鬼射狐》：「小人見之，啞啞作揶揄聲，遂不復見。」

另外「鴉鴉」也是象聲詞，形容烏鴉等鳥鳴叫的聲音。例如：「城上日出羣烏飛，鴉鴉爭赴朝陽枝」（柳宗元《跂烏詞》）

在現代文學中，形容烏鴉的叫聲，有的用「刮刮」，例如：「卻聽見烏鴉在屋脊上刮刮地叫了幾聲」（巴金《春》）；也有用「呱呱」，例如：「山腳邊有一個小樹林子，烏鴉爸爸和烏鴉媽媽帶領六個孩子呱呱地叫著，向這個樹林子飛來，尋找自己的窠。」（金近《黃汽球》）

㈡沾襟，眼淚沾溼衣襟。襟，音ㄐㄧㄣ，同「衿」，上衣的前幅。

「沾襟」的「襟」，古代也作「衿」、「紟」、「絟」。說文解字云：「紟，衣系也」、《釋名．釋衣服》云：「禁也，交於前所以禦風寒也。」古代中原穿衣的習慣是「右衽」，自胸前經左肩繞至右方脇下。正是這種纏繞法決定了古代的衣服都是交領的；繞於項子後、交於胸前的部分都叫做「襟」，所以注釋說「上衣的前幅」，至於「沾襟」，就是眼淚沾濕胸前的衣服。「襟」所指的地方是胸前的部分，並非項後面的部分。

㈢反哺，慈烏初生的時候，母烏餵養牠，等牠長大了，便捕取食物來餵養母烏，這叫做反哺；引申是說：報答父母的恩情。

「反哺」也可作「返哺」，例如：《聊齋誌異．青風》：「君如念妾，還乞以樓宅相假，使妾得以申返哺之私。」

「反哺」也可作「烏哺」。例如：束晳《補亡詩．南陔》云：「嗷嗷林烏，受哺於子。」蘇轍《次韻宋構朝請歸守彭城》詩云：「馬馳未覺西南遠，烏哺何辭日夜飛。」

㈣歿，死亡。

「歿」原爲「沒」的假借字。例如：賈誼《過秦論》：「始皇既沒，餘威震於殊俗。」曹操《褒棗祇令》：「不幸早沒。」

在古代死的稱呼是有較嚴的等級區分的。《公羊傳·隱公三年》云：「天子曰崩，諸侯曰薨，大夫曰卒，士曰不祿，庶人曰死。」

關於死的稱呼，尚有其他的，例如：「逝」、「殂」等等。

二、文法修辭

㈠「衣沾不足惜，但使願無違」

該句是條件關係構成的複句。同時第一分句的假設句與第二分句的後果句倒置，形成了倒裝句。主要是凸顯第一分句的假設句。

第一分句「但使願無違」是假設小句，也是倒裝句，原爲「但使無違願」，是敍事句，爲了要強調賓語「願」，所以移置述語「違」的前面。「但使」是雙音節連詞，如果、只要的意思。（教材：把「但」、「使」分開，值得商榷）

第二分句「衣沾不足惜」是後果小句，是判斷句，主語「衣沾」，繫詞省略，「不足惜」是斷語。

整句的解釋：只要志願不要違背，衣服沾溼是不足以珍惜的。

㈡「夕露沾我衣。衣沾不足惜。」

該句的修辭是「頂眞」。

所謂「頂眞」，是用前一句的結尾作後一句的開頭。「頂眞」從結構上分爲四類：

1、是「詞的頂眞」：例如，「夏蟲也爲我沈默，沈默是今晚的康橋！」（徐志摩的《再別康橋》）

2、是「短語的頂眞」：例如，「有形則有短長，有短長則有小大，有小大則有方圓，有方圓則有堅脆，有堅脆則有輕重，有輕重則有白黑。」（《韓非子·解老》）

3、是「句子的頂眞」，例如：「那挺立的樹身，仍舊，我們擁有最眞實的存在，——祇要我們有根。祇要我們有根，縱然沒有一片葉子遮身，仍舊是一株頂天立地的樹。」（王蓉芷《祇要我們有根》）

4、「雙蟬式頂眞」，例如：「門內有徑，徑欲曲；徑轉有屏，屏欲小。」（林語堂《生活的藝術》）

有關「頂眞」的故事，題目是「鄭板橋賀壽」：有一位姓陶的朋友過生日，鄭板橋也去了。恰巧正下大雨，板橋一到，主人便準備紙墨筆硯，想請他寫些賀詞祝壽的文字，他大筆一揮便在紙上寫了「奈何」兩字，衆人瞪大眼睛看他，他也不管，又連寫了兩個「奈何」，這下子使得大家吃驚了，一連三個奈何，是什麼賀詞呢？鄭板橋對此卻毫不在意，又寫了第四個「奈何」，此刻連主人也感到不安了，呆呆地站在一邊，神情非常尷尬，賀客也不由得暗暗叫苦，老鄭這玩笑也開得太過分了吧！這時，他微微一笑，便揮筆疾書起，寫下：「今日雨滂沱，滂沱祝陶公壽，壽比滂沱雨更多。」主人和賀客看到了，才輕鬆地笑起來。

從這個故事，知道鄭板橋的賀詩，屬於「詞的頂眞」，有一種表現蟬聯的美感和趣味，讀起來語言流暢，餘味無窮。（故事參考：《語法修辭的趣味故事》岳冬梅主編，藍天出版社）

㈢「草盛豆苗稀」

該句的修辭是「映襯」。

所謂「映襯」，是把相關或相對的兩方面事物或意思，或者同一事物的兩個方面放在一起，使之相互襯托、相互對照的一種修辭方式。

一般「映襯」依構成與作用上的差別，分爲三類：

1、「正襯」：用相似或相近的事物作陪襯，使所寫的主體更爲突出明顯。例如：「桃花潭水深千尺，不及汪倫送我情。」（李白《贈汪倫》）以潭水的深襯托出友情更深。

2、「反襯」：使用相反或相異的事物作背景，烘托主體的映襯。例如：「敗草裡的鮮花」（徐志摩《我所知道的康橋》）用敗草反襯鮮花的難得可貴。

3、「對襯」：把相對、相反的事物或意思放在一起的映襯。又稱「對比」、「對照」。例如：「創業的人都會自然地想到上天；而敗家的人卻無時不想到自己。」（陳之藩《謝天》）以「創業的人」、「敗家的人」對照出不同的人生觀。

㈣「帶月荷鋤歸」

該句是「誇飾」法。所謂「誇飾」，爲了表達強烈的感情或給讀者留下鮮明深刻的印象，故意擴大或縮小事物的形象、數量、特徵、作用等的一種修辭方式。又名「誇張」。

一般誇飾，可分爲三類：

1、**「擴大誇飾」**：把事物的形象、數量、特徵或作

用等，盡量往高、多、强、大等方面說去的誇張。例如：「夏蚊如雷」（沈復《兒時記趣》）、「怒髮衝冠」（岳飛《滿江紅》）

2、**「縮小誇飾」**：把事物的形象、數量、特徵或作用等，盡量往低、少、弱、小等方面說去的誇張。例如：「人固有一死，死有重於泰山，或輕於鴻毛。用之所異也。」（《漢書・司馬遷傳》），「死有重於泰山」是「擴大誇飾」、「或輕於鴻毛」是「縮小誇飾」。

3、**「超前誇飾」**：把在時間上後發生的事物或行爲說成先發生，或說成同另一先發生的事物或行爲同時發生的誇張。例如：「丹唇未啓笑先聞」（《紅樓夢・林黛玉進賈府》）、「請字兒未曾出聲，去字兒連忙答應，早飛去鶯鶯跟前，姐姐呼之，諾諾連聲。」（王實甫《西廂記》）

㈤「聞者爲沾襟」

該句是敘事句，「聞者」作主語，「爲」作介詞（音ㄨㄟˋ），「之」作補語，省略了，「沾」作述語，「襟」作賓語。

㈥「百鳥豈無母」

該句是有無句，「百鳥」作主語，「豈」作副語，表示反詰的語氣，「無」作述語，「母」作賓語，整句的解釋：百種鳥類難道沒有牠們的母親嗎？（教科書標點符號作「，」，值得商榷。）

㈦「爾獨哀怨深」

該句是判斷句，「爾」作主語，「獨哀怨深」作斷語，原爲「獨深哀怨」是謂語形式的造句結構，爲了要强調「深」以及押韻的原因，因而倒裝成「獨哀怨深」，「獨」作副語，用於疑問句中，表示反詰的語氣；「深」也作副語，「獨」、「深」皆修飾述語「哀怨」。整句的解釋：你難道是深切地哀傷怨恨的嗎？

㈧「母歿喪不臨」

該句是折轉關係構成的複句，第一分句「母歿」是敘事句，第二分句「喪不臨」是「不臨喪」的倒裝句，「喪不臨」是敘事句，主語「吳起」承上省略，「不」作副語，「臨」作述語，「喪」作賓語。全句的解釋：母親去逝了，吳起卻沒有回家奔喪。

㈨「百鳥豈無母」

該句是「設問」法。所謂「設問」是故作無疑之問，然後自己回答；或者故作疑問，自己不答，讓對方或讀者去思索體會。例如：「百鳥豈無母」是自問不答；「作亭者誰？山之僧智仙也。名之者誰？太守自謂也。」（《歐陽修《醉翁亭記》）是自問自答。

有關於「設問」的一則故事：明代初期有一位大將軍藍玉，因爲軍功顯赫，封爲涼國公。後來幹了許多違法亂紀的事情。明太祖朱元璋原本就非常生氣，又加上有人密告藍玉謀反，於是朱元璋便以謀反的罪名，判了藍玉的死罪。而藍玉一案牽連到萬餘人。其中有一位詩人孫蕢，因爲給藍玉的一幅畫題過詩，因此被視爲同黨處死。臨刑的時候，他吟了一首詩：「鼉鼓三聲近，西山日又斜。黃泉無客舍，今夜宿誰家？」詩的意思是：「行刑的三下鼓響了，面對著夕陽，內心更加悲哀。地府沒有客店，今天晚上，我孤苦的靈魂要到哪裡去投宿呢？」據說行刑後，朱元璋問監斬官，孫蕢說了些什麼話？監斬官將詩念了一遍，朱元璋聽了大怒：「有如此的好詩，爲什麼不及時上報呢？」他一方面惋惜孫蕢，一方面責怪監斬官，一怒之下，也把監斬官給殺了。（參考《語法修辭的趣味故事》岳冬梅主編，藍天出版社）

(十)「鳥中之曾參」

該句的「曾參」是借代「孝子」，屬於特定與普通相代。

所謂「借代」，是不直接說出所要說的人物或事物的本名，而借用與之有密切關係的其他人事物的名稱來代替他們。又名「換名」、「代替」、「替代」。

一般「借代」分類相當多，介紹下列七種：

1、借部分代整體。例如：「孤帆遠影碧山盡」（李白《送孟浩然之廣陵》）的「帆」代替「船」

2、借特徵代本體。例如：「臣本布衣」（諸葛亮《出師表》），「布衣」代替「百姓」。

3、借標誌代本體。例如：「先生，給現洋錢，袁世凱，不行嗎？」（葉聖陶《多收了三五斗》）

4、借抽象代具體。例如：「但願人長久，千里共嬋娟。」（蘇東坡《水調歌頭》）「嬋娟」代替「明月」。

5、借具體代抽象。例如：「披堅執銳，義不如公。」（《史記．項羽本紀》）「堅」代替「堅固的鎧甲」，「銳」代替「銳利的兵器」。

6、借事物的原料或工具代本體。例如：「人生自古誰無死，留取丹心照汗青。」（文天祥《過零丁洋》），「汗青」代替史冊。

7、特別與普通相代。例如：「曲罷曾教善才服，妝成每被秋娘妒。」（白居易《琵琶行》）「善才」代替「琵琶名師」，「秋娘」代替「善於歌舞的佳人」。

肆、課文補充資料

一、廬山簡介

「廬山」又名「匡廬」。相傳在西周時代有匡氏七兄弟結廬隱居山上，所以稱為「廬山」。

今位於江西省北部九江市南邊，鄱陽湖西岸。山氣勢雄偉，平均山峯海拔一千兩百公尺以上，主峯漢陽峯海拔一千四百七十四公尺。

山上大都危崖峭壁，清泉飛瀑，素享「匡廬奇秀甲天下」的美譽。每當雲霧繚繞，山峯若隱若現，又有「不識廬山眞面目」的說法。

廬山自古是遊覽勝地，歷代不少的詩人、學者、書家、科學家都曾登臨此山，例如：司馬遷、陶淵明、王羲之、李白、白居易、韓愈、顏眞卿、柳公權、蘇軾、李時珍、徐霞客等等，留下許多名篇佳作、書法、碑刻。

廬山夏季涼爽宜人，是著名的避暑勝地。景區有些景點：仙人洞石松橫空、五老峯山姿奇特、龍首崖蒼龍昂首、含鄱口勢含鄱湖、大天池霞落雲飛、三寶樹古木參天、植物園幽靜蒼翠、東林寺丹碧映輝、三疊泉白練高懸、秀峯碑刻如林、玉淵潭驚波奔流、白鹿洞四山回會。

（參考：《中國名山大川》單樹模主編，山東教育出版社）

二、《歸園田居》五首簡介

陶淵明寫《歸園田居》詩共有五首，除課文是第三首外，其餘四首作一簡介：

㈠第一首：「少無適俗韻，性本愛丘山。誤落塵網中，一去三十年。羈鳥戀舊林，池魚思故淵。開荒南野際，守拙歸園田。方宅十餘畝，草屋八九間。榆柳蔭後簷，桃李羅堂前。曖曖遠人村，依依墟里煙。狗吠深巷中，雞鳴桑樹巔。戶庭無塵雜，虛室有餘閑。久在樊籠裡，復得返自然。」

翻譯：

小的時候就沒有適應世俗的氣質性格，本性是喜愛山野的。誤入仕途，一別田園已經十三年了。籠中的鳥思戀舊時住過的森林，池中的魚思戀以前生長的深淵；我保持住笨拙的本性，回到了田野，在南邊曠野上開墾。住宅四周有十餘畝地，草房子有八九間，榆樹柳樹的蔭涼遮住了後院的屋簷，桃樹李樹排列在廳堂的前面。昏暗地看見遠處的村莊，輕柔地飄著鄉下的炊煙，狗在深巷裡叫著，雞在桑樹枝上鳴叫。回到家中，沒有塵俗雜事相擾，因而有很多閑暇。重返田園，如同長久被關在籠中的鳥獸重返大自然一般。

說明：

第一首記敘歸田的原因，以及歸田後的生活及愉快心情。詩人表白了自己離開仕途，歸居田園，是適本性的。在那簡樸的鄉林生活中，感覺到擺脫拘束返於自然的樂趣。

㈡第二首：「野外罕人事，窮巷寡輪鞅；白日掩荊扉。虛室絕塵想。時復墟曲中，披草共來往。相見無雜言，但道桑麻長。桑麻日已長，我土日已廣，常恐霜霰至，零落同草莽。」

翻譯：

居在郊野僻巷之中，極少與世俗交往。白天關著門，獨處虛室而摒絕一切世俗的念頭。有時候撥開雜草，在野外和農夫們來往；見了面並不談那些塵雜的事情，只談論桑麻的情形。所種的桑麻一天天在生長，開墾的土地一天天多了，因而就更耽心風霜雨雪到來，會使桑麻受到摧殘，如野草般零落。

說明：

第二首，詩人懷著喜悅的心情，讚美自己的歸田生活。

㈢第四首：「久去山澤遊，浪莽林野娛。試攜子姪輩，披榛步荒墟。徘徊丘隴間，依依昔人居。井灶有遺處，桑竹殘朽株。借問採薪者，此人皆焉如？薪者向我言，死沒無復餘。一世異朝市，此語眞不虛。人生似幻化，終當歸空無。」

翻譯：

離開山澤出去做官已經很久了，如今重返田園，在林野間遨遊娛樂。姑且帶子姪晚輩們，撥開叢生的草木，走在廢墟上。徘徊在墳墓之間，思念著過去人的居處。井灶尚留有遺迹，桑竹只剩下枯朽的枝幹。請問斫材的人，這些人都到那裡去呢？斫材的人向我說，全部都死了沒有留下一個活口。三十年間，公衆指目的朝市，已經遷改了，這句話眞得不虛假。人生好像幻化而成，本來就是空的，所以最後當復返於空無。

說明：

第四首，是詩人通過憑弔故墟，眞實地反映了戰亂後農村殘破的現實。

㈣第五首：「悵恨獨策還，崎嶇歷榛曲。山澗清且淺，可以濯吾足。漉我新熟酒，隻雞招近局。日入室中闇，荊薪代明燭。歡來苦夕短，已復至天旭。」

翻譯：

帶著悵恨的心情，獨自扶杖還家，走在崎嶇的草木叢生曲折隱僻的道路上。山澗的溪水清澈而且不深，可以用來清洗我的腳。用頭巾濾過剛熱的酒，殺隻雞來款待鄰居。太陽下山以後，屋裡就暗了下來，點一根荊柴代替明燭。與鄰人歡樂很苦惱夜晚太短了，此時已經到天亮了。

說明：

第五首，是詩人勞動之後還家，記敘招鄰暢飲的樂趣。

三、「窮不失志」的人物

㈠不食嗟來食

劉向《新序・節士》：「齊大饑，黔敖爲食於路，以待餓者而食之。有餓者蒙袂接履，貿貿然來。黔敖左奉食，右執飲曰：『嗟！來食！』餓者揚其目而視之，曰：『予唯不食嗟來之食，以至於此也。』從而謝焉。終不食而死。」

翻譯：

齊國有一次遇到大饑荒，黔敖在路邊準備了一些食物，等待那些饑餓的人，給他們吃。有一位饑餓的人用袖子遮住臉趿拉著鞋子，兩眼昏花地走了過來，黔敖左手拿著食物，右手端著湯水，叫道：「喂！過來吃吧！」饑餓的人抬起眼睛看著他，說：「我就是因爲不吃這樣施捨的東西，才會餓成如此模樣。」黔敖上前向他道歉，那個人始終不肯吃，而餓死了。

㈡奚鐵生不為權貴作畫

徐珂《清稗類鈔・狷介類》：「奚岡，號鐵生，又號蒙泉外史，行九，人呼奚九，錢塘人。九歲作隸書，及長，工行書草篆，兼善詩詞，而尤以畫名。方應童子試，高宗南巡浙江，行在堊白壁，需畫，或以奚言。杭州府知府王瑞使人縶之至，呵之曰：『速畫壁。』罔笑曰：『焉有屬畫而縶至者乎？』居壁下三日，不畫，曰：『頭可斷，畫不可得。』縶者曰：『爾非童生，乃鐵生也。』童與銅音同，故戲云。後或為之解，及釋歸，因自號鐵生。自是遂不就試，惟以畫自給。奚鐵生性介僻，所作書畫，必其人之可與者乃與之。錢塘有貴官慕其名，延請數四，不得已而徑至，則貴官猶高臥未起，奚已心鄙之。及見，命僕持絹素出，索畫，且剋期。奚大怒，謾罵之。貴官亦怒，愬於令。令語奚，宜稍貶，往謝過，奚堅不肯。令亦素聞奚名，曰：『吾豈以貴人故辱高士哉！』釋之。」

翻譯：

奚罔，號鐵生，又號蒙泉外史，排行第九，因此大家稱呼「奚九」，是錢塘人。九歲的時候能寫隸書，等到長大，擅長行書、草書、篆書，又擅長寫詩詞，而且尤其以畫畫出名。正當要考秀才的當口，乾隆皇帝到南方浙江巡視，住的地方要粉飾白色的牆壁，需要畫，有人推薦奚罔。杭州府知府王瑞派使把奚罔捆縛過來，並且向他喝道：「趕快在牆壁作畫。」奚罔笑著說：「哪裡有叫人作畫卻捆縛到這裡的呢？」留在牆壁下三天，都沒有畫，說：「頭可以砍斷，作畫不可能。」捆縛的人說：「你不是童生，卻是鐵生。」童與銅聲音相同，所以才開玩笑說說的。後來幫奚罔解開，到等放奚罔回去，從此奚罔稱作鐵生。從此就不參加考試，只有作畫自給自足。奚鐵生個性正直孤僻，所完成的書畫，必定是奚罔認為可以給的人才給他。錢塘有一位高官仰慕奚罔的名聲，招請他有四次，奚罔不得已才直接去，那時高官仍然呼呼大睡尚未起牀，奚罔已經在心裡鄙視這個人。等到見了面，高官命令僕人拿絹帛出來，向奚罔索取畫，並且約定好日期完成。奚罔非常生氣，大罵高官，高官也生氣，告到縣令。縣令告訴奚罔說，你就稍許委曲一下，前去給高官賠禮，奚罔堅持不肯。縣令也早已聽過奚罔的名聲，說：「我哪裡能因為貴人，而故意侮辱清高的人呢？」於是放了奚罔。

四、有關「吳起」的典故

(一)「殺妻就名」

《史記・吳起列傳》：「吳起……事魯君，齊人攻魯，魯欲將吳起，吳起取齊女為妻，而魯疑之。吳起於是就名，遂殺其妻，以明不與齊也。魯卒以爲將，將而攻齊，大破之。」

翻譯：

吳起……事奉魯國國君，後來齊國人攻打魯國，魯君打算任用吳起爲將軍，可是吳起娶齊國女子作妻子，因而魯君懷疑他。吳起一心想建立功名，就殺了妻子，用來表明自己不親附齊國。魯君最後任用他作將軍，帶領軍隊攻打齊國，大敗齊軍。

㈡「吳起吮疽」

《史記・吳起列傳》：「起之爲將，與士卒最小者同衣食。臥不設席，行不騎乘，親裹贏糧，與士卒分勞苦。卒有病疽者，起爲吮之。卒母聞而哭之。人曰：『子，卒也，而將軍自吮其疽，何哭爲？』母曰：『非然也。往年吳公吮其父，其父戰不旋踵，遂死於敵。吳公今又吮其子，妾不知其所矣。是以哭之。』」

翻譯：

吳起身爲魏國將軍，可是吃的、穿的跟最小等的士兵一樣。他睡覺不鋪柔軟的墊褥，行軍不騎馬，不坐車子，親身包紮剩餘的軍糧，爲士兵們分擔勞苦。士兵中有個生毒瘡的，吳起替他吮吸膿汁。那個士兵的母親知道了哭了起來。有人說：「你兒子只是個士兵，而將軍親自吮吸他的毒瘡，你爲什麼還要哭呢？」母親說：「不是這樣子的。往年吳將軍替他父親吮吸毒瘡，他父親在戰鬥中一往直前，有進無退，終於戰死在敵人手裡。如今吳將軍又給我兒子吮吸毒瘡，我不知道他又要死在哪裡了呢？因此爲他哭泣。」

五、有關於「曾子的孝行」

㈠劉向《新語・愼微第六》：「曾子孝於父母，昏定晨省，調寒溫，適輕重，勉之於糜粥之間，行之於衽席之上，而德美重於後世。」

翻譯：

曾子孝敬父母，晚上服侍就寢，早上省視問安，關心父母親對冷暖是否適應，衣服厚薄是否適宜，在糜粥這類適合於老人食用的物品上特別注意，在關心老人的坐臥是否舒適這些問題上力行不倦，因此他的美德被後世所敬重。

㈡《論語・離婁上》：「曾子養曾皙，必有酒肉，將徹必請所與，問有餘，必曰有。曾皙死，曾元養曾子，必有酒肉，將徹不請所與，問有餘，曰亡矣，將以復進也。」

翻譯：

曾子奉養曾皙，每餐飯必定有酒和肉，將要撤去時必定請示要把它們給誰，如果曾皙詢問有沒有多餘的，曾子必定說有。曾皙去世，曾元奉養曾子，每餐飯必定有酒和肉，將要撤去時不請示要把它們給誰，如果曾子詢問有沒有多餘的，曾元就說沒有了，要把它們用來再次奉呈。

㈢《論衡・感虛篇》：「傳書曰：『曾子之孝，與母同氣。曾子出薪於野，有客至而欲去，曾母曰：「願留，參方到。」即以右手搤其左臂。曾子左臂立痛，即馳至問母：「臂何故痛？」母曰：「今者客來欲去，吾搤臂以呼汝耳。」蓋以至孝，與父母同氣，體有疾病，精神輒感。』」

翻譯：

傳書上說：「曾子的孝心，與他的母親有同一氣感。曾子到野外去砍柴，有客人到來，坐了一會想走，曾子的母親說：『請稍等一會，曾參立刻就回來。』說罷就用右手招住自己的左臂。曾子左臂立即痛了一下，就飛快跑回家裡問母親：『我的左臂是什麼緣故痛了一下呢？』母親說：『現在客人來了，不見到你就想走，我招自己的左臂來呼喚你回來罷了。』這是因爲曾子非常孝順，與父母親同一氣感，身體有疾病的話，精神上立即就會感覺到的。」

六、類文比較

㈠《燕詩示劉叟》

白居易《燕詩示劉叟》自注：「叟有愛子，背叟逃去，叟甚念之。叟少年時亦嘗如是。故作燕詩以諭之。『梁上有雙燕，翩翩雄與雌。銜泥兩椽間，一巢生四兒。四兒日夜長，索食聲孜孜。青蟲不易捕，黃口無飽期。嘴爪雖欲敝，心力不知疲。須臾十來往，猶恐巢中飢。辛勤三十日，母瘦雛漸肥。喃喃教言語，一一刷毛衣。一旦羽翼成，引上庭樹枝。舉翅不回顧，隨風四散飛。雌雄空中鳴，聲盡呼不歸。卻入空巢裡，啁啾終夜悲。燕燕爾勿悲，爾當反自思。思爾爲雛日，高飛背母時。當時父母念，今日爾應知。』」

翻譯：

屋樑上來了兩隻燕子，翩翩飛舞，一雄一雌。嘴裡銜著春泥在椽條間巢窩，一窩生下乳燕四隻。四隻乳燕日夜成長，要吃的叫聲喳喳不停。菜青蟲好吃卻難抓到，黃嘴巴似乎從來沒吃飽。爲找食物銜食累壞了雙燕，牠們仍然不知疲倦。不一會兒往返十來次，還怕餓著窩裡的四子。辛辛苦苦忙了三十天，拖瘦了母燕餵肥了小燕。喃喃不斷地教兒發音吐字，還逐一幫忙梳理羽毛。一旦羽毛長得豐滿，母燕帶飛，上了庭院的樹幹。能展翅高翔，再也不回頭看看，隨著風兒四下飛散。雌雄雙燕，空中叫喊，聲嘶力竭，喚不回來。只好回到空窩裡面，雙燕悲鳴通宵不斷！

二位老燕，切莫悲嘆，你們應當回想從前：反思你們，曾是乳燕，也曾獨飛，棄母不顧，那時候父母多麼掛念，今天你們應有所體驗。

比較提示：

該文從反面諷刺表達主旨；運用白描手法細膩描寫出雙親的辛勞。

㈡《猿說》

㈡宋濂《猿說》：「武平產猿，猿毛若金絲，閃閃可觀。猿子尤奇，性可馴，然不離母。母黠，不可致，獵人以毒傅矢，伺母間射之，母度不能生，灑乳於林飲子灑已，氣絕。獵人取母皮，向子鞭之，子即悲鳴而下，斂手就制。每夕必寢皮乃安，甚者輒抱皮跳擲而斃。嗟夫！猿且知有母，不愛其死，況人也耶！」

翻譯：

武平縣出產猿猴，猿毛好像金黃色的絲，光彩閃亮非常好看。猿子更加奇異，個性能夠馴服，但是不肯離猿母。母猿狡猾聰明，不容易被捉。獵人用毒藥塗在箭頭上面，暗地裡察看母猿，趁牠不注意的時候射牠。母猿料想不能活了，就把乳汁灑在樹林裡，給猿子喝，灑完就斷氣而死。獵人剝下母猿的皮當著猿子的面前鞭打，猿子立即悲鳴，走下樹來，束手不動被獵人擒住。每天晚上猿子必定要睡在母猿的皮上才能安靜，更嚴重的，往往抱著母猿的皮，亂跳亂撞，一直到死。唉！猿猴尚且知道有母親，爲了母猿不愛惜自己的死，何況我們人呢？

比較提示：

該文從正面諷刺，表達主旨；運用細膩白描法，刻畫出猿子的孝思。

伍、思考與練習

一、《歸園田居》的問答教學

(一)範文理解

1、詩人在何處？又種植什麼植物？
2、詩人種植的結果如何？
3、詩人早晨做些什麼工作？
4、詩人工作到什麼時候才回家？
5、詩人返家的途中，環境如何？
6、詩人在途中，造成什麼結果？
7、詩人田居生活勞苦，最後意志如何？

(二)形式鑑賞

1、全文

(1)本詩的體裁是什麼？
(2)本詩的詩眼是什麼？
(3)本詩按照什麼方式進行的呢？
(4)本詩的主旨是什麼？

2、分段：

(1)第一、二句詩人運用什麼人的典故？表達什麼思想呢？
(2)第三、四句是描寫詩人勞動的艱辛，詩人如何疏解心情，表達悠然自得的神情來呢？
(3)第五、六句是那一句，爲下面作鋪墊呢？
(4)第七、八句是詩人陳述堅定的決心，是運用什麼描寫呢？（以上的答案，可參考：課文參考資料、典故成語的世界。）

二、從《歸園田居》來談作文訓練

《歸園田居》最後兩句「衣沾不足惜，但使願無違」是寫人當中「心理描寫」。不妨從這種方法，訓練描寫人物的寫作。

(一)「心理描寫」的內涵

所謂「心理描寫」，是：「以人物的內心世界爲描寫對象的一種人物描寫方法。」

人物置身在周圍的現實環境中，對於事物產生特殊的反應而沒有直接立即表達出來，只是儲存在內心深處。因此透過內心的想法、思慮，可以觀察出人物的精神狀態及性格特徵。例如本詩，陶淵明透過心理描寫「衣沾不足惜，但使願無違。」凸顯詩人堅定的信念。

一般「心理描寫」的方式有：直接由作者進行描繪；由人物的獨白、夢幻進行披露；也可間接地通過景物及人物動作、所處環境及遭遇等進行折射等。

(二)作文題目

1、自己的親人、師長、同學、朋友

2、自己敬仰、崇拜的人物或偶像

三、《慈烏夜啼》的問答教學

(一)範文理解

1、作者描寫慈烏的孝思，有什麼原因、經過及結果呢？

2、旁觀者聽到慈烏「夜夜夜半啼」有什麼反應？

3、旁觀者推測慈烏「夜夜夜半啼」的原因是什麼？

4、旁觀者對於慈烏的孝思有什麼議論呢？

5、作者諷刺古代人物是誰？是什麼原因？有什麼批評？

6、作者褒揚慈烏，說慈烏像誰？

(二)形式鑑賞

1、全詩

(1)本詩是屬於那一類的詩？

(2)本詩的線索爲何？

(3)本詩的結構分爲那兩大部分？

(4)本詩的主旨爲何？

2、前十二句

(1)作者描寫慈烏的孝思，運用什麼方式？

(2)旁觀者議論慈烏的孝思，運用什麼方式？

3、後六句

(1)作者贊美慈烏，舉出歷史的那兩位人物？又運用什麼方式贊美慈烏？

(2)作者在贊美慈烏，提到「吳起」，達到什麼效果？

(3)作者在贊美慈烏，提到「曾參」，達到什麼效果？

(4)「烏中之曾參」這句運用什麼修辭？

四、從《慈烏夜啼》來談作文訓練

(一)題目：

1、談孝道

2、我對「孝」的認識與體會

3、從「獨居老人在家死亡」談起

4、從(「二十四孝選」擇其一)談孝

(二)論據

1、二十四孝故事

(1)虞舜終身孺子慕(2)漢文帝親嘗湯藥(3)曾子打柴心痛(4)閔子騫諫父留母(5)仲子路負米育親(6)郯子鹿乳奉親(7)老萊子戲彩娛親(8)董永賣身葬父(9)郭巨孝母埋兒(10)姜詩孝感泉湧鯉(11)蔡君仲拾椹奉母(12)丁蘭刻木像事親(13)陸績懷桔遺親(14)江革行擁化逆(15)王偉元聞雷泣墓(16)王祥臥冰求鯉(17)楊香搤虎救親(18)孟宗哭竹筍(19)庾黔數嘗糞祈斗(20)崔唐氏乳姑不怠(21)朱壽昌棄官尋母(22)黃山谷親滌便器(23)吳猛恣蚊飽血(24)黃香扇枕溫席。

2、名家格言

(1)孔子：「今之孝者，是謂能養，至於犬馬，皆能有養；不敬，何以別乎？」（《論語・爲政》）、「事父母，能竭其力。」（《論語・學而》）

(2)孟子：「人少，則慕父母；知好色，則慕少艾；有妻子，則慕妻子；仕則慕君，不得於君則熱中。大孝終身慕父母。」（《孟子・萬章上》）、「悅親有道，反身不誠，不悅於親矣。」（《孟子・離婁上》）

(3)曾子：「孝子之事親也，居則致其敬，養則致其樂，病則致其憂，喪則致其哀，祭則致其嚴。」（《孝經・紀孝行章》）

(4)方孝孺：「孝子之愛親，無所不至也。生欲其壽，凡可以養生者皆盡心焉；死欲其傳，凡可以昭揚後世者復不敢忽焉。」（《遜志齋集》卷一）

(5)蔡清：「心而忘乎祖宗父母，是木之斷其根，水之絕其源者也。」（《語要》）

(6)呂坤：「人子之事親也，事心爲上，事身次之，最下事身而不恤其心，又其下事之以文而不恤其身。」

（《呻吟語・倫理》）

3、**諺語**

(1)要知父母恩，懷裡抱兒孫。

(2)不當家不知柴米貴，不養兒不知父母恩。

(3)從小不知老娘親，育兒才知報娘恩。

(4)羊有跪乳之恩，鴉有反哺之義。

(5)在家敬父母，何必遠燒香。

(6)千里燒香，不如在家敬爹娘。

(7)生前不給父母吃，死後何必去祭墳。

(三)提示

1、在結構上，分兩部分：一是敍事；一是議論。

2、在內容上，利用證據，增加說服力。

（劉崇義）

六、張釋之執法

／司馬遷

壹、作者參考資料

一、成一家言的司馬遷

《史記》是中國最偉大的歷史著作，它開創了史書紀傳的體例。後來的廿四史雖依循史記的體例而作，卻無法超越它的成就。

司馬遷撰寫《史記》，不只是爲了記錄歷史的事實，他的目標是要「究天人之際，通古今之變，成一家之言」。他想從上下兩千餘年的種種人事演變的跡象中，尋繹出成敗興衰的定理，來作爲後世的殷鑑；更想從「網羅天下舊聞」、「歷紀古今成敗」中，建立起自己的歷史哲學體系，顯現出宇宙人生的根本道理。加上他從小涵養、鍛鍊出一套高明的文學表達技巧，於是《史記》成爲兼有史學、哲學及文學特性的曠世鉅著，千古以來，還難有能與之匹敵的作品出現。

司馬遷何以能完成如此雄視史壇的《史記》呢？那就必須從他早年的家庭教育及往後的人生經歷中去尋找答案了。

司馬遷

㈠得天獨厚的家庭教育

司馬遷，字子長，西漢左馮翊夏陽（今陝西韓城縣南）人。生於景帝中元五年（西元前一四五年），卒於昭帝初年（一說卒年大約與武帝同時）。

司馬遷的遠祖，曾是掌天地，典天官的天文學家。周宣王時，改封爲司馬氏，是世典周室的史官。到了春秋時代，散處各國，因此在八世祖司馬錯到祖父司馬喜之間，中斷了史官的職位。一直到了漢朝建元、元封之間，他的父親司馬談才復職爲太史令。

司馬談的學術思想架構偏向於道家，他曾向方士唐都學過天官（天官是一種研究星曆的學問），向楊何學易，向黃子學道論。他重新經營起祖先的事業，懷著滿腔的抱負，希望撰寫一部表彰「明主賢君，忠臣死義」的史書。可惜，因主客觀因素的影響，他並不能完成心願，只好將這個重任交給了他的兒子司馬遷。

司馬談雖然研習道家之學，當時也盛行黃老治術；但他早就看出不久的未來，儒家思想將會取代黃老治術的地位。所以他對司馬遷的教育，也加入了儒家思想的內涵，期待兒子能效法孔子，成爲一代的聖人。

司馬遷十歲那年，司馬談把他從家鄉帶到京城長安，聘請當代有名的儒者孔安國教他尚書，董仲舒教他春秋，從此司馬遷展開了他誦讀古文的學習生涯。長安是當時的政教中心，非常繁華熱鬧，到處是歌樓酒館，許多人終日沈迷於鬥雞走狗，歌舞飲宴的奢靡生活之中；司馬談一直希望兒子能繼承自己的志業，所以對他的管教嚴格，絕不讓他沾染上京城中那些紈袴子弟的習性。

在父親嚴格的教育之下，青年時代的司馬遷已經具有淵博的學問；但司馬遷深知：要成爲一位偉大的歷史學家，只靠讀萬卷書是不夠的，還要行萬里路，多方遊歷、探訪，才能搜集到豐富而眞實的史料。所以，司馬遷在二十歲那年，便離開長安，周遊天下，足跡遍布中國大江南北，努力尋找古代諸侯各國的史記。根據太史公自序所說：「二十而南遊江、淮，上會稽，探禹穴，闚九疑，浮於沅、湘，北涉汶、泗，講業齊、魯之都，觀孔子之遺風，鄉射鄒、嶧，戹困鄱、薛、彭城，過梁、楚以歸。」可知他這次旅遊是先到江淮，再到會稽山。（會稽就是會計，傳說大禹曾在會稽山上大會諸侯，計算他們的賦貢。會稽山上有洞穴，大禹曾進去過，所以後人稱爲「禹穴」。）然後又到蒼梧九疑山尋訪舜的陵寢；再由水路經沅水、湘江、汶水、泗水，北上到長沙汨羅江，憑弔愛國詩人屈原，和偉大的政論家賈誼。最後前往春秋時代齊、魯的舊都，拜謁孔子的故宅，實地了解孔子的遺風，循著孔子周遊列國的足跡，然後繞道梁、楚，回到長安，總共歷時二年。在這二年風塵僕僕的遊歷中，司馬遷搜集了許多寶貴的史蹟故事，瞭解了各地的民情風俗，認識了各地的地理環境，也充實了不少的歷史知識。

司馬遷遠遊歸來後，不久即補博士弟子員。隔年，以博士弟子被任命爲郎中。郎中是皇帝的侍從，沒有官署，可以經常隨皇帝外出巡行，所以，在任郎中的十多年間，他曾隨武帝到過甘肅、四川、雲南等地，也使他增廣了無數的見聞。

這些遊歷的經驗及斬獲，對他日後寫作《史記》的幫助極大。一方面由於交遊廣闊，見多識廣，使自己的視野寬廣，胸懷灑落，下筆爲文，自有奇氣，如蘇轍所說：「太史公行天下，周覽四海名山大川，與燕趙間豪俊交遊，故其文疏蕩，頗有奇氣。」另一方面，也因爲他行遍中國各地，對於地理形勢自然瞭如指掌，寫史敍事自然更爲生動眞切。所以顧炎武說：「秦漢之際，兵所出之塗，曲折變化，唯太史公序之如指掌。」由此可知，司馬遷的史記之所以能成爲亙古未有的鉅著，固然是由於得天獨厚的家庭教育和個人深厚的學養，而他的行萬里路也是不可抹煞的重要因素。

二、克紹箕裘，繼任太史令

武帝元封元年（西元前一一〇年），司馬遷三十六歲。這一年武帝封禪泰山（封禪是秦漢時帝王在泰山築壇祭天，在梁甫山除地祭地的大典），司馬談身爲太史令，職掌所在，所以扈從武帝東行。但封禪之事，從秦始皇時作過一次，到武帝元封元年已中斷了一百多年，沒有人知道目的及儀式如何，有的認爲就是爲了求長生不老，有的則認爲是爲了「致怪物通神」。武帝當時受方士之言所惑，迷信神仙，所以凡是和方士們意見相左的儒生都被排斥而不能同行。司馬談雖傾向黃老思想，但並不贊同方士們荒誕無稽的言論，所以也被排斥而留在洛陽。他對於不能參加封禪之事憤慨不已，竟因此病倒了。

這時，司馬遷剛好奉使西南回來，立刻趕到洛陽探視父親。司馬談緊握著司馬遷的手哭著說：「我們的祖先，本是周朝的太史，遠在唐堯、虞舜時做過南北正，功名顯赫，掌管天官事物。後代中途衰微，祖業將會斷送在我的手中。你如果能夠重做太史令，就可以上承祖業了。現在皇上承接千年以來的大統，封祭泰山，我不能隨行，這是命運啊！我死後，你一定會繼承我太史令的職位。如果你做了太史令，切不可忘了我所要完成的著作啊！……到了幽王、厲王以後，平治天下的王道沒有了，禮樂教化也式微了。孔子不得已要振作頹廢，修復舊業，於是創作春秋，學術界到了現在，仍奉此書爲寶典。從魯哀公十四年獵獲麟獸，春秋絕筆，到現在已四百多年，列國相互兼併，以攻戰爲能事，沒有人過問歷史方面的事。可是漢朝開國，天下已經統一了，這四百多年間，想必有許多明主賢君和忠臣死義的人士，我做太史，卻沒有把他們記載下來，斷絕了天下的歷史，我非常恐懼，內心時刻不安，你該仔細地考慮考慮吧！」司馬遷低下頭，流淚回答說：「兒子雖不才，願將先人所積存下來的重要史料，全部加以編撰，不敢缺略。」《太史公自序》

不久，司馬談便過世了！二年之後，司馬遷繼任了太史令的職位，這一年是武帝元封三年（西元一〇八年），司馬遷時年三十八歲。

(三)遭奇恥大辱，發憤著述

司馬遷擔任太史令之後，便敬謹地依照父親的遺言去做，開始著手整理、研讀宮中的藏書和史料，準備撰寫史書。經過了五年的苦心研究，在武帝太初元年（西元前一〇四年），他四十二歲時，決定改變父親司馬談編年體的寫法，而採用傳記體的寫作方式，開始著手寫作，並且，隱然以繼春秋絕學，表彰孔子聖德爲已任。

司馬遷努力地撰述了六年之後，他的著作已完成了一大部分，這時卻不幸地飛來了橫禍。武帝天漢二年（西元前九十九年），武帝派貳師將軍李廣利出征匈奴。當李廣利率領三萬大軍在天山攻擊右賢王時，武帝想起了善於騎射，且帶兵有方的李陵，便派李陵率領五千名步兵由居延向北攻打匈奴，武帝這樣做的目的是想要分散匈奴的兵力，不要讓匈奴兵全力攻向貳師將軍的部隊。李陵的部下向來驍勇善戰，又長於射箭，是戰場上的常勝軍。李陵採用迅雷不及掩耳的閃電攻勢，直接度過大漠，進入匈奴的腹地，匈奴得知消息，派遣比李陵多十倍以上兵力的大軍前來迎戰。李陵和他的部下們奮勇衝鋒陷陣，斬殺無數匈奴士兵，但敵我兵力相差極爲懸殊，李陵的軍隊終究因寡不敵衆而不斷向南敗退。此時，匈奴擄獲李陵軍中的刺探，知道李陵是孤軍深入，後面並無援軍，於是大力圍攻。李陵陣營死傷枕藉，矢盡道窮，萬不得已只好投降。他的軍隊全部覆沒，其餘逃亡分散，能夠回到漢朝的只有四百多人。

武帝聞知大怒，責問羣臣的意見。羣臣摸不透武帝的脾氣，害怕遭到連累，所以不是三緘其口，不敢爲李陵進言，便是見風轉舵，隨聲誣傷，指責李陵之罪。司馬遷看見朝臣們為了顧全自己的生命及官位，不但不替李陵說句公道話，反而落井下石，感到非常傷心和不平。所以當武帝詢問到他時，他便仗義直言說：「李陵孝順父母，以信待人。常為了國家的急難而奮不顧身。……他所以不以身殉國，應該是想趁適當的時機來回報漢朝吧！」不料，武帝聽了他的話之後，認為他故意捏造事實，為李陵脫罪，竟大發雷霆，將他下獄論罪。第二年，謠傳李陵為匈奴練兵，準備對抗漢朝（為匈奴練兵的是李緒，並非李陵）。消息傳來，武帝極為震怒，立刻下令殺了李陵的母親、妻兒及家人，並下令司馬遷於蠶室——受腐刑。（註：腐刑，又稱宮刑。《漢書》云：蠶室謂腐刑也，凡養蠶者欲其溫而早成，故為密室蓄火以置之。而腐刑亦有中風之患，須入密室乃得以全，因呼為蠶室。《漢書．景帝紀》註：「宮刑，其創腐臭，故曰腐。」最早用來處罰通姦的男女，使男去勢，女幽閉於宮中不得出，讓人道永廢的一種酷刑。一直到漢景帝下令：「死罪欲腐者，許之。」從此才擴大了宮刑的處罰對象。）

腐刑對任何人來說都是一種奇恥大辱！司馬遷在獄中得知皇上命令，悲憤至極地說：「我自己造孽啊！是我自己造孽啊！身體受到毀傷（受宮刑），還有什麼用呢！」（自序云：「是余之罪也夫！身毀不用矣！」）所謂：「禍莫起於欲利，悲莫痛於傷心，行莫醜於辱先，而詬莫大於宮刑。」司馬遷想到李陵的祖父李廣和趙周、青翟、張湯、王恢等人都因不願受辱而自殺了，他也很想自我了結！但又冷靜地想一想，父親的遺命猶縈縈在耳，他那部「究天人之際，通古今之變，成一家之言」的第二部春秋——《史記》，還未完成，於是就堅定地「就極刑而無慍色了」。

受刑之後，他領悟到古人的一切著作都是在痛苦和寂寞中產生的：「昔日文王被紂王囚禁在羑里時，推演出周易的卦爻；孔子在陳、蔡二國受困，就作了春秋；屈原被放逐到江南，著了離騷；左丘失明後，編撰了國語；孫子的腳受了重刑，寫了兵法；呂不韋流放到蜀地，作了呂氏春秋；韓非被秦國囚禁，寫出了說難、孤憤等不朽的篇章；詩經三百篇，大概是先聖先賢抒發自己的悲憤而創作出來的。像上面所舉的這些不朽名作家，他們都是內心積憤已久，沒有發洩的地方，所以才敘述往事，以開示來人吧！」（《太史公自序》）於是他決心發憤著述，完成父親的遺命，仿《春秋》絕筆於獲麟的故事，敘次唐堯以來，到漢武帝獲得白麟那一年止，上下兩千多年的史事。

司馬遷在獄中三年，因爲武帝改元，大赦天下，所以出了獄。武帝珍愛他的才華，任命他爲中書令；但官階對此時的司馬遷來說已經不重要了，因爲促使他活下去的唯一動機是完成《史記》。

武帝征和二年（西元前九十一年），司馬遷終於把《史記》完成了！從任太史令開始著手，到這時總計費了十八年的時間。司馬遷將這部以自己的血淚交織而成的作品，抄了二份，一份藏諸名山，等待後世的聖人君子來發現；一份放在身邊。到宣帝時，他的外孫楊惲才將它公諸於世。

司馬遷完成之後的事蹟已經不可復考，有人說他就在這一年去世，享年五十五歲；也有人說他死在昭帝初年，享年約六十歲。

司馬遷生有二男一女，據說他的兒子因父親受宮刑而有怨言，所以並未繼任史官之職。

貳、課文參考資料

一、《張釋之執法》賞析

這篇文章的主旨是介紹漢代廷尉張釋之的人格和品德。作者選擇了一個歷史事件，客觀而忠實地敍述它的經過，並不多作描述，也不作評論，就能使讀者對張釋之崇高的品德和卓越的人格，留下深刻而具體的印象。可知：取材精當，是作好文章的先決條件。

這篇文章的記敍可分爲三部分，這三個部分完全配合事件的發展而循序漸進。第一部分敍述一個人犯案及被捕受審的經過。他在皇上的車駕經過中渭橋時從橋下跑了出來，驚嚇了車駕的馬匹，於是被侍衛逮捕，然後交付廷尉張釋之審問。

第二部分記敍審問和判決的過程。文中適當地運用犯人的自述，把審問的實情簡要地報導出來。這樣的寫法，一方面可避免平鋪直敍、單調呆板的缺點，一方面也可由犯人的口吻了解他當時誠惶誠恐、緊張害怕的模樣。「縣人來，聞蹕，匿橋下。久之，以爲行已過，即出。」犯人的每一句話都很簡短，所謂氣急則辭促，可知他的心情。鄉下小老百姓因無心之失，而違犯了法紀，其情可憫，所以廷尉的判決不重：「一人犯蹕，當罰金。」判決報告簡明扼要，乾脆俐落。但這個判決使皇上極爲不滿，震怒不已，因而引起了一場風波，也使文章有了一個新的轉變。

第三部分是最精彩的，作者運用三段對話來說明這場風波的始末，極爲眞切、生動！皇上對廷尉的判決極爲不滿，憤怒地說：「此人親驚吾馬；吾馬賴柔和，令他馬，固不敗傷我乎？而廷尉乃當之罰金！」這眞是皇帝的口氣，從中可以想像文帝當時那種生氣、不滿的神情；也可以了解君主專制時代，皇帝的唯我獨尊，只要是犯上之罪，即使是小過失，也應該判以重刑。一般臣子如果觸怒了皇帝，必然惶恐不已，趕緊跪下請罪；但是張釋之卻公正嚴明，忠於法律，甚至爲了一個「理」字，理直氣壯地在盛怒的皇帝面前從容地說出自己的意見。他提醒皇上，要公正地和天下人共同遵守法律，不應因爲個人的因素而加重刑罰，以免失信於民，而引起嚴重的後果。他並且也希望皇上尊重廷尉的權責，不要用皇上的權勢來干預司法的審判，否則法律將形同虛設，執法官員再也無法秉公斷案，那勢必天下大亂，將爲國家引來無窮的禍患。張釋之的這番話，說得理直氣壯，義正詞嚴，因爲他是站在國家前途的立場來說話的，所以能毫不畏懼，侃侃而談。盛怒的文帝，尚稱是一位賢明的君王，對於張釋之的這番逆耳忠言，經過良久的思索，終於承認他的判決是對的；也爲自己留下了一個「察納雅言」、「知過能改」的美名。

歷史最重視的是眞實，所以史家大多根據可靠的資料，採取客觀的手法來敘事。但是，從史家對於材料的取捨和安排中，也可以看出他的用意。司馬遷從張釋之辦案的衆多資料中，特別選出這一件來作爲代表，自然也有他的深意。

法律，是社會的公器，是維持社會秩序，捍衛人間公平正義的力量，它可以挽救君主專制時代「人治」的衆多缺失。所謂「信賞必罰」，使作惡者無所遁形，行善者必得善報，如此才能樹立法律的威信，締造理想的法治社會。但是法律的執行者——司法人員，卻往往經不起金錢的誘惑、權勢的壓力，或者因爲個人的喜怒、恩怨，以致踐踏了法律的尊嚴，扭曲了法律的眞義，使人間失去了公平正義。人民的冤屈得不到申訴，奸佞的惡人卻得以到處橫行，社會秩序蕩然無存，最終，勢將賠上國家的前途。

張釋之對法律精到的見解，剛正不阿、公而忘私的精神是史上少有的，值得特別加以褒揚，以作爲後世的楷模。而司馬遷在《酷吏列傳》中所描繪的悚然恐怖的世界，透過了張釋之這樣的人物，也得以展露出一線希望。只是，漢文帝算是歷史上公認的寬厚仁慈的君王，他尚且認爲法定的處罰太輕微了；試想：在絕對強勢、唯我獨尊的武帝時代，又應該會如何呢？而且歷史上又有多少個張釋之？如果落在不是如張釋之公正司法人員手中，百姓的命運又將如何？張釋之是賢臣，有勇氣在操生殺大權的君王面前說出逆耳的忠言；也因爲他遇到的是一位賢君，所以能有完美的結局，能在後世傳爲雅談。但反觀司馬遷呢？他在武帝面前爲李陵辯白，卻因此觸怒武帝，遭受了殘酷的腐刑，這或許也是司馬遷追慕張釋之時，內心最大的隱痛吧！

叁、課文補充資料

一、明大義之腹䵍

《呂氏春秋》

墨者有鉅子腹䵍居秦，其子殺人。秦惠王曰：「先生之年長矣，非有他子也；寡人已令吏弗誅矣。先生之以此聽寡人也。」腹䵍對曰：「墨者之法曰：『殺人者死，傷人者刑。』此所以禁殺傷人也，夫禁殺傷人也，天下之大義也。王雖爲之賜，而令吏弗誅，腹䵍不可不行墨子之法。」不許惠王而遂殺之。子，人之所私也，忍所私以行大義，鉅子可謂公矣。（䵍，音ㄊㄨㄣ。）

翻譯：

墨家有位領袖名叫腹䵍，住在秦國，他的兒子殺了人。秦惠王對腹䵍說：「先生您的年紀大了，又沒有其他的兒子；我已經命令執法的官員不殺他了。先生您應該聽從我的這個處置方式。」腹䵍回答說：「墨家的法律規定：『殺人的人要處死，傷人的人要受刑。』這個法律規定是用來禁止人民殺人、傷人，禁止人民殺人、傷人的，是天下的大義。大王您雖然給他恩惠，而命令執法官員不要殺他；但我腹䵍卻不可不執行墨家的法律。」於是他沒有答應惠王的要求而把自己的獨子殺了。兒子是人所私心鍾愛的，強忍愛子的私心而實行大義，這個墨家的領袖眞可以說是大公無私了。

二、緹縈救父

齊太倉女者，漢太倉令淳于公之少女也，名緹縈。淳于公無男，有女五人。孝文皇帝時，淳于公有罪當刑。是時肉刑尚在，詔獄繫長安，當行會逮，公罵其女曰：「生子不生男，緩急非所益！」

緹縈自悲泣而隨其父至長安。上書曰：「妾父爲吏，齊中皆稱廉平；今坐法當刑。妾傷夫死者不可復生，刑者不可口復屬（音ㄓㄨˇ），雖欲改過自新，其道無由也。妾願入身爲宮婢，以贖父罪，使得自新。」

書奏，天子憐悲其意，乃下詔除肉刑，淳于公遂得免焉。

翻譯：

漢朝時，齊國太倉令淳于意的小女兒，名字叫做緹縈。淳于意沒有生男孩子，只有五個女兒。孝文皇帝時，淳于意犯了罪，應當受刑。這個時候肉刑還沒有廢除，犯了罪要受切斷肢體或割裂肌膚的殘酷肉刑。皇上下令把他監禁在長安辦罪，正當要逮捕他的時候，淳于意罵他的五個女兒說：「只生女兒，卻沒有生兒子，到了緊急的關頭，都沒有絲毫的助益！」

緹縈聽了，獨自悲傷哭泣，於是跟隨著他的父親到長安。她上書給皇上說：「我的父親做管理太倉的官，整個齊國百姓都稱讚他廉潔公平；現在不小心觸犯法令，被判接受殘酷的肉刑。我傷心的是一個人被殺死了就不能再活，受刑的殘廢肢體，無法再加以接合，雖然想要改正過失，重新做人，卻已經沒有機會了。我願意捨身入宮做女婢，來抵償父親的罪過，使他能有重新做人的機會。」

書呈給皇帝看了以後，孝文帝非常同情她的孝心，就下令廢除肉刑，淳于意因此能免除肉刑的痛苦。

三、商君立法

司馬遷

孝公既用衞鞅。衞鞅卒定變法之令，未布，恐民之不信己，乃立三丈之木於國都市南門，募民有能徙置北門者，予十金。民怪之，莫敢徙。復曰：「能徙者，予五十金。」一人徙之，輒予五十金，以明不欺。卒下令。令行於民朞年，秦民之國都，言初令之不便者以千數。於是太子犯法，衛鞅曰：「法之不行，自上犯之。」將法太子；太子，君嗣也，不可施刑；刑其傅公子虔，黥其師公孫賈。明日，秦人皆趨令。行之十年，秦民大說，道不拾遺，山無盜賊，家給人足，民勇於公戰，怯於私鬥，鄉邑大治。

翻譯：

秦孝公既用衛鞅，衛鞅終於決定了變法的命令，法令擬定齊全而尚未公布，恐怕人民不信任自己，於是就在國都市井南門豎立三丈長的木頭，招募民眾有能把木頭搬到北門的給二百四十兩金子。民眾覺得這件事很奇怪，沒有人敢搬。於是又規定說：「有能搬走的人，給一千二百兩金子。」有一個人果眞把木頭搬走了，於是便給他一千二百兩金子，以表示不欺騙民衆。於是終於把法令頒下。法令在民間施行了一年，住在國都的秦國人民說新法令不方便的以數千計。太子也犯了法，衛鞅說：「法令之所以不被遵行，是來自上層階級的犯法。」要依法處罰太子，但太子是國君的繼承者，不能用刑。於是就刑監督太子行爲的公子虔，將傳授太子知識的公孫賈處以在額頭刺字的黥刑。第二天，秦人嚇得都遵守法令了。法令施行十年，秦國人民非常高興，路上不會拾取別人遺失的東西，山中沒有盜賊，家家富裕，人人滿足。人民勇於爲公家作戰，而不敢私人打鬥，鄉鎮大治。

四、皇上、陛下、殿下

皇上，是古代臣子對皇帝的稱呼。「皇」的本義是大，天子是人間地位最大的，所以稱之爲「皇」，上古有「三皇」，秦漢以後稱君主爲皇帝。

陛下，是臣子對皇帝的尊稱。「陛」是正殿的最高層，是天子坐以聽政的地方。臣子有事上奏，不敢直接呼叫，請在陛下的人轉達，所以尊稱皇帝爲「陛下」。

殿下，本是臣子對諸侯王的稱呼，魏晉六朝也有稱呼太子爲殿下。「殿」的本義是指高大的廳堂，古代諸侯王在宮殿中見羣臣，所以臣下尊稱他們爲「殿下」。

五、足下、閣下、在下

足下，是敬稱對方的敬辭。古代下稱上，或同輩相稱都用「足下」；後來專用爲對同輩的敬辭。根據異苑記載，介之推為了避去晉文公封給他的爵祿，和母親隱居於山上，晉文公放火燒山，想逼介之推下山來，不料介之推竟寧死不下山，最後抱樹被燒死。晉文公後悔不已，撫樹哀嘆，並把樹砍下做成木屐。每次當他想起介之推的功勞，就低頭看著腳下的木屐說：「可悲啊！足下！」「足下」的稱呼應該是從那時開始的。王維與裴迪秀才書中說：「足下方溫經，猥不敢相煩。」「足下」即指裴迪。

閣下，是書信中尊稱對方的敬辭，意思是說不敢直呼其人而請在樓閣下的僕人代為傳話，漢書嚴延年傳說：延年的母親從東海來到洛陽探望延年，剛好看到一些士兵押解囚犯經過，她大吃一驚，對延年身為郡守，卻不能盡到父母官教化人民的責任，非常生氣，於是停留在都亭，不肯進入郡守府。延年只好出府，來到都亭拜見母親；但母親卻閉閣不見他！延年只好摘下官帽，磕頭跪伏在閣下，過了很久，母親才肯見他，並加以責備一番。

在下，是對尊貴之人自稱的謙詞。元曲誤入桃源云：「待明年，容在下還席。」曲中的「在下」是「我」的謙稱。

六、張釋之傳略

張釋之，是南陽郡堵陽縣人，字季。他和哥哥住在一起，因為哥哥很有錢，被任命為騎郎，侍奉文帝十年，都沒有轉任其他職務。他灰心地說：「做了這麼久的官，花掉哥哥那麼多錢，結果卻沒有絲毫成就。」就想辭官回去。中郎將袁盎知道他很有才能，覺得他罷官很可惜，就向文帝推薦他去做謁者。文帝召見釋之，釋之就上前論述利國安民的措施。文帝聽了說：「不必唱高調，說些平實可行的。」於是他便論述一番秦朝為何會滅亡，漢朝為何會興盛的道理。文帝對他的見解非常讚賞，就任命他擔任謁者僕射。

有一次，他隨文帝出巡，到了虎圈。文帝問上林尉各種禽獸簿錄的數目，問了十幾個問題，上林尉們卻都回答不出來。這時，有一個虎圈嗇夫便上前代替上林尉回答這些問題，他口若懸河，回答得非常清楚。文帝說：「當官的就該像這樣，這些上林尉都不可靠。」就命令釋之擢升這名嗇夫為上林令。釋之停了半晌，才上前說：「皇上認為絳侯周勃是個怎麼樣的人呢？」文帝說：「是個長者啊！」釋之又問：「那東陽侯張相如是個怎麼樣的人呢？」文帝又回答說：「也是個長者啊！」釋之接著說：「絳侯和東陽侯都是長者，但他們在談論事情時都尚且常不善表達，那像這名嗇夫能言善道呢？況且秦朝因爲重用執法的官員，所以官員們處理事情時，都爭相以嚴苛瑣細爲標榜，它的弊病是只流於形式，空有條文，而沒有惻隱的好處。因此，秦王長居深宮中，聽不到自己的過錯，使國勢日衰，到了二世，國家便覆亡了。現在皇上由於這名嗇夫的口才好，就讓他越級擢用，臣擔心天下的人都將隨風披靡，爭逞口舌之能，而不講求實際了。況且，在下位的人受到在上位者的感化，是非常快的，所以皇上的措施不能不謹慎啊！」文帝聽了說：「你的看法很正確。」於是打消念頭，不任命嗇夫爲上林令了。文帝上車回宮，叫釋之陪乘，車子慢慢地行駛，文帝就問釋之秦朝的弊端，釋之完全據實回答。到了宮裡，文帝任命他爲公車令，掌管殿司馬門的勤務。

　過了不久，太子和梁王一同坐車入朝，到了宮殿外的司馬門，卻不下車！釋之追上去阻止二人，不讓他們進入殿門。並向皇上報告他們二人不在司馬門下車，不恭敬。薄太后聽了很不高興，文帝便摘下帽子謝罪說：「是我教誨兒子不夠用心。」薄太后於是派人拿著詔書去赦免太子和梁王的罪，然後他們才能上朝去。從此，文帝對釋之另眼相看，任命他爲中大夫。

　不久，釋之升爲中郎將，跟隨文帝到霸陵，站在霸陵的崖邊，望著北方。當時慎夫人也隨行，文帝指著新豐道給慎夫人看，告訴她說：「這是通往邯鄲的路啊！」便叫慎夫人鼓瑟，文帝親自和著瑟音來唱歌，心中很悽慘悲傷。他回頭對羣臣說：「唉！用北山的石頭做棺材，再切開紵絮來塞住棺材的縫隙，再塗上油漆，這樣棺材就不會被移動了！」左右的臣子都說：「對啊！」釋之卻上前奏道：「如果陵墓中有使人喜愛的寶物，那就算把整座南山的石頭都鎔鑄起來，還是有人來挖掘而進入；如果裡面沒有令人喜愛的寶物，就算不用石頭做棺材，又有什麼好擔心的呢？」文帝很讚賞他的看法，不久就任命他爲廷尉。

　後來，有人偷了高祖廟中座前的玉環，被抓到了，文帝很生氣，把他交給廷尉治罪。釋之依法判他死罪。文帝非常生氣地說：「這個人無法無天，竟敢偷取先帝宗廟的器物！我交付廷尉治罪，是希望將他滅族，你卻依律判處死罪而已，這和我恭敬奉承宗廟的本意完全不合！」釋之摘下帽子，磕頭謝罪說：「按照法律，這樣的判決就已經足夠了。況且，就算所犯的罪一樣，也要看他順逆程度的不同而分別量刑。如果盜取宗廟器物就判滅族，那萬一將來有愚民挖取長陵一坯土，皇上又將如何加添他的罪刑呢？」過了很久，文帝和太后商談過，才同意廷尉的判決。當時，中尉條侯周亞夫和梁相山都侯王恬，看釋之的議論公正不阿，就和他結爲好友。張廷尉從此被天下人所稱道。

後來文帝崩殂，景帝即位，釋之心裡很害怕（爲了以前景帝爲太子時，在司馬門不下車被廷尉依法彈劾之事）。想託稱生病，罷官求去，又怕被誅；想向景帝謝罪，又不知該如何做。後來，釋之採用王生的計謀，終於向景帝謝過，景帝並沒有責備他。

王生是名擅於黃老之學的處士。有一次，他被召到朝廷中，三公九卿全站在那裡，王生老人說：「我的鞋子鬆了。」回過頭來對釋之說：「替我把鞋子綁好！」釋之跪著替他綁好鞋子。事後，有人對王生說：「您爲何要在朝廷上羞辱張廷尉，叫他跪著爲您綁鞋子？」王生說：「我年老，也沒有什麼地位，自問無法對張廷尉有任何幫助。張廷尉是當今天下名臣，因此我姑且羞辱他，讓他跪著替我綁鞋子，希望藉此使天下人敬重他。」公卿們聽了之後，都稱讚王生的賢哲而敬重釋之。

釋之侍奉景帝一年多，便改任淮南王的相——還是因爲從前的過節。過了很久，釋之過世了。他的兒子叫做張摯，字長公，官至大夫，後來罷官。因爲無法迎合當時的人，所以終生不仕。

七、中國古代皇帝的稱謂

中國古代皇帝的稱謂很多，每個稱謂都是顯示皇帝地位的至高無上，例如：九五之尊、天子、天、上、至尊、聖、聖人、人主、駕、車駕、乘輿、六龍、飛龍、大家、大行、天家、官家、國家、官里、陵、廟、祖……，這些稱謂出現於歷代流傳下來的典籍中。此外，也有以年號作爲皇帝的別稱的，例如：永樂指明成祖朱棣，崇禎指明思宗朱由檢，康熙指清聖祖愛新覺羅玄燁，乾隆指清高宗愛新覺羅弘曆，光緒指清德宗愛新覺羅載湉等。

至於「聖祖」、「高宗」、「文帝」等則是「廟號」，是皇帝駕崩後，在太廟立祠奉祀，經過「廟議」，加以「某祖」或「某宗」的名號。這個制度開始於商朝，漢代加以承襲，以後歷朝皇帝都有廟號。

八、乘輿

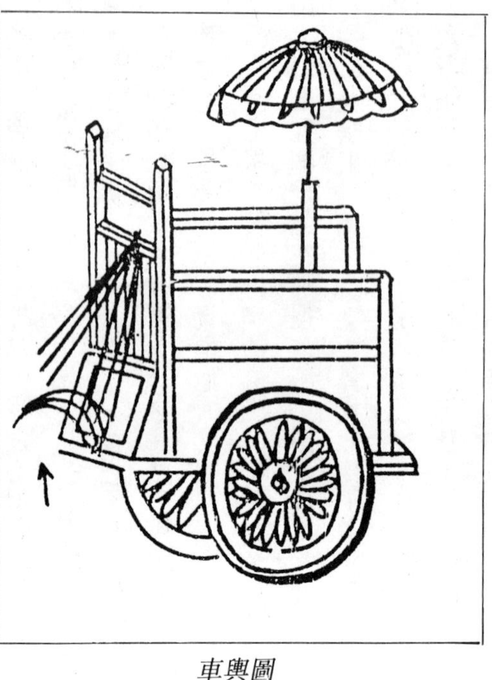

車輿圖

本指天子所乘坐的車，後來轉爲天子的代稱。「輿」的本義是車（小篆作[illegible]，意爲用四手所擧的車），如果兩個人一前一後，把車子抬到肩上行走，那便是「轎」了，所以「輿」又可解釋爲「轎」。資治通鑑漢紀云：「乘輿播越。」是指天子播遷。本文中的「乘輿」應指「天子」，「乘輿馬驚」是說天子的馬受到驚嚇，「乘輿車騎」是指天子的車和騎兵。用特徵或標記來代稱人物，這在修辭學上稱爲「借代」。

肆、思考與練習

一、請寫出含有「法」字的成語。（可分組比賽，各組準備紙、筆，以三分鐘爲限。每個成語四分，錯一個字扣一分，得分多者優勝。自訂賞罰方式。）

答 ㈠知法犯法。㈡執法如山。㈢目無法紀。㈣無法無天。㈤不二法門。㈥嚴刑峻法。㈦法網恢恢。㈧爲法自斃。㈨執法無私。㈩徒法不行。(十一)貪贓枉法。(十二)受財枉法。(十三)取法乎上。(十四)佛法無邊。(十五)作法自斃。(十六)生公說法，頑石點頭。(十七)有治人無治法。(十八)以身試法。(十九)枉法從私。(二十)王子犯法與庶民同罪。(廿一)法律之前人人平等。

二、請寫出含有「車」字或「車」部的成語。（可分組比賽，規則自訂。）

答 ㈠車水馬龍。㈡杯水車薪。㈢大車無輗。㈣泥車瓦狗。㈤氣宇軒昂。㈥載歌載舞。㈦前車之鑑。㈧怨聲載道。(九)盈車之魚。(十)學富五車。(十一)香車寶馬。(十二)素車白馬。(十三)閉門造車。(十四)車載斗量。(十五)車笠之盟。(十六)軒然大波。(十七)輔車相依。(十八)輕車簡從。(十九)輕車熟路。

三、請將本文所描述的故事，以戲劇方式表演出來。可分組表演，自行編劇，分派角色、準備道具，排練，再選定時間演出。

四、讀完本文，可知「法律之前，人人平等」的道理。想想看，歷史上有沒有類似的事例？請加以敍述。

答

(一)包公斬駙馬陳士美。

(二)墨家鉅子腹䵍的兒子犯法當誅，秦王想赦免他，但腹䵍堅持守法，於是殺了自己的獨生子。

五、本文中，張釋之敢於忠言直諫，據理力爭，幸虧他所面對的是賢君，所以能有完美的結局；但歷史上也有許多忠臣因忠言直諫，卻遭遇悲慘的命運！想想看，這類的例子有那些？請加以敍述。

答

(一)明朝臣子楊繼盛上書揭發權臣嚴嵩的罪行，卻反遭廷杖一百下之酷刑，最後甚至被判死罪。

(二)漢武帝時，司馬遷替李陵向皇上仗義辯冤，卻被治以誣罔之罪，遭受殘酷的宮刑。

(三)戰國時代，屈原忠愛國家，常向楚懷王進諫，但懷王聽信小人讒言，將屈原放逐南方。最後，懷王因不聽屈原之忠言，在秦國被害死。繼位的頃襄王，卻比懷王更昏庸，屈原憂憤不已，最後投汨羅江自盡。

六、找出本課中一字多音的字，並作音義分析。

答

(一)行

1、ㄒㄧㄥˊ—上「行」出中渭橋∶出巡，動詞。（本課）「行」拂亂其所為∶又，副詞。（《生於憂患，死於安樂》）

2、ㄏㄤˊ—以為「行」已過∶出巡的隊伍，名詞。（本課）一「行」白鷺上青天∶列，名詞。（《鳥》）

3、ㄒㄧㄥˋ—有德「行」的人∶品行，名詞。（《差不多先生傳》）

4、ㄏㄤˋ—「行」行鄙夫志∶剛強的樣子，形容詞。（《座右銘》）

(二)使

1、ㄕˇ—上「使」立誅之∶派，動詞。（本課）「使」日再中∶假如，連詞。（《科學的頭腦》）

2、ㄕˋ—俄有「使」使止之∶使者，名詞。（《文天祥從容就義》）

七、法律可以保護善良的人，並處罰犯罪的人，所以人人都必須具備基本的法律常識。身爲一名國中生，應具有那些法律常識。

答 近年來，法務部每年在寒暑假前，都會在各級學校學辦全國性的法律大會考，以加强學生的法律常識，達到減少犯罪的目的。身爲國中生，必須具備民法和刑法的概念，才能保障自身的權益，避免受害；並誡勉自己不做違法的事，以免害人害己。例如吸食或販賣各類毒品、無照駕駛、偷竊、搶劫、恐嚇、勒索、强姦、墮胎、遺棄嬰兒……，都是國中生可能面對的行爲，必須了解相關的法律規定，以免受罰。

八、作文題目參考：

(一)個人行爲與社會秩序
(二)我曾經做錯一件事
(三)法律之前，人人平等
(四)建立一個法治的社會
(五)做個有道德勇氣的現代人
(六)如何養成守法的習慣
(七)自由與守法

（李敏雪）

七、運動家的風度

／羅家倫

壹、作者參考資料

一、但有死亡無凋謝的羅家倫

羅家倫，字志希，筆名毅，原籍浙江紹興，清德宗光緒二十三年（西元一八九七年）出生於江西，當時他的父親羅傳珍正擔任知縣的職務。羅傳珍滿腹經綸，能詩善文，工於書畫，不同於一般滿清末造的貪官汚吏，他是一位勤政愛民的知縣。西元一九〇七年他擔任江西進賢縣知縣時，曾自掏腰包，向萬載縣購麻種五萬斤給轄區的農民種植，當作副業以增加收入。直到二十年後羅傳珍寓居南昌，仍有進賢縣老農寄贈麻布，可見該縣縣民多麼感念他的恩澤。羅母周霞裳生長在「女子無才便是德」的舊社會中，卻讀了不少書，且具文采靈思。

羅家倫三歲時，羅母就開始教他識字、背誦短詩。稍大後，父親也常傳授古今詩，每天還親自選錄二、三則有趣且富教育意義的典故，晚上先記在小冊上，隔天早上叫羅家倫跪在榻凳上聆聽，講解完畢再將小冊交給他複習，如此持續了好幾年。這份早年經驗，對日後羅家倫認爲「教育本來是要把以往人類寶貴的經驗，提取優越的部分，鎔鑄過交給後代，指示他們去發揚光大。」具有深遠的影響。

羅家倫從四歲入私塾，直到十五歲進美教士高福綏所辦的英文夜校學習外文。日後回憶這段家塾教育的體驗是：「像我五歲的時候唸那『天命之謂性，率性之謂道；修道之謂教。』這樣『形而上』學的經文，不但是讀死書，更是讀天書呢！十三歲讀《周禮》、《儀禮》、《爾雅》，只可以說殘酷的摧殘腦筋！我小的時候沒有得精神病，只可以說是洪福齊天。」私塾教育的體驗，造成羅家倫日後主張文學革命：要創造國語文學，打破古典文字的枷鎖，以現代人的話，來傳達現代人的思想、表現現代人的感情。

羅家倫在文、史方面的功力、造詣，不僅得力於父親的指導，母親的識字教學和背誦短詩的啓蒙也功不可沒。對他而言，童年時期的家庭教育遠比私塾教育產生更深遠、更直接的影響力，羅家倫認爲他兒時的生活是幸福、美滿的。但是九歲那年母親的去世，卻教他初嚐人間的巨慟。從他在三十六歲所寫《孩子的哭聲》和四十七歲所寫的

《孤兒淚》中，字裡行間所流露的孝思至情，可發現他的童年，不只由父母那兒得到文學和史學的薰陶，還有濃得化不開的親情，二者匯注成嚮往革命之情的思潮，發展爲日後以民族爲本位的教育主張。

羅家倫十五歲入南昌的英文夜校讀外文，此時他經常注意上海的招生廣告，不但自己想投考，也鼓勵同輩的少年朋友一起去以壯聲勢。十八歲那年（民國三年），進入上海復旦公學公學就讀。由於復旦公學的創辦人中有革命黨人（馬相伯、于右任、葉仲裕等人），所以復旦公學和國民黨間有密切的關係。（民國二年復旦公學校董改組時，孫中山先生被推舉爲校董會主席）另外復旦公學還具有一特點：重視言論自由的精神。因此，復旦公學學生的政治興趣比他校濃厚。中學時代，羅家倫最崇拜君憲派的梁啓超，可是當時的革命黨並不認同梁啓超的主張，所以在學校裡，革命黨與君憲派經常一言不合就吵起架來，甚至動拳腳。羅家倫不喜私鬥，遇此情形，每每讓步，很多人都看他是個膽小鬼，文弱書生！然而，燕雀安知鴻鵠之志？

復旦公學時期的羅家倫不只學業優異，還任《復旦雜誌》編輯，開始運用文字發表他的理念，他曾撰文與同輩的青少年朋友共勉：「若欲以二十世紀國家的主人翁自恃，必須有春日載陽、萬象昭蘇之慨；切莫暮氣沈沈，氣息奄奄。一定要努力成爲『新學生』，切莫淪爲『陳死人』」。他也在文中對年輕學生的婚姻加以撻伐，認爲「在學生時代就結婚，足以使人志氣頹唐，違背生計原則，墮落社會生活程度。」此時，他對問題的瞭解，已由個人的婚姻問題，探索到個人與社會、國家民族的關係。

民國六年夏，羅家倫二十一歲，北京大學在上海招生，羅家倫應試錄取，進北大文科主修外國文學。自民國六年到九年（二十一～二十四歲），羅家倫在北大講究學術自由的風氣中，接受良師益友的啓發薰陶，不斷地切磋琢磨學問；不停地活動、求發展；與同學辦《新潮》，提倡文學革命；參加愛國遊行，起草五四宣言。兒時所埋伏的革命種子，經中學時期的孕育，在此時已彰顯爲高昂的民族意識與革命的行動。

民國六年就職任北大校長的蔡元培，富有革命性的特立言行，在當時羅家倫的心目中，很自然的發出共鳴。他曾以《偉大與崇高》、《文化的導師》、《人格的典型》等篇章來表達他對蔡元培的推崇，而蔡校長也相當欣賞他，並極力提拔。

羅家倫雖是鼓吹革命的新潮派人物，但只要是有見解的教師傳授課程，無論那個科別，即使是守舊派大師，他也會去聽課。當時老復辟派的辜鴻銘在北大講授英國詩，他把英詩分爲「外國大雅」、「外國小雅」、「外國國風」、「洋離騷」，羅家倫屢屢「在教室裡想笑而不敢笑」，但是他對於辜鴻銘仍是非常的欣賞，並未以片面之言而廢人。

胡適是羅家倫經常討教甚而爭辯的對象，所談大半是文學革命之事；李守常是「新潮社」的熱心贊助者，羅家倫和他談話的範圍很廣；此外寫《西潮》的蔣夢麟也是他尊敬的人物。

在傅斯年二十二歲時，羅家倫剛入北大（二十一歲），傅斯年學的是國文，比羅家倫高了一年級。由於兩個人在學問方面都有貪多務得的習慣，常越系選讀而經常同班受教，後來又常找胡適請教受益，所以結識日深。另外他們還有兩項共同嗜好：一是愛看外國書，每人每個月都要向日本丸善株式會社買幾本新書；另一項是兩人都酷愛做「刪改文章刀斧手」，很多稿件到了他們手上經常大刀闊斧，被改得面目全非，傅斯年的標準比羅家倫還嚴格，所以羅家倫爲了符合傅斯年的要求，交出自己的稿子前也特別的愼重。

段錫朋和羅家倫是因共同發起五四運動的經歷而結緣，在那段日子裡，兩人幾乎天天在一起，好幾次工作到深夜，乾脆同擠一張小木牀，繼續聊到天亮。楊振聲是羅家倫創辦《新潮》的得力助手，他的「山東脾氣」和羅家倫氣味相投。狄福鼎是哲學系學生，五四運動發生後，經常和羅家倫在晚間帶著食物和內衣等生活用品到警察廳的看守所，探視被逮捕的同學。同是哲學系的吳康，也是「杜威講壇」的熱心人，兩人把杜威的演講整理成一篇《思想的派別》，在《新潮》上連續刊載四期。

這幾位益友都是羅家倫念念不忘的人，無論是學問、人品、文采、氣度都在他的大學生活時期烙印深刻的痕跡。

民國七年，羅家倫和傅斯年，顧頡剛、康白期等人爲提倡文學革命而辦《新潮》月刊。他們主張要以近代人的言語（白話文），來表達近代人的思想、情感；打開傳統束縛，解放學術思想，反對違反人性的文學；用科學方法整理國故，重新評估傳統的家族制度和社會習慣；反侵略、反封建，主張民主、民族的獨立和自決。這種以民族爲本位的思想，更進一步的表現就是參加五四運動。

民國八年，中國代表參加第一次世界大戰後的巴黎和會，傳來美國威爾遜總統答應日本提出的「山東二十一條款」，由日本全面接收德國在山東的所有權利。五月四日那天，北京的十幾個學校幾千名學生在天安門集合，預備遊行示威活動，主張「內除國賊、外抗强權」，相關單位勸阻無效。在遊行中，羅家倫被推選爲三人代表之一，遍訪東交民巷使館區內美法英義各國公使館，因適逢星期天，各國公使都不在館內，由館員代爲接見並轉交書面意見。學生遊行隊伍沿路散發許多傳單，其中最重要的《北京學界全體宣言》即由羅家倫起草。接下來，羅家倫以「毅」的筆名在五月二十六日刊行的《每週評論》上發表《五四運動的精神》，這是「五四運動」這一名詞的首見。羅家倫指出，此番學運有三種眞精神，可以關係到中華民族的存亡：第一，學生犧牲的精神，第二，社會制裁的精神。第三，民族自決的精神。參加五四運動的羅家倫，只不過是一名二十三歲的青年，卻能具有如此新觀念和崇高理想，無論在文學革新或政治民主、民族本位方面，理念都相當堅定且明確！

民國九年（二十四歲），羅家倫北京大學畢業。當時北大校長蔡元培商請上海紡織業鉅子穆藕初提供五位留美獎學金名額，羅家倫是獲獎人之一。民國九年，羅家倫乘輪赴美，就讀普林斯頓大學研究院，攻讀歷史和哲學，民國十年轉入哥倫比亞大學研究院。因爲傅斯年等人正在英國求學，所以民國十一年轉赴英國倫敦大學研究院，又與傅斯年朝夕相處，互相辯難。民國十二年由英到德入柏林大學研究院，民國十四年再轉赴法國巴黎大學研究院，仍以歷史與哲學爲主修。——總計羅家倫國、內外十年的大學教育，走過中、美、英、德、法五個國家，讀過六個學府，雖在國外未獲學位，但是，他在史學、文學、哲學、教育、民族地理學、人類諸學的涵養，大有助益於日後回國主持高等教育及史政機構的恢宏氣概和高瞻遠矚。譬如他主持中央政治學校時，把普法戰爭後的法國政治學校的水準當作目標；主持清華大學時，以力追美國普林斯頓大學的水準爲目標；主持中央大學時，目標設定在普法戰爭前的德國柏林大學水準。

羅家倫留學回國後，擔任過各種公職，但他的志趣仍在教育和學術，貢獻最大的也是在教育方面。

民國十五年羅家倫任教於東南大學，及北伐軍興，受命任國民革命軍司令部參議，編輯委員會委員長。

民國十六年，國民政府定都南京，中央正值清黨時期，急需培養青年幹部人才，遂籌設中央黨務學校（政治大學的前身），蔣中正親任校長。羅家倫先後受聘爲教務主任、代教育長，學校的實際職務多由他處理。

民國十七年，國民政府將「清華學校」改爲「清華大學」，直接受國民政府管轄，任命羅家倫爲首任校長。任期兩年內，他對清大的改制有很大的貢獻。清大原是由部分中美庚子賠款所辦起的學校，原隸屬外交部。他們把錢存在美國，羅家倫透過外交部和教育部爭回這筆賠款，成立清華基金。他很重視實驗，並開始招收女生，淘汰次級教授，建立一座地板是玻璃做成的大圖書館。

民國二十一年，羅家倫接掌中央大學時，正當日軍欺境，國難當頭。他就職後，向師生發表《中央大學之使命》，講詞中提出：「創造一種新的精神，養成一種新的風氣，以達到一個大學對於民族的使命」。除了充實圖書儀器外，他還特別注重教學人才的堅強陣容。爲了網羅眞正的賢才，他絕不出賣人情，爲此還得罪不少人呢！由於他的用心求訪人才，禮賢下士，所以能請到北洋大學出身，後來留美成績極爲優異的盧孝侯爲工學院院長。

民國二十六年應邀參加蔣中正召集廬山談話，羅家倫返校後，立即作遷校計畫，在敵人炮火炸彈中，包用民生公司輪船，陸續將在南京的一個大學，全體師生和眷屬及全部設備，用船載運，溯江抵達重慶沙坪壩新校舍，繼續正常上課，這在中國的教育史上眞是史無前例！

民國二十七年，中央大學學生人數激增到二千人以上，沙坪壩校址已達飽和狀態，於是選擇風景清幽的柏溪作爲分校。

民國二十九年六月二十七日到七月四日，一個星期間校舍被轟炸了三次，二十幾所房子被毀壞，羅家倫辦公室的瓦牆都沒了，在夏天烈陽下，他照常和同仁在只有一面牆壁的房子裡辦公，彷彿猶太民族的「哭牆」一般。羅家倫曾撰寫《炸彈下長大的中央大學》一文激勵學校師生：「我們抗戰，是武力對武力，教育對教育，大學對大學；中央大學所對著的，是日本東京帝國大學。」這是多麼有氣魄的壯士豪語啊！

民國三十年八月，羅家倫請辭中央大學校長，由教育工作崗位轉向黨政工作。

民國三十二年，政府積極建設西北地區，以增强抗戰能力，派羅家倫爲監察使，兼西北考察團長，從事陝西、甘肅、寧夏、新疆青海五省國防建設的考察與設計。

民國三十六年，政府任命羅家倫爲首任駐印度大使

（印度脫離英國獨立）。到任後，他很用心去瞭解印度的文化、歷史、政情，並致力於中、印文化交流。當時印度總理尼赫魯之下的政要、國會議員等經常來請教羅家倫，印度的憲法，有些即是仿自我國憲法。印度國旗本想以甘地革命時期紡織土布的紡紗機做圖案。羅家倫建議去掉木頭架子，只剩一個圓輪，表示生生不息之義，他們欣然接受了。

民國三十八年，共產黨的赤燄在國際上逐日蔓延，是年十二月三十日，印度宣布承認中共政權。羅家倫基於「君子絕交，不出惡聲」的古訓，發表極簡短的聲明：「在兩年八個月以前，我帶了我政府和人民熱烈的希望到印度來，催促象徵印度獨立的及早實現。就這方面來說，我的使命是達到了。我很高興，印度現在是自由的、獨立的。」民國三十九年一月二十五日，羅家倫離開新德里前夕，特偕甘地的媳婦孫兒孫女到甘地的火葬場上，放了一個花圈，行了一個禮後，靜默無言地站了一分鐘，隔天即飛加爾各達轉道抵台北。

羅家倫自印返台後，定居台北，擔任黨史會主任委員。民國四十七年，擔任國史館館長。民國五十七年，羅家倫記憶力急遽衰退，以身體不適請辭兩項職務。民國五十八年，病勢漸重，十二月二十五日，因肺炎、血管硬化等症狀併發，病逝台北榮民總醫院，享年七十二歲。

羅家倫雖已死亡，但是，他所開創的教育文化事業仍繼續影響、造就下一代。七十二年有限的生命過程中，他的步伐，由家庭而學校而社會，他的愛心與關心，由家事、國事、以至天下事，七十二年的生命雖成歷史，卻誠如他所言：「但有死亡無凋謝」。

八、羅家倫二三事

㈠強而不暴

羅家倫在中學時代，已表現出所謂「强而不暴」的英雄氣概。

當他在上海復旦公學讀書時，常在電車上讓座給日本女子，很多同學對此深表不齒。羅家倫回答他們：「我們有本領，應該和他們的男子在戰場上比較，何必去欺負人家的孤兒寡婦？就算不是孤兒寡婦，此時也是毫無抵抗能力的人？」不畏强梁，不欺弱小，這才眞正是能屈能伸的大丈夫！

㈡文學天才，數學白癡

北大招生，曾有一年破格錄取一名學生——羅家倫。當胡適批閱羅家倫的作文試卷時，激賞的給了滿分，但是翻閱這位學生的成績單，卻發現數學成績得個大鴨蛋，其他科表現也平平。但是招生委員會和主持會議的蔡元培校長，都對於破例錄取無異議，這批教授眞是慧眼識英雄。不過還是勸喩大家學數學時：千萬莫做羅家倫！

㈢大鼻子

羅家倫的長相只有一個字可形容：「醜」，但人是看頭皮以內的東西，而不是看臉皮上的東西。由於他卓越的表現，使他的聲名大躁。在抗戰時期他任中央大學校長，重慶流行著一首打油詩戲謔他，內容主要是針對他的鼻子做文章的：

人言鼻子大，惟君大得兇。
沙坪打噴嚏，柏溪雨濛濛。

㈣It is valueless.

民國三十七年，羅家倫代表政府前往錫蘭（斯里蘭卡）參加獨立慶典，其中來自印度的貝洛達大王服飾豪華醒目。他佩戴一條多達七圈，長及胸背的珍珠頸鍊，珍珠粒粒大如龍眼，前胸以紅寶石爲墜，後胸墜以鑽石，各重達一百多克拉，誠爲稀世之物。但掛在一個大男人身上，實在令人發噱！

加拿大大使好奇詢問頸鍊價格，印度大王回答：「It is valueless.」（沒有價值）。他的本意應是「It is priceless.」（無價之寶），一字之差，這條頸鍊由價值連城變爲一文不值。羅家倫與加拿大大使本是好友，立刻趨近耳語曰：「此頸鍊實爲無價之寶，但此王殊無價值。」言畢二人大笑不止。

㈤青海青

有一首《青海青》，想必大家耳熟能詳：

「青海青，黃河黃，更有那滔滔的金沙江。雪皓皓，山蒼蒼，祁連山下好牧場。……」

這首歌，原來是羅家倫在民國三十二年奉命考察西北，訪視青海省時，在離別前夕的歡送晚會上，即席揮就的贈歌。不過與今日歌詞略有出入，原文是：

「青海青，黃河黃，更有那滔滔的揚子江。雪白白，山蒼蒼，祁連山下好牧場。……」

㈥鬧「雙胞」的羅夫人

羅家倫在民國十六年十一月十一日（時年三十一歲），和上海張鈞丞先生之女——張維楨小姐結婚，由蔡元培先生證婚。張維楨是滬江大學政治系畢業，美國密西根大學碩士。

傳說羅家倫就讀北大時，曾以文情並茂的情書攻勢苦追北大校花，初以相貌醜陋遭拒，後來被他的才華感動，終於開了三個條件才答應嫁給他：一、要留學取得洋博士學位。二、學成後回國任教大學校長。三、夫妻不可公開並行，要保持相當距離。羅家倫爲了求得美人芳心而首肯了。

這個傳聞與張維楨資料不合。可能是他在北大期間的風流韻事被加以渲染而訛傳，也可能是杜撰以凸顯羅家倫有才無貌的特色而已。

貳、課文參考資料

一、《運動家的風度》賞析

本文共分八段：

第一段破題採冒題法（埋兵伏將法），說明運動對健康的影響，和健康的重要性。

第二段承第一段健康的重要性，使用言例，進一步說明身體健康和心靈健全的互動關係。

第三段轉筆，轉入主題，點出題旨「運動家的風度」就是運動所呈現的道德意義。

第四、五、六、七段採分述法，說明恪守「運動家風度」所需具備的四大條件。

第四段：㈠君子之爭，引言例爲證。

第五段：㈡服輸的精神，引言例、事例爲證。

第六段：㈢超越勝敗的心胸：以正、反言例爲證。

第七段：㈣言必信，行必果：以言例爲證。

第八段是合筆，以「運動家的風度」表現在人生上的風範和有所不爲作結。

中國的讀書人，給人的形象是手無縛雞之力的「白面書生」。除了夙夜匪懈、焚膏繼晷的埋首苦讀外，總以

「沒時間」爲藉口而不運動，久而久之，就變成「沒體力運動」了。近年來，成功嶺的大專生集訓（八十七年度入學新生已廢除）屢接到家長抗議電話，怎可讓學生在中午十二點到兩點間，在猛烈的毒陽下集訓？聽了實在讓人感慨！這一代的國家「棟樑」，眞作起戰來，是否還得和敵方講好，先看黃曆選個黃道吉日，再問氣象局，挑個風和日麗的好天氣；最後和敵方首領敲定「既不太熱也不能太冷或想睡覺」的時段開打。中國讀書人不愛運動的情形，其實是古今皆然，「頭腦簡單」者才會「四肢發達」，體專、體育系在聯考中分數遠低於熱門科系。而在學校中，體育課的地位更是無法與「國、英、數、理」相提並論。對於這種重文輕武的風氣，加上抗戰時期，蓬勃健全的民族生命力是長期鏖戰所必須，所以作者從運動的重要性談起。健康的體力，小則影響個人事業成就，大則影響國族，免於遭受「東亞病夫」之譏！

第二段承運動影響身體健康之後，再進一步說明健康對心靈的影響，寫出運動的間接影響性。古希臘是全民運動的濫觴地，也是奧運會的創始國，所以先引古希臘語，再從反面作說明：「身體不健康，心靈容易生病態，歷史上、傳記裡和心理學中的例證太多了。」姑且看曹雪芹筆下的病態美女——林黛玉，她自幼體弱多病，心靈上也一向多疑、多猜忌。有一回，當大伙兒興高采烈地看戲時，突然有人發現台上的花旦眉眼間與她有些兒神似而指出時，她氣得可以爲此和賈寶玉嘔了好幾天的氣。她認爲別人拿她比戲子，是作賤她的尊嚴。嘲笑她的人格的；其實戲子也是自食其力的行業，也可以潔身自愛、正正當當的做人，更何況譬喻是某共同點相通，怎可以偏概全呢？再有一次，有人送了幾枝宮花給府裡的姊妹戴，奉命分送的人按路線遠近跑腿，並無刻意性安排或存有尊卑意識，偏偏林黛玉的住處離她最遠，所以，別人都感謝地笑納了，獨她的反應是立刻問道：「是每個人都有呢？還是單送我一個」，這跑腿的管家那有她那麼多心眼，只答道：「別人都有了，這兩枝是姑娘的。」林黛玉臉色立刻就變了：「我就知道，要不是別人挑剩下的也不會給我啊！」諸如此類，認識她的人早已司空見慣。可見，常生病的人，他的思想理念和人生觀，也往往是有偏差的。

在一、二段交代完運動的直接、間接功能後，第三段正式進入主題，指出運動家的風度就是運動道德的意義。從運動競賽中，除了鍛鍊健全的體魄外，更要培養光明正大的人格。人生旅途上，充滿了挑戰性，在不同的生命階段、和同一階段的不同場合，都會有競爭對手。求學時期比功課、比才藝；長大後比專業能力、比業績。人生就像個大型的運動場，場上永遠進行著各式各樣的比賽，而「光明正大」是共同的遊戲規則。政治，是一場熱門且角逐激烈的競賽，從政者若不遵守遊戲規矩，危害的恐怕不只其他參賽人，還包括所有的場上觀賽者，所以由小我的自我要求到大我的羣策羣勵，才能陶鑄出優良的民族性。

第四段開始，揭櫫運動家風度的力行方向，分爲四大原則，首先是「君子之爭」。君子，指的是有才德的人。參加競賽的基本條件是需具備某方面專業才能，而另一無形的抽象條件是品德。只有有才、有德才能完成一場有水準、有格調且精彩的比賽。文中引論教育權威孔子的指示，如何完成「君子之爭」的風範。「禮、樂、射、御、書、數」，是古代讀書人的六種基本能力，稱爲「六藝」。由此可知，中國文人的教育一向是提倡文、武合一的，並不是我們所想像的一樣，一味地重文輕武。在六藝中，能競爭的項目只有「必也射乎」，如何爭呢？「揖讓而升，下而飲」。中國自古即有禮儀之邦的雅稱，身爲「士、農、工、商」四民之首的讀書人，當然更得以身示範，作爲各行各業的表率。「揖讓而升」，先禮後兵，所有運動競賽前，選手都得先向對手行禮，這是一種文明人的特徵與修養。比賽開始了，可以儘管不客氣地全然發揮實力，打得對方落花流水、片甲不留；賽後要收斂起威厲的鋒芒，再度表現「下而飲」的禮儀風範，由贏的一方請輸的一方喝酒。一方贏得勝利，另一方贏得好酒，可謂是「雙贏」，皆大歡喜！

我們也常在比賽中看到有人爲了求勝而不擇手段，用腳絆人、用手扯人，甚至怒罵對方選手、教練或痛斥裁判不公。一九九二年的漢城奧運，跆拳道決賽時還出現韓國觀衆不服裁判判決而仗著地主隊人多勢衆，合力毆打裁判要求更改裁決，身爲主辦國，如此破壞運動精神，實在是可恥之至。而在同一年的奧運中，男子一百公尺的短跑是世所矚目的焦點，兩大世界級的強手：加拿大的強森和美國的路易士（西元一九八八年洛杉磯奧運四面金牌得主）將角逐金牌，比賽結果由強森摘下金牌，但不久立刻被查出尿液中有使用禁藥的反應，這下裡子、面子全輸了，不但人格破產，連國格也丟盡，眞是奇恥大辱！

第五段强調賽後的服輸精神。在國際性的足球賽中，不但常看到最後兩個國家的人民扭成一團，甚至連兵車都出動了，簡直是走火入魔到無藥可救的地步，完全扭曲了運動競賽的美意。比賽的用意，除了藉著積極的準備過程來提升水準外；更藉比賽中的觀摩，使大家互爲切磋，精益求精。所以，技不如人時，當反求諸己，才有轉勝爲敗的機會，楚漢相爭中的劉邦、締造中華民國的孫中山先生，他們服輸而不認輸，最後才能有「創造性的奇蹟」出現。文中又另舉了美國的總統大選事例爲典範。美國的總統選舉，爭的不只是美國領導權，更是全世界民主陣營的領導地位，它的競爭之激烈，尤凌駕於各國之上。但舌劍唇槍的比賽結束後，落選者立刻收斂起個人立場，此時他立刻成爲新任國家元首下的子民，共同爲國家福祉奮鬥—美國，眞不愧是個泱泱大國；反觀國內，選擧時一堆暴力、黑函滿天飛，彼此互揭瘡疤、做人身攻擊，選後往往是法院最忙碌時刻，輸的一定會有一堆理由：對方作票，要求開箱重驗；對方買票，檢擧賄賂行跡；對方抹黑、造成冤曲落選——總之，絕對不直接認輸，明知不可能改變事實，卻「輸人不輸陣」，把對手陣營揭個稀爛也好，如此民主水準，實在差歐、美國家十萬八千里！

第六段呼籲除了服輸外，更要進一步有「超越勝敗的心胸。」王建煊在擔任財政部長時，曾提出一個口號：「手中有股票，心中無股價。」今天，參賽人也一樣，「手握參賽證，心中無勝敗。」我們都知道，「得獎」是最基本、最直接的肯定，也是自信的來源，有心者無不全力以赴。然而僧多粥少，難免比賽結果會有遺珠之憾。中國人有句話：「不以成敗論英雄」，又說「失敗爲成功之母」；對贏的人奉勸的是：「驕兵必敗」，所以勝利是可慶可賀，但也別得意忘形，天下沒有永遠的常勝軍。預賽第一，複賽可能變成最後；亞運拿金牌，奧運可能連邊都摸不到；今年奧運金牌得主是你，但江山代有人才出，四年後就江山易幟了。而失敗的人，只要遵守誠實原則、光明正大的完成比賽，至少也贏得了人格精神上的錦標。沒有拿到第一名，但也是第一流的參賽者，何必小眼睛、小鼻子，一定執著於那曇花一現的第一呢？所以一場公平的競爭下來，無論勝、敗，只要雙方皆已盡心盡力，便是憑著良知盡完責任，無怨無悔了，還有什麼比責任盡完更快樂的事呢？

最後一個條件「言必信，行必果」，就是「有恆爲成功之本」的原則。會前宣言，信誓旦旦，務必有始有終，不中途放棄，臨陣脫逃、半途而廢的人是不戰而降，還沒敗給敵人前就先敗給自己，一個連對自己都背信忘義的人，豈不是該遭人唾棄！所以，我們在觀賞馬拉松賽跑時，除了第一名外，最後一名跑回來的往往贏得最熱烈的掌聲，他終於完成「任重道遠」的使命，他戰勝人類好逸惡勞、逃避困難、輸不起的弱點，比起那第一名，至少他的人格是崇高且堅强的。

最後一段再呼應「君子之爭」：「有運動家風度的人，寧可有光明的失敗，決不要不榮譽的成功！」這個精神表現在人生上也一樣，「謀事在人，成事在天」，凡事但求無愧我心，便是對生命的一種尊重。

二、《新人生觀》簡介

羅家倫在中央大學遷到沙坪壩後，不斷對該校師生進行思想教育。他認爲當時的生死危急局面，正同昔日德意志在普、法戰爭後的情形雷同。德軍在法軍壓境、內部一片兵馬倥傯之際，棟樑大學的學者居然能在危城中繼續講學，如哲學系的教授菲希特在講學中，發表《告懷意志國民書》，重整了德意志的民族文化。他認爲中央大學應向柏林大學看齊，於是每週向學生演講一次。民國三十一年起，他這些有系統的講稿整理成書，名爲《新人生觀》。在自序中他提到：「自從神聖抗戰發動以來，我就開始想做一點積極的思想工作。……我只想把中國民族思想和生命中，我認爲缺少或貧乏的部分，特別提出來探討，來發揮。」此書不僅透視了當代青年心理的全貌，且提供具體而正確的努力方向，給抗戰青年帶來莫大的鼓勵。許多讀者對個人、國家頓時增加無比的信心和勇氣，啓迪時下青年應有的責任感，毛子水認爲，這本書對社會的貢獻，只怕比他別的工作還要大！

此書三十一年出版立刻銷售一空，到三十五年爲止，商務印書館共發行了二十七版，打破四十年來除教科書和字典外，其他書籍的銷售紀錄。

叁、語文天地

一、文法修辭

(一)「健康的體力，是一生努力成功的基礎；大家體力不發展，民族的生命力也就衰落下去。」——映襯中的對比。

(二)古代希臘人以為「健全的心靈，寓於健全的身體，」——「引用」言例。「於」是介詞，相當口語中「在」的語氣。

(三)但是運動的精義，還不只此。它更有道德的意義，這意義就是在運動場上養成人生的正大態度、政治的光明修養，以陶鑄優良的民族性。——層遞法。由實質意義到精神層面，到個人操守→政治修養→全體民族性的培養。

(四)「君子無所爭，必也射乎。揖讓而升，下而飲，其爭也君子。」——「引用」言例，印證君子之爭。

(五)「君子不怨天，不尤人」——「引用」言例，印證服輸的精神。

(六)羅斯福與威爾基競爭，……一切以國家前提，——「引用」事例，印證服輸的精神。

(七)這和網球結局以後，勝利者和失敗者隔網握手的精神一樣。——譬喻法，說明同具有服輸的精神。

(八)有風度的運動家，不但有服輸的精神，而且更有超越勝敗的心胸。——層遞法。

(九)運動所重，乃在運動的精神——「乃」＝是，當繫詞。

(十)「勝固欣然，敗亦可喜。」——「引用」言例，印證超過勝敗的心胸。

(十一)「勝固欣然，敗亦可喜。」正是重要的運動精神之一，否則就要變成「悻悻然」的小人了。——映襯中的對比。

(十二)「悻悻然」——「引用」反面的言例，說明要有服輸的精神和超越勝敗的心胸。

(十三)「言必信，行必果」「任重而道遠」「貫徹始終」——「引用」言例，印證參與運動要具備有始有終的精神與決心。

(十四)臨陣脫逃、半途而廢——譬喻法。

肆、課文補充資料

一、希臘

古代希臘是由許多城邦結合起來。其中最著名的是斯巴達（軍事獨裁體制）和雅典。雅典是世上最早實施民主政治的城市。希臘文化是西方文化的濫觴，無論文學、哲學、藝術、神話、建築各方面都產生深遠的影響。

今日的希臘共和國，是西元一九六八年由全體公民投票複決通過新憲法，所成立的民國共和國，位於歐洲巴爾幹半島南部，三面環海，氣候溫和，盛產葡萄及蜂蜜，人民屬阿利安族，信奉希臘教，國都定於雅典。

二、奧林匹克運動會

舊稱奧林匹亞賽會。

奧林匹亞是地名，位於希臘伯羅奔尼撒半島的伊利斯州，是一個小平原，山水環繞，風景優美。有宙斯神殿，古希臘人，每四年於此舉行一次祭典，是希臘最大的國民祭典，起源於西元前七七六年，爾後每四年舉辦一次，所以每四年稱爲「一奧林匹亞」，且以第一次奧林匹亞的第一年爲希臘紀元之始。全國於參加祭宙斯神後，開始表演各項競技，自戰鬥、拳藝、賽跑，以至音樂、詩歌、劇曲均有。會期初爲一日，後延長到五、六日，至西元三九四年羅馬狄奧多西大帝下令禁除。西元一八八三年法國教育家庫柏丁赴英考察，深受競賽教育精神的感動，西元一八九二年提議恢復，一八九四年萬國體育會議在巴黎成立國際奧林匹亞委員會，以庫柏丁爲會長。西元一八九六年在雅典學辦第一屆奧林匹克運動會，以後每四年舉行一次，地點可由會員國的城市爭取主辦，世界各國多予以熱烈參與支持。

三、言例典故出處

㈠《論語．八佾篇》：子曰：「君子無所爭，必也射乎！揖讓而升，下而飲，其爭也君子。」

翻譯：

孔子說：「君子沒有什麼好與人競爭的，一定要比的話，只有在例行的射箭比賽時。賽前彼此行拱手禮而後登台競技，賽後贏的人請輸的人喝酒，這樣的競爭風度，才是彬彬有禮的君子。

㈡《論語．憲問篇》：子曰：「莫我知也夫！」子貢曰：「何爲其莫知子也？」子曰：「不怨天，不尤人，下學而上達，知我者，其天乎！」

翻譯：

孔子說：「沒有人眞正了解我啊！」子貢說：「爲什麼沒人了解老師呢？」孔子說：「我既不怨恨天理命運，

也不責怪人爲疏失，只是從人事上盡力學習，日求上進，順應天命，能了解我的，只有上天吧！」

㈢《論語・子路篇》：子貢問曰：「何如斯可謂之士矣？」子曰：「行己有恥，使於四方，不辱君命，可謂士矣。」曰：「敢問其次？」曰：「宗族稱孝焉，鄉黨稱弟焉。」曰：「敢問其次？」曰：「言必信，行必果；硜硜然，小人哉！抑亦可以爲次矣。」曰：「今之從政者何如？」子曰：「噫！斗筲之人，何足算也！」

翻譯：

子貢問：「怎樣做才可算得上眞正的讀書人呢？」孔子說：「自己行事要有羞恥心，出使四方異邦，能夠不玷辱國家的授命，如此才可稱爲讀書人。」子貢又問：「敢問次一等的表現？」孔子說：「宗族中的人都說他孝順，鄉里中的人都說他待長上恭敬有禮。」子貢再問：「敢問再次一等的表現？」孔子說：「說話信實，做事果斷，堅確自守，雖然不是很豁達大度的表現，但有守有爲，也可算是次一等的了。」子貢說：「如今那些執政的人表現如何呢？」孔子說：「唉！這些人量淺才疏，怎能算是讀書人呢？」

㈣《論語・泰伯篇》：曾子曰：「士不可以不弘毅，任重而道遠。仁以爲己任，不亦重乎！死而後已，不亦遠乎！」

翻譯：

曾子說：「讀書人的志氣，不可不弘大而剛毅，因爲讀書人身負兼善天下的使命，所以責任很重，而且路程遙遠。他們把愛人的使命視爲自己的責任，不是很重的負擔嗎？這個責任的擔子到死後才能卸下，不是很遙遠的路程嗎？」

四、小羅斯福總統

羅斯福是美國第三十二任總統，習慣上被稱爲「老羅斯福」的第二十六任總統就是他的堂兄。自西元一九三三～一九四五年歷任四屆總統。美國憲法規定可以連任一次總統，羅斯福在一九四一年第二任總統即將結束任期時，爆發了日本偷襲珍珠港事變，隨即美國對日宣戰，捲入第二次世界大戰，在此非常時期羅斯福破例連任。而第三次任期到西元一九四五年卸任前大戰未結束，因此再破例連任，成爲美國歷史上惟一連任三次的總統，西元一九四五年卒於任期內。

羅斯福是富家獨子出身，所以受到很好的教育，畢業於全世界第一流的哈佛大學。西元一九〇五（二十四歲）年執業律師，西元一九一〇年當選紐約州議員。西元一九二〇年參加副總統選舉失利，西元一九二一年更不幸地罹患小兒痲痺症，使他這輩子再也無法像正常人一樣走路。但羅斯福並沒有被這些挫敗擊倒，經過奮力不懈的努力後，終於在西元一九三三年擊敗威爾基，當選美國總統。

他當選後，參選時的諾言並沒有跳票。就職之初，正趕上世界經濟大恐慌，美國國內充滿了貧困、失業和沮喪。他立刻施行新政，穩定經濟，減少失業，興建築、修水利，擴充電力，安定社會，保障老人的退休生活。在外交方面，採取睦鄰政策，不干涉拉丁美洲國家的內政。同時，正式承認蘇聯。西元一九三九年第二次世界大戰爆發，在羅斯福的提議下，國會通過了歷史上有名的「租界法案」。根據這個法案，盟國可從美國獲得軍火，抵抗侵略。西元一九四一年珍珠港事件後，美國正式參戰，西元一九四五年投在日本的兩顆原子彈，就是他決定研究製造（由猶太裔科學家愛因斯坦研發），終於結束第二次世界大戰，使頑強的日寇投降，而中國艱苦的對日八年抗戰也同時結束。

不過，「成也蕭何，敗也蕭何。」羅斯福雖是一個了不起的政治家，對日本的侵略、拯救中國功不可沒，然而也因一個昏聵的決定而造成日後中國的淪亡。在第二次世界大戰的末期，他誤信了不實情報和高估日本的戰力，爲了爭取蘇聯出兵對日作戰，和英國首相邱吉爾、蘇俄總理史達林簽訂「雅爾達密約」，犧牲了盟友中華民國的權益，使得戰後中國共產黨因俄共扶植而坐大，此舉不但沒有道義，更爲中華民族帶來空前的浩劫，實在是令人扼腕！

五、美國歷代總統

(一)年表

	姓名		生卒年份	就職年份
1	喬治・華盛頓	George Washington	1732~1799	1789
2	約翰・亞當斯	John Adams	1735~1826	1797
3	湯瑪士・傑佛遜	Thomas Jefferson	1743~1826	1801
4	詹姆士・麥迪遜	James Madison	1751~1836	1809
5	詹姆士・門羅	James Monroe	1758~1831	1817

6	昆西・亞當斯	John Quincy Adams	1767～1848	1825
7	安德魯・傑克遜	Andrew Jackson	1767～1845	1829
8	馬丁・范・布倫	Martin Van Buren	1782～1862	1837
9	威廉・哈里遜	William H. Harrison	1773～1841	1841
10	約翰・戴勒	John Tyler	1790～1862	1841
11	詹姆士・波克	James K. Polk	1795～1849	1845
12	薩克利・泰勒	Zachary Taylor	1784～1850	1849
13	米勒・費爾摩	Millard Fillmore	1800～1874	1850
14	富蘭克林・皮爾斯	Franklin Pierce	1804～1869	1853
15	詹姆士・布坎南	James Buchanan	1791～1868	1857
16	亞伯拉罕・林肯	Abraham Lincoln	1809～1865	1861
17	安德魯・約翰遜	Andrew Johnson	1808～1875	1865
18	尤利西斯・格蘭特	Ulysses S. Grant	1822～1885	1869
19	陸特佛・海斯	Rutherford B. Hayes	1822～1893	1877
20	詹姆士・蓋菲爾德	James A. Garfield	1831～1881	1881
21	契斯特・亞瑟	Chester A. Arthur	1830～1886	1881
22	格拉佛・克利夫蘭	Grover Cleveland	1837～1908	1885
23	班哲明・哈里遜	Benjamin Harrison	1833～1901	1889
24	格拉佛・克利夫蘭	Grover Cleveland	1837～1908	1893
25	威廉・麥金萊	William McKinley	1843～1901	1897
26	迪奧多・羅斯福	Theodore Roosevelt	1858～1919	1901
27	威廉・塔虎脫	William H. Taft	1857～1930	1909
28	伍佐・威爾遜	Woodrow Wilson	1856～1924	1913
29	華倫・哈定	Warren G. Harding	1865～1923	1921
30	喀爾文・柯立芝	Calvin Coolidge	1872～1933	1923
31	赫伯特・胡佛	Herbert C. Hoover	1874～1964	1929
32	富蘭克林・羅斯福	Franklin D. Roosevelt	1882～1945	1933
33	哈利・杜魯門	Harry S. Truman	1884～1972	1945
34	戴特・艾森豪	Dwight D. Eisenhower	1890～1969	1953
35	約翰・甘迺迪	John. F. Kennedy	1917～1963	1961
36	林頓・詹森	Lyndon B. Johnson	1908～1973	1963
37	理查・尼克森	Richard M. Nixon	1913～	1969
38	蓋德・福特	Gerald R. Ford	1913～	1974
39	吉米・卡特	Jimmy Carter	1924～	1977
40	隆納德・雷根	Ronald Reagan	1911～	1981
41	布希			1988
42	比爾・柯林頓			1992

(二)產生方式

美國總統候選人的條件是：

1、出生在美國的公民。
2、至少在美國居住十四年以上。
3、須年滿三十五歲。

任期四年，可以連任一次。選舉方式採間接選舉：由各州人民選出「總統選舉人」，與該州國會議員席位同樣的人數。十二月中旬在各州中心都市投票（假設該州有十五名選舉人，開票結果民主黨八票，過半數，共和黨有七票，該州十五票就全歸民主黨），第二次的選舉一月初在國會開票，統計全國各州總合票數，以過半數的候選人當選總統。

六、富蘭克林就職演說

下面是富蘭克林・羅斯福總統於西元一九三三年三月四日的就職演說：

我相信，親愛的同胞們，都熱切的期待我在今日就職總統時，能夠坦誠的告訴大家，我們國家在目前的處境下，前進的方向與決心。我們不須怯步，而要誠實的面對國家今日的困境。這個偉大的國家像過去一樣的仍將持續下去，而且會精益求精，更加繁榮。首先，讓我宣佈我堅守的信念：我們唯一的恐懼，就是「恐懼」本身：一種一種無端的、缺乏理智的、沒有根據的恐懼，將把我們由前進努力轉為怯懦止步。在國家發展中的每一個黑暗時刻，坦誠而在活力的領導者能夠獲得民衆的了解與支持，是勝利的必要條件。我相信，在危急的此刻，你們將再度給予領導者同樣的支持。

感謝上帝，今日全國同胞共同面對的困難，和關切的事物，只與物質有關，物價高昂、稅捐提高，造成我們付款的能力降低；各級政府又面臨收入的短少；在貿易往來中，我們用以交易的工具被凍結了；工商企業凋零；農人們的產品找不到市場；成千的家庭多年的儲蓄化為烏有。

要重要的是，一大羣失業的民衆面臨了嚴酷的生存問題。同時，大批民衆辛勞的工作僅換得少許的回報，只有愚蠢的樂觀者會否認目前這些黑暗的事實。

但是，我們的痛苦不是由於物質上的匱乏，我們所受的不是蝗蟲的災害。由於我們的祖先相信再大的危險困難都能克服，比起他們所克服的危險，我們仍然是值得慶幸的。大自然仍施與我們恩賜，而人類的努力也使萬物繁殖。豐富的物質其實就在周遭，但由於我們過度的使用，所以有不足之感。這個現象的主要原因，是那些主持人類貨物交易的統治者失敗的策略所造成的。由於他們本身的頑固與不承認自己的失敗。加上那些從事金錢交易者無恥的手段，在輿論的法庭中遭到控訴，被人類的心靈與理智所唾棄。

不錯，他們已嘗試過，但是他們的努力總是拘泥於陳舊的傳統方式。面對信用的失敗，他們只有提議借貸更多的金錢。過去他們是靠著利潤來引誘人民順從他們錯誤的領導，現在利潤的誘因一旦失去，他們只有採用勸導的方式，含淚的請求大家恢復信心。然而他們短視近利、缺乏高瞻遠矚，很容易造成一個民族的毀滅。

那些金錢交易者已從我們的文明廟堂中的寶座上逃走了。我們現在可以把廟堂恢復到符合古老的眞理。至於能恢復到什麼程度，要看我們對社會價值的重視是否超過對純粹金錢利益的重視。

快樂並不等於金錢的擁有，而在於成就的喜悅和努力創造的熱誠之中。在瘋狂的追求那些淺薄的利益時，我們不應忘掉工作中的喜悅與激勵。如果這段黑暗的日子，讓我們了解到我們所幫助的是自己和我們的同胞，而非個人的命運，那我們遭遇這段黑暗日子的代價將是値得的。

由於我們認清了物質財富不是成功的標準，那麼用地位的尊嚴和個人利益的標準，來衡量政府職務和高級政治地位的錯誤信念就會不攻而破，銀行與企業界經常將神聖的信託交給冥頑與自私的犯罪行爲現象，也會無疾而終。少數人不明白信心何以會消失，因爲信心只有靠誠實、榮譽、責任的神聖、忠實的保護與不自私的表現才能生存。沒有他們，則信心無法產生。

然而，重建的工作不只靠倫理觀念的改變，我們這個國家所要求的是行動，而且是即刻行動。

我們最主要的任務是使人們都有工作。如果我們明、智、勇敢地去面對失業問題，這不是個無法解決的問題。經由政府本身的直接徵募，我們可以達成部份任務。我們可以把這個任務當作戰爭的緊急狀態一樣來處理；同時，經由這樣的就業方式，可以完成我們迫切需要的計畫，以刺激和重新調整天然資源的使用。

當我們著手進行這個工作時，必須坦承，我們在工業區中人口的不平衡。我們要藉著全國性的重新分配，使那些是能善用土地的人對土地有更好的利用。爲了幫助這項任務的達成，我們可以具體的努力提高農產品的價値，而利用這個力量來購買我們城市的產品。

由於贖取抵押品權利的取消，使我們的小家庭及農場蒙受損失，我們可用現實的方法阻止這種悲劇；同時，堅持地要求聯邦、各州及地方政府，立刻嚴格地削減費用；把今日經常分散的、不經濟的、不平等的救濟活動結合起來；對於運輸、交通的形式及其他有具體性質的公共事業，給予全國性的規劃與監督；各方面工作的徹底執行都對任務的達成有所幫助。其他還有很多方法可以進行這項目的。但我們若光說不做，是無法成事的。我們必須行動，而且必須迅速的行動！

最後，在我們逐漸恢復工作的時候，我們需要兩種保護，以防舊有的罪惡再度來臨。對於所有銀行、信用和投資，必須有嚴格的監督；對於用他人的金錢從事投機的行爲必須制止；同時對一個正確而健全的通貨必須提供準備。

這些都是一些因應困境的措失。在新國會特別會期內，我將提出詳細的措施，並敦促他們的實現。同時，我將尋求若干州的立即支援。

經由此行動計畫，我們可以把國家內政處理得井然有序，期使收支平衡。雖然我們的國際貿易關係相當重要，但就時間及需要而言，比起建立一個逮住的國家經濟，它只是次要的。一個實際政策的執行，我喜歡先做最重要的事。我將不遺餘力的藉著國際經濟的重新調整，來恢復世界貿易。但國內的緊急情況將優先處理，因爲它已刻不容緩了。

我們要有一個基本觀念，就是：引導國內經濟復原的這些特殊行徑，不是狹隘的民族主義。

首先要考慮的是，它堅持在美國整體中的各不同單位，是相互依賴的——這是我們對先民的這種美國精神表現的一種認知。它是邁向復原的路，它是直捷的路，它是堅持信念的保證。

在世界政策的領域中，我將致力於這個國家的睦鄰政策——其一：堅決尊重鄰國權益，因爲尊重自己，也就會尊重其他國家的權利。其二、尊重自己對鄰國的義務，也就會尊重他與別國所訂條約的尊嚴。

如果，我們對民族認識正確的話，我們將了解到彼此間的相互依賴性，這是以前我們忽視的。因爲我們不能只要求獲得，也必須付出。如果我們向前邁進，我們要像一支受過訓練而忠心的軍隊，願意爲了良好的共同紀律而犧牲；因爲，沒有這樣的紀律，將沒有進步，領導也無從發生作用。我知道，我們願意且準備把我們的生命與財產交給這樣的紀律，因爲它使得以「要遠大的利益爲目標」的領導成爲可能。這就是我所要提供的領導。我發現，這些巨大的任務，將是一種神聖的責任，把我們團結在一起，使大家像過去戰爭時期一樣，擔負起共同的職責。

在許下這個誓言之後，我毫不猶豫的負起領導我們民族軍隊的責任，一一克服我們所面臨的問題。

在祖先所傳留下來的政府形式下，以這種觀念採取行動而達到目的是可行的。我們的憲法簡單而實用，它可藉「强調」與「安排」的變化來應付特別需要，而不損其基本架構。這也就是爲什麼我們的憲政制度，被證明在近代世界中是一個最好、最持久的政治架構方式。它曾歷經領土巨大擴張、對外戰爭、堅苦內亂及面對世界關係的每一個緊急狀況。

我們希望，行政權與立法權的正常平衡，能夠正確地應付我們所面臨的空前任務。但是，基於某些時效性的需要下，可能「平衡性」要略作調整。

我已準備在憲法所賦予的責任下，提出一些處理災難中國家所需要的措施。這些措施，以及國會根據經驗、智慧所制定的措施，我將在憲法的權限內，迅速的付諸實施。

但是，如果國會不採取這兩條路中的任何一條，或者如果國家的情況仍然緊急，我絕不會逃避所該面臨的責任。我向國會要求應付危機的工具——一種廣大的行政權力，求和緊急狀況作戰。這個權力就像我們在遭到外國敵人侵略時，國會所賦予我的權力一樣大。

因爲接受了大家的託付，我將以時代所需的勇氣和忠心來回報。而且我一定做得比上述所說的還要好。

在全國的熱烈氣息之下，我們注視著橫阻在前的刻苦日子。本著明確的良心去尋找舊時的珍貴的道德價值，從全國國民堅定的責任表現中，獲得完全的滿足。我們的目標，是要保證一個圓滿而永久的國民生活。

我們對於民主的未來沒有失去信心，美國人民從未失敗。在他們需要時，他們表示一個願望，他們要立刻的、有力的行動。他們要求偏方下的紀律和指引。他們現在把希望放在我身上，在這種託付的精神下，我接受了這個職責。

在爲這個國家獻身時，我們謙恭的祈求上帝的祝福：希望祂保佑我們每一個人，希望祂在未來的日子指引我們！

伍、思考與練習

一、請同學說說你所知道的奧運。例如：曾有那些城市主辦過？有那些項目？認識那些表現優秀的運動員？曾有什麼違規事例？那些項目觀衆最熱衷？那些項目裁奪結果易引起爭議？奧運金牌數最多的通常是那些國家？

二、「健全的心靈，寓於健全的身體。」作者也認爲身體不健康，心靈容易生病。你是否可從歷史、傳記、小說中或生活經驗所遇來舉例。

答 林黛玉。（見課文賞析）

三、你所知目前台灣的職藍、職棒瀰漫著那些歪風，有違運動家風度？

答 報章上常刊載的簽賭所引發的黑道介入、甚至和球員掛勾問題。

四、在你從小到大參加的競賽中，是否遇到的對方都秉持正大光明的君子之爭？或曾有違規行爲？如何處置？請說出來使大家引以爲戒。

答 如考試作弊同學常被校規記過處分，同時造成人格破產。

五、比較台灣的選舉和羅斯福、威爾基的選舉，是否一樣具有民主風度？說出你印象最深刻的候選人。

六、「勝固欣然」大家都容易理解，請探討爲何「敗亦可喜」呢？

答 《麥帥爲子祈禱文》裡提到：「因遵守誠實的原則而遭遇失敗」。

七、你認爲你是個有始有終，有責任感的人嗎？請舉出你最值得驕傲的經驗，完成「任重而道遠」的使命。

八、本文引用很多的言例，其中以出自論語爲多，爲什麼呢？

答 由儒家的學術主流地位和論語的重要性思索，訴諸合理的權威不易引起爭議。

九、本文以分述法的方式列舉合乎運動家風度的四大主題，這樣的寫作層次分明且有條理。請仿此形式，列學幾項有層序、漸進式的條件——「如何當一個好學生」？

（韓姝如）

八、麥帥爲子祈禱文

／麥克阿瑟著

／吳奚眞譯

壹、作者參考資料

一、永遠的英雄——麥克阿瑟

㈠生平

麥克阿瑟（Douglas MacArthur，1880-1964），美國名將，世人尊稱麥帥。生於阿肯色州小石城。他的父親亞塞・麥克阿瑟是軍人出身的名將。當道格拉斯・麥克阿瑟童年時期，即隨父親駐防美國西部西爾登堡，這是印地安紅人出沒的荒漠地區，一片平沙無垠，氣候荒涼酷熱，因此自幼便在這種困阨的環境之中，養成堅毅無畏的強人性格。例如：每次在日暮黃昏之時，小麥克阿瑟站在軍隊中與兵士一起參加降旗典禮，但是印地安紅人的鼕鼕鑼鼓聲，和震天價響的人馬嘶吼聲，嚇得只有五歲的他不由得哭了出來，爹地媽咪總笑他太膽怯。他反問：「那爲什麼爹地也會對著國旗流淚呢？」媽咪答說：「一個堂堂男子漢可以爲自傲和光榮而流淚，絕不可以爲了害怕恐懼而哭泣。」於是在他小小的心靈，便立誓做一個「勇者無懼」的軍人。

西元一八九八年麥克阿瑟以卓越的成績考上了美國軍事的搖籃——西點軍校。在求學的過程中，不僅在學業上常名列前茅，連在運動場上都能展現出他允文允武優異的成績，尤其他是棒球和足球隊的健將。即使在入學初期，曾經因不成文的陋習（就是學長常倚老賣老，用各種花招折磨新生），被三年級的學長使出殘酷的手段折磨，雖然昏蹶過去，但他仍咬緊牙根，捱過這個新鮮人的階段。日後他不但未打任何小報告，也只是在調查人員嚴詞逼問之下，承認被害的經過，而未揭發學長的名字，因爲他知道一旦舉發，學長將會遭到退學的懲罰，所以他守口如瓶。正因他具有這份堅毅與正氣的氣魄，才能成就一生的豐功偉業。西元一九〇三年麥克阿瑟以平均九十八分的成績第一名畢業於西點軍校。

從西點軍校畢業後，在陸軍軍事工程部門任職，第一個任務是到菲律賓工作，後來又擔任父親的副官到遠東觀察。

第一次世界大戰的時候，麥克阿瑟是著名的「彩虹部隊」（四十二師）的師長，在法國對德國作戰時，因指揮得宜，屢戰屢勝，而得過數枚勳章；戰爭結束時，他的官階已是准將。但凱旋回國後，他拒絕高薪的工作，回到母校——西點軍校擔任校長（西元一九一九～一九二二年。）後來又回到菲律賓工作一段時間。西元一九三〇年，胡佛總統任命他爲陸軍參謀總長時擢升爲上將。五年後，又回到菲律賓，擔任菲律賓軍事顧問，爲美國在亞洲建立第一道防衞系統。西元一九三七年從軍中退役。

西元一九四一年第二次世界大戰爆發，麥克阿瑟再度被徵召擔任遠東美軍總司令。當年十二月，日本趁美軍狂歡之際，偷襲珍珠港，進攻菲律賓，麥帥所指揮的少數部隊，因彈盡援絕，被迫退守巴丹半島，而後又撤退至澳洲。當他抵達澳洲時，他曾說：「我現在來了，然而我還要回去。」成爲戰時名言。在此之時他遭受許多的誤解與批評，然而他仍堅守崗位伺機反攻，克復失土，雪恥復仇。西元一九四二年又被任命爲西南太平洋聯軍總司令。西元一九四二年至西元一九四五年在澳大利亞指揮美軍反攻，奪回菲律賓和西南太平洋失地。西元一九四四年，因戰功彪炳，晉升爲五星上將。西元一九四五年大戰結束，九月二日在東京灣主持日本投降儀式，接受日本投降後，以盟軍最高司令官的身份執行佔領日本的任務，他有效又果斷地解散日本軍隊，淸除軍國主義的份子，重建經濟和爲日本制訂新憲法。他在駐日期間，還兼任遠東美軍司令官。

西元一九五〇年韓戰發生，受中共支援的北韓入侵南韓，聯合緊急派軍援助南韓，麥克阿瑟奉命擔任聯合國部隊的總司令，指揮聯軍作戰，在釜山附近阻遏北韓軍隊進攻。同年九月指揮美軍於仁川登陸並進入北韓。十一月中共「人民志願軍」在三十八度線以北反擊被分割的美軍，迫使其退守漢城以南地區。兩個月後，他的部隊恢復進攻，重入北韓。一向作戰的原則是追求勝利，但因主張在中國開闢第二戰場的建議受阻，與杜魯門總統意見不合，而於西元一九五一年四月十一日被迫撤職，返回華盛頓。解職後的第八天，應邀到國會發表演說，詳細報告韓國的情況，陳述自己的見解。那篇永垂青史的演說，主要的內容是這樣的：

「本人以垂暮之年面對各位，心中既無怨恨，也沒有悲痛，我的胸臆只有一個想法，那就是拯救我的祖國。在戰爭中勝利是無可取代的，有些人爲了種種原因姑息中共，他們沒有認淸歷史教訓，歷史明確地告訴我們，姑息正好造成更多的流血和戰爭。……每逢將士們問我，為什麼我軍處於優勢地位時，要向敵人屈服？真教我無言以對。……我五十二年的軍旅生涯，至今已結束。但我仍舊記得學生時代的一首老歌——老兵永遠不死，他只會褪色隱去。而今我正如那首歌中的老兵，這名老兵已經盡到了上帝賦予他的職責。別了，再見！」其語調慷慨悲壯，對祖國無限忠誠的心意，直可與我國宋代愛國詩人陸游相稱：「死去元知萬事空，但悲不見九州同。王師北定中原日，家祭無忘告乃翁！」（《示兒》），其憂國憂民的胸懷和志節，「老驥伏櫪，志在千里」的心情是自古英雄所見略同。

保守的共和黨人曾三度謀求提名他候選總統而未果。後卒於華盛頓特區，享年八十五歲，一生戎馬的英雄人物，就此長眠於地下，供後人悼念。

㈡麥帥名言

1、僅僅歲月並不能使人衰老，只有放棄理想才會使人老去。歲月可能使皮膚爬滿皺紋，但失去興趣則使靈魂起皺紋。

2、不論戰爭是多麼恐怖，軍人應召入伍，為國犧牲生命，仍是人類最崇高的表現。

3、戰爭的真正目標是勝利，絕非猶豫不決。在戰爭中沒有東西能代替勝利。

4、我現在結束了我的軍旅生涯，一切即將凋謝，我是一名努力善盡職責的老兵，上帝賜給我光明，使我認清了那項職責。

5、讓我們祈求世界恢復和平，也讓我們上帝永遠保持和平。

㈢關於麥克阿瑟參考書目

麥克阿瑟回憶錄	麥克阿瑟	文國	72
麥克阿瑟傳	曼徹斯特	大行	73
麥克阿瑟	克雷布勒爾	北辰	77
美國的凱撒	曾伯堯	克寧	79
麥克阿瑟	錫德尼L·梅耶	星光	84
老兵不死	高佛瑞·皮特	麥田	87

㈣關於麥克阿瑟公路（麥帥公路）

麥克阿瑟公路（又名麥帥公路）是紀念於二次大戰時，協防過台海安全的美國盟友麥克阿瑟將軍所興建的一條公路。民國四十七年（西元一九五八年），時局依然動盪不安，政府於是規劃四條快捷道路，一是台北至新店，一是台北至新莊，一是台北至北投，一是台北至基隆等四條戰備道路；最後決定由公路局興建台北至基隆段，全長二十二點六公里。於民國四十九年（西元一九六〇年）秋天開始興建，動用了二點三億元，其中一點三億元的經費是屬於美援（即美國所援助），民國五十二年（西元一九六三年）底完工後，原本命名爲「北基二路」，後經由先總統蔣中正先生建議更改爲「麥帥公路」。如今大部分（台北南京東路底圓環至基隆大業隧道）已被高速公路取代，僅保留基隆市區一小部分道路，供後人紀念一代將領對自由世界偉大貢獻，及對中華民國人民深厚之友誼，眞可謂哲人日已遠，典型在夙昔，留下「古道」照顏色。

二、翻譯教父——吳奚眞

㈠生平

吳奚眞，字錫珍，瀋陽市人。生於民國六年，卒於民國八十五年，年八十歲，（西元一九一七～一九九六年）。北平中國大學畢業，英國倫敦大學研究。曾任抗戰時期在重慶頗負盛名的《時與潮》雜誌主編，及國立編譯館編審。勝利後任國立東北大學教授、瀋陽市立圖書館館長。隨政府來台後任台灣師範大學教授，一度擔任美國佛羅里達州立大學客座教授。對於以外國人士來台學習華語之教學工作，頗有貢獻。自師大退休後，仍從事英文名著中譯工作，所譯之作品，頗受讀者歡迎及翻譯學界的推崇。梁實秋曾評論：「於閱讀中文譯本後，發現中文譯本甚爲忠實可靠，而且原文複雜之句往往能以熟練之文具法扼要表達之。如此老練譯筆，洵屬一時無兩。」

民國五十年前後，吳奚眞應東華書局之請，主編《牛津高級英漢雙解字典》，由於編輯嚴謹，出版後立即受到台港兩地的風行。從五十年代至七十年代，吳奚眞曾爲《讀者文摘》中文版譯稿，每月翻譯一至四篇，有時翻譯長篇文章的書摘，深爲該社所倚重。

而後由趙麗蓮教授主編的《學生英語文摘》每期卷首有一個專欄，刊載短小雋永的小品文，由吳奚眞負責中文翻譯。後將歷年來在該專欄發表過的翻譯短文，編輯成四小冊，計有《生活的藝術》、《當代的生活的藝術》、《名人雋語》、《英語散文集錦》，由大地出版社出版。這四冊書當以《英語散文集錦》最受歡迎，而本課的內容即是出自此書。

民國八十一年四月，吳奚眞以《嘉德橋市長》（大地出版社）一書，因洗鍊典雅的譯筆脫穎而出，榮獲國家文藝基金會翻譯獎的傑出譯作獎，可謂實至名歸。其得獎的感言爲：「台灣的翻譯事業很蓬勃，但是出版者和翻譯者，多半把注意力集中在眼前的暢銷書和當代的名著。我們生活在現代，當然是閱讀當代的作品，但是我們只閱讀當代的作品，而忽略那些不朽的古典名著。……那些經得起時間的淘汰已經成爲人類共同文化遺產的不朽作品，應該受到適當的重視。」這一番語重心長的話，的確指出現今翻譯文化工作者及業者應走的方向。

(二)關於吳奚真的著作

嘉德橋市長　湯瑪斯・哈代（Thomas H）　大地　78
當代的生活藝術　Wilferd A.Peterson　大地　73
中國的風俗習慣　吳奚眞、郭立誠、葉德　正中　74
初級華語十課　葉明德主編　世界華文教育協進會　71
中級華語二十課　葉明德主編　世界華文教育協進會　73
名人雋語　大地　72
英語散文集錦　大地　73
教育心理學　葛芝（Arthur Irlving Ca）　正中　59
牛津高級英英、英漢雙解辭典　東華　59
尼古拉與亞麗珊黛　馬賽（Rober K. Massie）　幼獅　59
班衣吹笛人　諾威（Nevil Shute Norw）　大業　45

貳、課文參考資料

一、《麥帥爲子祈禱文》賞析

本文是一篇宗教性的祈禱文，係作者於太平洋戰爭之初，爲其子向耶穌祈禱，所以形式上是應用文體；但就內容上來看，眞正的用意乃在訓勉兒子，故是論說式的抒情文，因雖題爲「爲子祈禱」，實則寫出普天之下爲人父母對子女的殷殷期勉之意，也詮釋了對西點軍校，甚至全美軍校學生的期許，同時更說明了他一生恪守遵循的原則。

《麥帥爲子祈禱文》全篇以平淺暢達的文字來寫，不雕琢、不浮華，但在這精簡樸實的字裡行間，由於句句出自肺腑，語重心長，洋溢著懇摯之情，所以讀來扣人心弦，極易引起讀者的共鳴，是一篇情深意眞的佳作。且全文寫出了要成爲「大仁、大智、大勇」的人必備條件，頗具啓發性，可做爲靑少年立志修身的圭臬。

本文作者是站在「父親」主動的立場，透過「祈禱」的形式，採平鋪直敍的方式寫成，以「自立自强」爲綱領，貫串全文。先逐一提出對兒子的各種期許，最後說明兒子如果完全做到，作者才算盡到父親的責任，寫盡天下父母心。在寫作的佈局上，採用「散列式」，段落間並無顯著關連，足見其即興式禱告詞的特性。大致可將全文分爲六段，三個層次：

第一層次——是本文的第一句，只有「主啊」兩個字，乃運用「呼告」的寫法，表示作者對主耶穌的呼喚，總「起」全文，揭開序幕，以及具有提醒讀者注意的效果。這種作法和說法，其實是中外無異，因爲中國人也常和掌膜拜祈禱，同用「天啊」、「老天爺啊」、「天公伯啊」、「媽祖婆啊」等來作祈禱的開場白。

第二層次——是從第一段至第五段，「承」起語的「主啊」，運用「條例」的方式，分項逐段向上帝祈禱，敍述麥帥對其子的期望。

第一段：正面的期望，希望陶冶兒子成爲堅强、勇敢、誠實、謙遜的人。首先提出「使他成爲一個堅强的人」，是因爲一個軟弱無能，又優柔寡斷的人是很難成大器的，正如「扶不起的阿斗」一樣，能有什麼作爲呢？而要塑造一個獨立的人格，首在於自知之明，這是全段的主旨。人貴自知，方知在軟弱的時刻能堅强起來，在畏懼的時候能不逃避，能認淸自己，並設法補救，就算因遵守誠實的原則，而遭遇到挫折失敗，只要問心無愧，便能自豪不屈，而充滿熱情；才能轉弱爲强，轉危爲安，轉敗爲勝；即使成功也依然謙虛溫和，而不是志得意滿。麥帥對兒子的期許，就是希望他成爲大智不惑、大仁不憂、大勇不懼的人，可見其用心良苦。

第二段：反面敍說，先祈禱兒子能夠腳踏實地，不可徒有幻想，因爲願望只是個抽象的目標，不等於成功；其次希望他能認識主，《聖經》上說：「認識耶和華，是智慧的開端。」靑少年時期，就認識主，才能得智慧，有自知之明，方得深切體認人生的目的和責任、需要和追求、平凡和渺小，也才能勤求學問，有效奮鬥，故言「自知乃知識的基石」，這一段話也是回應第一段的「智者不惑」。

第三段：反面敍述，祈禱讓兒子能在磨練和策勵中堅强自立，待人仁慈。安逸和舒適常使人怠惰，腐蝕人心，消磨志氣，反而不如在憂患坎坷的道路上，接受困難和挑戰的鍛鍊；因爲人生的境遇不會永遠的風平浪靜，所以要學習在風暴之中，仍能屹立不搖，即孟子說的「生於憂患，死於安樂」。同時一個眞正成功的人，因爲曾經走過來時路，所以對於失敗的人，能給予同情、支持、鼓勵，發揮亞聖所言「大人者，不失其赤子之心」的仁者風範，如此，寬闊的胸襟，才是一個崇高的人格。此段也回應首段的勇者不懼、仁者不憂。

第四段：正面的期望，祈禱陶冶兒子能把持自己，善良而有理想。只有純淨的心靈，才能獲得珍惜別人的善意和關愛，只有高超的目標，才能免於井蛙之見。我們要先能駕馭自己，才有資格管理他人，絕不能捨本逐末。記取所有過去成敗的經驗，計畫未來的理想，方可鑑往知來。此段也回應到第一段的智者不惑。

第五段：正面期望，祈禱使兒子爲人嚴謹而風趣。希望兒子有充分的幽默感，與人和樂相處，以樸實無華的謙遜之心，立身處事；不驕傲自滿，也不會目中無人。因爲一個人如果妄自尊大，必定阻礙了前進的步伐，不能求得更大的成功。要等得謙遜，在平凡中流露出自然眞實的偉大，所以要大智若愚的眞實智慧，發揮寧靜致遠的眞實力量。這何嘗不是與我國「修己以爲人」的美德不謀而合？由此可知，在立志修養上，古今中外的看法是一致的。

第三層次——第六段：採用「提示法」作結，提示作者的期望；尤其末句「我已不虛此生」，不但與題目、首段遙遙相應，且以「感嘆法」，謙虛的語調，道出了做父親的滿足與責任，因爲兒女成人成器，是爲人父母一生的甜蜜負荷，也是雙肩的重責大任，所以爲人子女，若能體會親心，自愛自重，自立自强，乃是父母的最大的安慰。結尾總「合」全文，俐落有力，言淺情深，自然流露一片父愛的關懷。

二、關於《麥帥爲子祈禱文》

麥克阿瑟將軍曾對美國西點（West Point）軍校學生發表一篇演說，題目是「Duty，honor and Country.」（國家、責任、榮譽），其內容與本文大致相同。因此他這篇《麥帥爲子祈禱文》的內容，不僅是對於他的兒子的期許，也是他用以訓勉美國西點軍校學生，以至全體美國青年的箴言；換句話說，也就是他自己所服膺的做人原則。

下面是《麥帥為子祈禱文》的原文：

General MacArthur's Prayer for His Son

Build me a son, O Lord, who will be strong enough to know when he is weak; and brave enough to face himself when he is afraid∶ one who will be proud and unbending in honest defeat, and humble gentle in victory.

Build me a son whose wishes will not take the place of deeds; a son who will know Thee-and that to himself is the foundation stone of knowledge.

Lead him, I pray, not in the path of ease and comfort, but under the stress and spur of difficulties and challenge. Here let him learn to stand up in the storm; here let him learn compassion for those who fail.

Build me a son whose heart will be clean, whose goal will be high, a who will master himself before he seeks other, men, one who will reach into the future, yet never forget the past.

And after all there things are his, add, I pray enough of a sense of a humor, so that he may always be serious, yet never take himself too seriously . Give him humility, so that he may always remember the simplicity of true greatness, the open mind of true wisdom, and the meekness of true strength.

Then I, his father, will dare to whisper,「I heave hot lived in vain!」

三、精句文意探究

本文中提示有關人生應有的正確態度與修養，有下列幾點：

㈠使他成為一個堅強的人，能夠知道自己什麼時候是軟弱的。——「智者不惑」、「人貴自知」、「自知之明」

㈡使他成為一個勇敢的人，能夠在畏懼的時候認清自己，謀求補救。——「勇者不懼」、「臨事而懼，好謀而成」

㈢在誠實的失敗之中，能夠自豪而不屈，在獲得成功的時候，能夠謙遜而溫和。——「仁者不憂」、「勝不驕，敗不餒」、「謙受益，滿遭損」

(四)不要以願望代替實際作爲。——「腳踏實地」

(五)曉得自知乃是知識的基石。——孔子說：「知之爲知之，不知爲不知」

(六)不要引導他走上安逸舒適的道路，而要他遭受困難與挑戰的磨鍊與策勵。讓他藉此學習在風暴之中挺立起來。——孟子說：「生於憂患，死於安樂。」、「寧靜的海，造就不出好的水手。」、愛因斯坦說：「我從未想把舒適作爲標的，因爲建築在這種基礎上的生活，和禽獸並沒有什麼不同。」《我心目中的世界》

(七)讓他藉此學習對失敗的人加以同情。——孟子說：「大人者不失其赤子之心」

(八)在企圖駕馭他人之前，先駕馭自己。——「以德服人」、「反求諸己」、「修身、齊家、治國、平天下」、「一個最大的敵人常是自己」

(九)對未來善加籌畫，但是永不忘記過去。——「凡事豫則立，不豫則廢」、「前事不忘，後事之師」、「檢討過去，策勵將來」

(十)充分的幽默感，使他可以保持嚴肅的態度，但絕不自視非凡，過於拘執。——「輕鬆但不放鬆，風趣但不隨便，詼諧但不無聊；自尊、自重、自愛，但不自大、自傲、自滿」。

(十一)懂得謙遜，使他可以永遠記住眞實偉大的樸實無華。——「平凡中見偉大」、「竹解虛心是我師」。

(十二)眞實智慧的虛懷若谷。——「大智若愚」、「有容乃大」、「謙沖自牧」、「泰山不辭土壤，故能成其大；河海不辭細流，故能就其深」、「宰相肚裡能撐船」。

(十三)和眞實力量的溫和蘊藉。——「柔能克剛」、「寧靜致遠」。

四、比較分析

本課和朱自清的《背影》、林良的《父親的信》，都是表達父愛的佳作，然而寫作方式卻各有千秋，茲將此三篇作品之主旨、命題、文體、選材、立場、表達技巧及內容等方面作一比較分析：

(一)主旨方面

1、三者都是表現父親對孩子的慈愛和關懷之意。

2、本課和《父親的信》多了一份對其子女的殷殷期勉；本課以堅強、勇敢、謙遜爲全文的重點，而《父親的信》是以交友之道爲全文重心。

㈡命題方面

1、本課和《父親的信》都是運用直述的筆法來寫，其特色是清楚，使讀者一目了然。

2、《背影》是摘取父親的背影來抒發感受，運用象徵的手法來描寫，令讀者感受深刻。

㈢文體方面

1、本課爲應用兼抒情文，透過祈禱的形式來抒寫父愛。

2、《背影》是記敍兼抒情，以寫實透過敍述來抒寫父愛。

3、《父親的信》是應用兼論說文，藉著書信的方式來抒寫父愛。

㈣選材方面

1、本課是對品格的期許，爲抽象的。

2、《背影》是對往事的回顧，爲具體的。

3、《父親的信》有童年的回憶，也提出交友的看法，所以是具體的也是抽象的。

㈤立場方面

1、本課和《父親的信》都是站在父親的立場，表達對子女的關愛和期望。

2、《背影》是以兒子的立場描寫對父親的感受。

㈥表達技巧方面

1、本課以平鋪直敍的方式寫來，故顯得直接了當。

2、《背影》以旁觀者的角度，體認父親的行動，運用象徵的筆法，所以顯得含蓄蘊藉。

3、《父親的信》以曾經有過的成長經驗，告知交友的意義，故感覺平和中庸。

㈦內容方面

1、本課表達的父愛是隱藏在內心的期許，只能從祈禱文中去體會出來。

2、《背影》一文，作者的父親所表達的父愛是屬於實際的行動呵護，令人感到如春陽般的和煦。

3、《父親的信》一文，作者以話家常的聊天方式，雖言之瑣瑣，但自然流露出關懷之意。

叁、語文天地

一、文法修辭

㈠文法

1、判斷句　判斷句是解釋事物的含意與屬性，或判斷事物的是非異同的句子。句型爲：主語——謂語（繫語＋斷語），如：「自知乃知識的基石」。「自知」爲主語，「乃」爲繫語，「知識的基石」爲斷語。

2、致使句　致使句是運用致使動詞，使兼語有所動作或有所變化。句型爲：主語——謂語（述語＋兼語＋表語），如：「主啊，請陶冶我的兒子，使他成爲一個堅强的人。」「主啊」爲主語，「請」、「使」爲述語，「我的兒子」、「他」爲兼語，「陶冶」、「成爲一個堅强的人」爲表語。本課運用此一句型爲最多，可以此類推。

㈡修辭

1、呼告法　課文的第一句「主啊」，放在全文之首，表示作者正向上帝禱告，有開啓下文之意，以及提醒讀者注意的作用。

2、借代法　「讓他藉此學習在風暴之中挺立起來」，句中以「風暴」借代爲艱難的困境。此句亦可視爲「譬喻」修辭格，因爲以「風暴」比喻爲人生遭遇的各種困境。

3、對偶法　「心地純潔，目標高超」是屬於對偶修辭的單句對，「心地」對「目標」，「純潔」對「高超」，對仗工整。

4、映襯法　「不要引導他走上安逸舒適的道路，而要他遭受困難與挑戰的磨鍊與策勵」、「給他充分的幽默感，使他可以保持嚴肅的態度」，這是具有對比意義的映襯修辭法。運用映襯的筆法，可以產生使語氣增强，意義明顯，以及更能突顯所要表達的意念。

5、排比法、類疊法　「使他成爲一個堅强的人，能夠知道自己什麼時候是軟弱的；使他成爲一個勇敢的人，能夠在畏懼的時候看清自己，謀求補救。」、「在誠實失敗之中，能夠自豪而不自居，在獲得成功之際，能夠謙遜而溫和。」、「讓他藉此學習在風暴之中挺立起來，讓他藉此學習對失敗的人加以同情。」、「眞實偉大的樸實無華，眞實智慧的虛懷若谷，和眞實力量的溫和蘊藉。」以上的複句排比是本課在修辭上的最大特色。使用排比句，通常給人變化中有統一、統一中有變化，便於記憶，便於傳頌，達到使讀者加深印象的效果。

6、轉化法　「請陶冶我的兒子」的「陶冶」是轉化修辭的擬物法。

肆、課文補充資料

一、名人庭訓

㈠趨庭之教的孔子

陳亢問於伯魚曰：「子亦有異聞乎？」對曰：「未也。嘗獨立，鯉趨而過庭。曰『學詩乎？』對曰：『未也。』『不學詩，無以言！』鯉退而學詩。他日，又獨立，鯉趨而過庭。曰：『學禮乎？』對曰：『未也。』『不學禮，無以立！』鯉退而學禮。聞斯二者。」陳亢退而喜曰：「問一得三：聞詩，聞禮，又聞君子之遠其子也。」

㈡《顏氏家訓》

人在年少，神氣未定，所與款狎，熏漬陶染，言笑舉動，無心於學，潛移暗化，自然似之；何況操履藝能，較明易習者也？是以與善人居，如入芝蘭之室，久而自芳也；與惡人居，如入鮑魚之室，久而自臭也。墨翟悲於染絲，是之謂矣；君子必愼交遊焉。孔子曰：「無友不如己者。」顏、閔之徒，何可世得？但優於我，便足貴之。

㈢《朱子治家格言》

黎明即起，灑掃庭除，要內外整潔；既昏便息，關鎖門戶，必親自檢點。一粥一飯，當思來處不易；半絲半縷，恆念物力維艱。宜未雨而綢繆，毋臨渴而掘井。自奉必須儉約，宴客切勿流連。器具質而潔，瓦缶勝金玉；飲食約而精，園蔬逾珍饈。勿營華屋，勿謀良田。三姑六婆，實淫盜之媒；美婢嬌妾，非閨房之福。童僕勿用俊美，妻妾切忌豔裝。祖宗雖遠，祭祀不可不成；子孫雖愚，經書不可不獨。居身務期儉樸，教子要有義方。莫貪意外之財，莫飲過量汁酒。與肩挑貿易，無佔便宜；見窮苦親臨，須加溫恤。刻薄成家，理無久享；倫常乖舛，立見消亡。兄弟叔姪，須分多潤寡；長幼內外，宜法肅詞嚴。聽婦言乖骨肉，豈是丈夫；重貲財薄父母，不成人子。嫁女擇佳婿，勿索重聘；娶媳求淑女，勿計厚奩。見富貴而生諂容者，最可恥；遇貧窮而做驕態者，賤莫甚。居家戒爭訟，訟則終凶；處世戒多言，言多必失。毋恃勢力，而凌逼孤寡；毋貪口腹，而自殺牲禽。乖僻自是，悔悟必多；頹惰自甘，家道難成。輕聽發言，安知非人之譖訴，當忍耐三思；因事相爭，焉知非我之不是，須平心暗想。狎昵惡少，久必受其累；屈老志誠，急則可相招。施惠無念，受恩莫忘。凡事當留餘地，得意不宜再往。人有喜憂，不可生嫉妒心；人有禍福，不可生喜幸心。善欲人見，不是眞善；惡恐人知，便是大惡。見色而起淫心，報在妻女；匿怨而用暗箭，禍延子孫。家門和順，雖饔時不繼，亦有餘歡；國課早完，即囊中無餘，自得至樂。讀書志在聖賢，爲官心存君國。守分安命，順時聽天，爲人若此，庶乎近焉。

(四)蔣經國《我所受的庭訓》

父親常指示我，做事時要不斷的「反省」，我也遵照父親的意旨去做。我們做事總不免時常有過失，最要緊的是勇於改過，不致再錯；而改過必須知過，要知過，就需要不斷「反省」。曾子一日三省，我每天反省也有三個要點：對得起自己的良心嗎？對得住父母嗎？對得起國家民族嗎？這樣天天「反省」，每天檢查日記，對於自己的行爲，確有很大的益處。

(五)馬英九的父訓

頗受青年學子歡迎的馬英九先生，民國八十六年（西元一九九七年）十一月二十八日應邀至板橋高中演講，講題是「從長跑看人生」。演講中不時提及其父馬鶴凌先生，自幼對他的教訓，如：「有原則不亂，有計畫不忙，有預算不窮」；也以「待人以誠，治事以敬」教之，期許馬英九需立下「此生的計畫」，定好「近日的計畫」、做好「今日的功課」，爲達到此一目標，則須「認清環境，瞭解自我，慎選目標，努力實踐」，同時要能做到「不怕輸在起跑點」、「以後天的努力，百分之百發揮潛力」、「凡事豫則立，不豫則廢」三要點，如此才能增長知識，增廣見識，增進膽識。

㈥成龍的父訓

青少年的偶像，武打明星成龍，自幼習武，武功高強，如今已晉身於好萊塢影壇，常述及當年出道之時，其父告誡他說：「你要做什麼都可以，只有兩件事不可以碰，一是毒品，一是進入黑道。」所以，至今成龍即使身處在複雜的演藝圈內，依然謹遵父訓，潔身自好，不敢沾惹毒品及涉入黑道。

二、家庭禱告詞

主啊！您看到我們一家待在這裡團聚。我們感謝您，因爲您賜給我這塊可以居住的地方；也爲了你的愛，使我們團聚在一起；爲了您賜給我們這一天的平安；爲了我們對明天的期盼；爲了健康、工作、食物、和晴朗的天空，使我們有歡愉的生活；爲了分散在世界各地的朋友；以及這外島上友善地幫助我們的人們，我們感謝您。

願我們這個小小團體中充滿平安，驅散潛伏在我們每一個人心中的怨恨，賜給我們容納並忍受一切的風度和力量。並讓我們有忍受和寬恕那些冒犯我們的雅量，忘了人家的短處。

賜給我們勇氣、歡愉、與寧靜的心境。願我們的朋友繼續和我們保持友誼。願我們的敵人使我們格外柔順。儘可能爲我們所做的率真的努力而祝福；否則的話就讓我們有勇氣去應對要來臨的一切。在危險中顯示英勇，在分饒中保持至捫動，在憤怒中有所節制，即使命運轉變，或漸漸走向死神的大門時，也要彼此親愛精誠。

正如泥土與陶匠，風磨與風向，孩子與父親，關係是那麼密切，我們也以耶穌基督之名，祈求您的幫助和垂憐。

——英國詩人兼散文家史蒂芬生

三、幽默

㈠關於「幽默」

1、定義：「幽默」（Humour）一詞係從英文音譯而來，約在十八世紀才開始普遍使用，本義是能引起有趣可笑或荒謬怪誕意志的言行、事物或觀念，通常帶有深刻的諷刺意味。「幽默」可做名詞用，如「他很懂得幽默」；或做形容詞用，如「你眞幽默」；也可拆開做動詞用，如「幽他一默」。

2、幽默與機智：與機智同樣是指引發笑料的寫作方式，但幽默是引發溫和而同情的笑，機智則是引發理性而諷刺的笑。

3、幽默的智慧：幽默的本身是一種智慧，需要機智和童心。開口之前，要知道你要幽默的對象能忍受多大的程度，絕不可信口開河，須保持分寸，以免殺風景，或招來無妄之災；因此，出言之際，淸淡而自然，不傷敦厚，並且帶點同情心，能使人發出會心的微笑，所以是精神心靈的消毒劑；同時也是沖淡緊張的特效藥，因爲它可以化干戈爲玉帛；它又是生活的潤滑劑，因爲有它的存在，人們彼此更容易接近。爲了達到以上的效果，則必須運用智慧，才是最上乘的幽默。幽默大師林語堂對於「幽默」有過精闢的說法，他說：「幽默只是一味冷靜超遠的旁觀者，常於笑中帶淚，淚中帶笑。它不像滑稽的炫奇鬥勝，也不像鬱剔的出於機警巧辯。因幽默事出於自然，機警是出於人工。幽默是客觀的，機警是主觀的。幽默是沖淡的，鬱剔諷刺是尖利的。世事看穿，心有所喜悅，用輕快筆調寫出，自然幽默。」

4、「幽默」是外來語，和我國常用的滑稽、詼諧、風趣等含意大致相同。它本是文化的一種，然而在中國一向受到儒家嚴肅禮教思想受限，似乎中國人不太講究「幽默感」，但在歷史上仍然有記載，例如《史記》《滑稽列傳》中的人物：淳于髡、東方朔等。

5、麥帥的幽默：曾有一位朋友來找麥帥訴苦，因爲朋友有一筆三十萬的債款無法取得，由於當時未立下借據，如今對方賴帳而要不回來。麥帥告訴他說：「寫封信，催他還五十萬元的債款。」「爲什麼如此做呢？他才欠我三十萬呀。」朋友答道。麥帥又說：「對了，就等他這麼說，然後你就擁有證據了。」

(二)幽默小品

1、子：「爸，人爲什麼要呼吸？」父：「兒呀！人活在世上，除了要『爭一口氣』，也要能爲自己『出一口氣』。」

2、張三至泰國旅遊，問李四：「你知道泰幣的單位是什麼？」李四搖頭以應不知。張三面露得意之狀說：「『銖』啊！這麼簡單也不知道。」

3、一天老爸心血來潮，到警局看望當警察的兒子，並提出請求：坐警車過過癮。於是當警車在街上呼嘯而過時，老爸沾沾自喜地說：「你看，好威風喔！街上的人都在看我呢。」警察兒子卻面有難色說：「快把車窗搖起來，人家把您當成通緝犯了。」

四、關於「祈禱」

1、「祈禱」二字為同義複詞，均有求神降福之意。本課中的「畏懼」、「謙遜」、「安逸」、「駕馭」、「籌畫」等均為同義複詞。

2、在西方，祈禱（Pray）是源自於拉丁文「乞求」之意，以言語或莫和集中精神與神溝通，是宗教中最重要的典禮，含有請求、告白、懺悔、讚美、感謝的意思。

3、基督徒的生活是以禱告為主的生活，凡是交託、仰望、順服神，並從這個簡單的儀式中，與神有親密的溝通，是由信仰神而來的信心和力量。基督教徒不論何時何地，無論是個人或團體均可舉行禱告。在基督教國家的電台廣播常以禱告開始。禱告與其說是對上帝的祈求，不如說是對上帝的感謝和讚美，末了才祈求上地賜給自己克服困難達到成功的勇氣與力量。所以本課課文的第一句話，是「主啊」，乃是基督徒稱耶穌為「救世主」，「主」是省略的稱法。

4、綜觀中外之主要宗教儀式，似乎大同小異，例如：都是以合掌姿勢來禱告，又當各呼告其神明，大都以「阿」為詞頭，例如：「阿們」（基督教、天主教）、「阿彌陀佛」（佛教）、「阿拉」（回教）。

5、本文中的麥克阿瑟將軍，當年在西點軍校就讀時，碰到一次隨機測驗，軍事教官指定一個假想的海灣，要他防禦，教官考問他，接到這個命令，該怎麼辦？麥克阿瑟毫不思索地回答說：「長官，我先跪下禱告，求神帶領、保佑，再出去作戰。」就是這種祈禱產生的奇妙功效，使麥帥無論處在任何情況之下，都能處變不驚，克敵致勝。

五、關於「陶冶」

(一)定義：陶指瓦器，治指鑄金屬。製瓦器必先造土坯，最後也有的再加上釉料的彩繪，才算完成。鑄金屬必須先經融合錘鍊，最後也有的再經雕飾磨光。引身爲塑造化育的意義。

(二)出處：《漢書》《董仲舒傳》：「或夭或壽，或仁或鄙，陶冶而成之，不能粹美。」《注》：「陶以喻造瓦，冶以喻鑄金也，言天之生人有似於此也。」《淮南子》《俶眞篇》：「陶冶萬物」。

(三)修辭：是「轉化」中擬物化的修辭格。

(四)文法：「陶冶」是爲「並列式合義複詞」。所謂「並列式合義複詞」，是將兩個字詞以並列關係聯合起來表示一個意思。這類複詞有時上下兩字意義相同，如「祈禱」、「閱讀」、「學習」等；有時意義不同，如「國家」、「東西」等；有時意義相反，如「恩怨」、「異同」等。構成「並列式合義複詞」的兩個字，一定要緊密聯合，變成只有一個意義。同屬此一詞性，除此之外，常用的如「規矩」、「圭臬」、「準繩」、「砥礪」、「汚穢」、「愛情」等。

伍、思考與練習

一、外來語與流行語

語言的發源本來就比文字來得早，也發展得快，往往造字者來不及整理新的語彙，它又已經發展另一套更新的語彙，不但如此，語言對外來的語文吸收能力也很强，尤其是近代的科技發達，人們拜科技之賜，知識早已無國界之分了，所以有些語文是可共通的，本課課文中的「幽默」即是一例。

語文既然已跨越國界，自然也會跨越地域，近年來由於台灣本土文化日漸受重視，所以造成許多本土化的流行的新語彙。而海峽兩岸雖曾因時空的阻隔，及政治背景的不同，將原本同文同種的語文，造成如今是不同文，不同字的兩種漢語系統，但自從兩岸開放交流之後，彼此也互相受到影響與衝擊。

㈠外來語

1、來自「西洋」的外來語

(1)幽默：比喻詼諧、風趣。

(2)雷射：科學產品。

(3)叩應：CALL-IN，指打電話進入傳播機構。

(4)脫口秀：TALK SHOW，指現場表演說話的節目。

(5)芭比娃娃：本爲一種美國出產的娃娃玩具，指漂亮的洋娃娃。

(6)槓龜：指未中所押注之事物，或指意料之外。

(7)食物類：咖啡（coffee）、漢堡（hamburger）、巧克力（chocolate）、可樂（cola）、培根（bacon）、布丁（pudding）、沙拉（salad）、三明治（sandwich）、優格（yogurt）。

(8)交通類：巴士（bus）、摩托車（motorcycle）。

(9)用品類：引擎（engine）、馬達（motor）、麥克風（microphone）、T恤（T-shirt）。

(10)其他：卡通（cartoon）、迷你（mini）、羅曼蒂克（romantic）、歇斯底里（hysteria）。

2、來自「東洋」的外來語

(1)親子：是指雙親與子女。

(2)量販：是指大量出售，而價格便宜的售貨方式。

(3)阿莎力：指行事非常乾脆。

(4)食物類：壽司、哇沙米、手捲。

(5)人物類：歐吉桑、歐巴桑、運匠（司機、駕駛）。

(6)其他：卡拉OK、人氣、秀逗。

3、來自「香港」的外來語

(1)八卦：本是一份雜誌的名稱；是專門報導明星的不爲人所知的花邊新聞，後來便專指報導有關男女緋聞的別稱。

(2)泊車：停車。

(3)拍拖：比喻男女朋友的交往。

4、來自「大陸」的外來語

(1)高檔：意同「高級」。

(2)水平：意同「水準」。

㈡流行語

1、約定俗成的流行語

(1)北二高：國道三號高速公路。

(2)菲傭：從菲律賓來台灣幫傭的女傭。

(3)泰勞：從泰國來台灣出賣勞力工作的人。

(4)另類、異類：與衆不同的人物。

(5)新人類、新新人類：比喻新生代的青少年。

(6)非常男女：「非常」的用法，已從副詞，改變爲形容的用法。

(7)飆車：比喻以車行速度的極限，在道路上行駛、競速。「飆」有極度、盡興之意。

(8)罷機：旅客因不滿航空公司的服務，佔領飛機，不願下機登陸。

(9)老人癡呆症：「巴金森症」的俗稱。

2、台語的流行語

(1)拖拉庫：本指卡車，引申爲很多的意思。

(2)肉腳：比喻很差勁。

(3)正港：比喻純正的、正牌的。

(4)蓋高尚：比喻非常高尚。

(5)頭殼壞去：比喻腦筋不清楚。

(6)藏鏡人：比喻幕後主使者。

(7)芭樂票：比喻會跳票的支票。

(8)乎乾啦：比喻乾杯。

(9)搓圓仔湯：比喻只參選，而不競選。

(10)强强滾：本指水或湯燒開了，比喻熱鬧非凡。

(11)A來的：比喻用非常手段得來的東西。

(12)LKK：老扣扣（落伍的老一輩）。

(13)SPP：俗斃斃（俗死了）。

3、數目的流行語

1.02：抗議。

2.520：我愛你。

3.5201314：我愛你一生一世。

二、作文教室

(一)先修課程——遣詞訓練

劉勰《文心雕龍》《章句篇》：「因自而生句，積句而成章，積章而成篇。篇之彪炳，章無疵也；章之明靡，句無玷也；句之精英，字無妄也。振本而末從，知一而萬畢矣。」說明有了良好的遣詞造句訓練，便能寫出錦繡般的好文章。所以初步的遣詞用字訓練，是作文的根基，而其中成語的引用，更能增添文章的光彩，因此先將本課中的成語「自視非凡」作牛刀小試一番」請將適當的字詞，塡入以下的成語空格：

1、自視□□——非凡、不凡、甚高。自命□□——不凡、清高、風流。

2、自食□□——其力、其果、惡果。自然□□——而然、淘汰、流露。

3、自助□□——助人、天助。自取□□——其辱、其咎。

4、自力□□——更生、救濟。自有□□——公論、公斷。

5、自作□□——聰明、自受。

6、自欺□□——欺人。自圓□□——其說。自慚□□——形穢。

7、自鳴□□——得意。自顧□□——不暇。自壞□□——長城。

8、自不□□——量力。自以□□——爲是。自甘□□——墮落。

9、自出□□——機杼。自成□□——一家。自求□□——多福。

10、自告□□——奮勇。自投□□——羅網。自知□□——之明。

11、自強□□——不息。自掘□□——墳墓。自相□□——殘殺。

12、自尋□□——煩惱。自嘆□□——弗如。自找□□——苦吃。

13、自□自□——由、在。作、受。私、利。言、語。怨、艾。給、足。暴、棄。

14、自□其□——食、力。食、果。取、咎。取、辱。圓、說。

15、自□□，不可活——作孽。自掃□□雪——門前。

㈡入門課程——造句訓練

經過字詞的鍛鍊之後，便須將字詞加以運用，組織成優美的文句，所以設計「造句訓練」，藉此一訓練課程，讓作文更顯得通達。因篇幅所限僅列出與本課有關的句型，略作練習。

1、「不要以願望代替實際作爲」，這是因爲「願望」與「實際作爲」有很大的差距。請依例仿造句子。

(1)不要以（金錢）代替（眞心關懷）。

(2)不要以（分數）代替（眞正的學力）。
(3)不要以（表面的作爲）代替（眞實的情愛）。
(4)不要以（虛華奢靡）代替（純眞的生活）。
(5)不要以（責罵）代替（眞誠的期許）。

2、「在企圖駕馭他人之前，先能駕馭自己。」這是有前後次序概念的句子。請依例仿造句子。
(1)在（指責他人）之前，先能（檢討自己）。
(2)在（企圖陷害別人）之前，先能（摸摸自己的良心）。
(3)在（下水游泳）之前，先能（做做暖身運動）。
(4)在（下筆寫作）之前，先能（構思佈局）。
(5)在（行事）之前，先能（三思）。

㈢進階課程——命題作文訓練

由本課可以衍出許多相關的作文題目，例如：

1、應用文：爲父（母）祈禱文、給父親的一封信。
2、論說文：自立自强說、我的庭訓、父親的話。
3、記敍文：我的父親、父親與我。
4、抒情文：父親的背影、父親的肩膀。

茲就《我的庭訓》試作一範文指導。

1、首段以「譬喻法」開場白。如：「父親的一句話，往往是我一生待人處事的明燈。」
2、二段以「引述法」，說明庭訓的由來及大意。如：「當我吹熄第十三根蠟燭後，爸爸送給了我一句話——『考慮過多，困難就多，毅然行去，必然開朗。』」
3、三段以「舉證法」論述庭訓的影響。如：「由於我天生個性優柔寡斷，常常因三思、四思之後才戰戰兢兢地去行事；有時錯過良機，考試也因考慮太久，而常答錯題目，甚至作答的時間不夠。自從爸爸給了我這句話，改變了我的一生，使我受益匪淺。」
4、末段以「感性」的口吻，道出對父親的感恩。

《我的庭訓》參考習作精句

1、林之琦：凡是擔子不管多麼輕，只要是成天想著它的重量，它總是重的。
2、劉晋宏：怕吃苦，就得吃一輩子的苦。
3、楊立娟：眞感情建立在「無求」中，眞道義奠基於「患難」中。
4、許同萍：言論是學問的代表，行爲是身價的符號。
5、王儀蕙：人不一定要長的漂亮，但要活得漂亮。

6、章美中：自信加上自我的充實，是最美麗的光采。

7、黃天祐：百萬名車，不如滿車歡樂。

8、鄧家雄：快樂的淵源，是基於忘我與奮鬥。

9、戴建志：量小不能容物，器小不能容言，識小不能容裡。

⑽、陳金城：人情通達是學問，世事瞭然勝學問。

三、創造思考練習

㈠偶像發表——性格揣摩

1、由學生收集崇拜偶像的海報、事蹟、書籍、作品（如：音樂、畫作）。

2、可安排同組學生，以接龍方式描繪或敍述偶像的形象、成就、名言等。

3、重點發表：說明所崇拜的偶像，對自己的深遠影響，以及自我目標、理想的實現。

4、紀錄：可指導學生以「小論文」方式，整理資料、心得，做成書面報告，以爲觀摩。

㈡「座右銘」發表座談會

1、第一階段：先找出自己的缺點。

2、第二階段：針對缺點找出勵志、改正的名言。

3、第三階段：決定自己一生奉行不渝的座右銘。

4、第四階段：試作一篇「我的座右銘」的作文練習。

5、第五階段：上台發表，作爲相互激勵，並請同學日常多提醒實踐。

㈢幽默笑話比賽

1、請老師先示範數則笑話，例如歷代名人笑話，或作者之逸聞趣事。

2、請同學收集各式笑話，或指定範圍收集，例如本班的眞人眞事、或校園笑譚等。

3、將所發表的幽默小品，整理成班上的「笑刊」。

（林嫻雅）

九、酸橘子

／琹涵

壹、作者參考資料

一、不凋的百合——琹涵

㈠生平

琹涵，廣東省潮陽縣人，出生於屏東市，那是個充滿陽光的城市。父親任職於台糖公司，隨著職務變動，經常搬家。童年在高雄小港度過，畢業於小港國小。

童年時期的琹涵是快樂的。在鄉下，民風純樸，孩子們自由自在的在外頭玩耍，只要看到炊煙從廚房冒出，準時回家吃飯就不用耽心挨罵。而且當時沒有五花八門的才藝班，孩子們盡情地在大自然中奔跑，探索令人好奇的世界。

琹涵和弟妹們感情非常融洽。但琹涵自認不是位稱職的姊姊，因爲生性內向，加上患有輕度小兒痲痺症，談不上照顧弟妹，倒是大妹像姊姊，是學校的風雲人物。小時候，她們唯一要做的家事就是輪流洗碗，大妹記得有次忘了洗，琹涵自動幫她洗。事隔多年，大妹重提此事，琹涵自己倒忘了，可見她們姊妹相處和諧，從不爲小事計較。母親並沒有刻意教導子女，但子女都非常孝順，事業也很順利，各有成就。反倒琹涵自認是子女中最弱的兵。其實，琹涵從事教育工作，著作等身，文章清麗圓熟，尤其對青少年深具啓發，作品經常被選入教材，貢獻很大。

儘管國小時期是如此的逍遙自在，但當時的教育制度還是有壓力的，就是——考初中，因此國小老師都逼得很緊。五年級開始，導師曾老師就開始緊迫盯人，升學壓力十分沈重，許多住在遠處的同學，每天一大早就要帶兩個便當——午餐和晚餐，到學校唸書、考試。早上六點半開始考測驗卷，然後上課；放學後，先留校補習到天黑，再去老師家補習到晚上九點多，才回家。不過，琹涵的身體較弱，無法應付補習，但曾老師還是一樣疼愛她。同學們如果成績退步，老師就會用木製圓規，少一分打一下。雖然琹涵功課好，不需被打，但看到老師咬牙切齒，一副「恨鐵不成鋼」打人的模樣，還是讓琹涵很害怕。

在曾老師嚴厲的要求下，晚上九點半補習回家，還要做功課，而且作業非常多，曾老師要求寫字速度要快，字跡要整齊，不能有錯字，如果寫錯了，就要罰寫幾十行，讓許多同學十分痛苦。當時不明白，曾老師爲什麼要這麼嚴格。後來琹涵的寫字速度不但快又正確，字跡永遠娟秀整齊，才明白曾老師嚴格要求的苦心。所以，琹涵長大之後最感激曾老師，到現在還繼續聯絡。

曾老師每天一大早就會到教室陪學生寫考卷，而他就在教室後面聽史地和語文的廣播教學。認眞學習的態度讓琹涵印象十分深刻，給她相當的啓發。曾老師雖然對學生十分嚴格，但卻愛護學生，對交不出補習費的學生從不責罵。後來琹涵把自己的作品寄給曾老師，曾老師還回信說：「你的書一來，就被同事借走了。雖然我還沒能讀到，但相信你一定寫得很好。我們都以你爲榮。」言詞雖簡單，但信中流露出的關愛依舊濃密，難怪讓琹涵懷念不已。

國小畢業後，琹涵全家搬到台南麻豆，初到一個陌生的地方，讓琹涵有些畏懼，但琹涵還是如願地考上了當地最富盛名的初中——麻豆中學，後來改名爲曾文中學，這所學校的學生都相當優秀，高中錄取率更是當地之冠，畢業生不是讀台南一中就是台南女中。因此，出了許多醫生、教授和院長級的人物。現任台北市長陳水扁就是畢業於這所中學的。

琹涵在這裡住很久，有著快樂的中學生涯。原本沈默害羞的她像蝸牛一般，慢慢伸出觸角，試著和同學說話，漸漸地，才發現交朋友一點也不困難，使得她的生活除了書本之外，開始豐富起來，整個人也較爲開朗，因爲她生性善良、誠懇、溫厚、熱情……朋友們都非常喜歡她。

之後，琹涵順利地考上了台南女中，更結交了一羣死黨，成天膩在一起，享受無憂無慮的青春，輕鬆地應付功課，偶爾開個夜車，考試就能順利過關。她們最瞧不起整天抱著書本死讀的同學，認爲簡直是浪費大好時光。結果，大學聯考下來，原本讀書極爲順利的她嘗到了敗績，班上用功的同學一個個都上了國立大學，而她們這羣恃才傲物的同黨全落到私立大學。這給琹涵相當大的打擊和教訓，她終於明白「一分耕耘，一分收穫」的道理。因此上大學後，她認眞地讀書、做筆記，絲毫不敢懈怠，並體會出：「只要我們不被擊倒，失敗並不可怕，它給了我們勇氣和毅力。」沒錯，一時的挫敗，其實是轉變的好契機，可以產生更多的勇氣和毅力而堅持到底。琹涵成功地跨越了每個關卡，並且不斷地散發熱力，發出生命的光輝。

㈢心中的觀音——琹涵的母親

琹涵的文章充滿陽光，生命充滿微笑，這樣的人生，全得自她的家庭。

琹涵一直十分感謝她的父母，讓她在關懷、愛和鼓勵中成長。自幼體弱多病的她，如果沒有愛和溫暖的環境，她的生活一定蒼白、貧瘠。但幸運的是，她不但有個好家，更有位好母親。

琹涵的母親，出身富裕，過著有丫頭侍候，只管讀書的日子。年輕時，衣著時興，光采動人。但婚後，因時局的困蹇，物質的窘迫，爲了生活所需，食衣住行樣樣都得自己張羅，母親不但沒有怨言，而且默默挑起所有的責任，把現實的風雨完全阻擋在外，孩子們一點也感受不到生活的壓力，日子始終快樂而滿足。

所以在琹涵的心中，母親是位萬能媽媽，有一雙巧手，無所不能。小時候，嘴饞的他們總被媽媽的包子、餃子、葱油餅……餵得飽飽的；衣裳、毛衣，永遠漂漂亮亮，舒適整齊；而母親整日工作不休也不曾喊累。對孩子忘了做家事的承諾，也從不加以責罰，這點讓琹涵十分迷惑，因爲凡事要求嚴謹、誠信的母親，怎會對他們如此縱容？事後母親說：「童年的時光稍縱即逝，再也不能追回；至於做家事，以後的機會多得是。我想，還是讓你們擁有一個快樂的童年吧！」難怪琹涵的童年如此甜美，原來都是母親的體貼。

母親克勤克儉地過了大半輩子，所有最好的都留給了兒女，包括青春，完全不在乎自己的享樂；即使生活寬裕之後，母親仍然捨不得爲自己打算：有次，琹涵陪她買鞋，母親不是樣式不中意，就是顏色不喜歡，挑了半天，終於選好了一雙鞋，琹涵一看是雙塑膠鞋，便慫恿母親買好穿的皮鞋，但母親仍堅持買下了那雙白色的塑膠鞋。不是琹涵買不起皮鞋，而是母親已經習慣了簡樸的生活，習慣過著平淡的生活，繁華對她有如過眼雲煙，她一點也不在意。

也許就是因爲如此，琹涵總是一身素淨，樸實度日，簡單的生活。在母親的溫柔、慈愛的薰陶下，她的子女都能秉持愛心，與人爲善；在母親沈靜的臉龐下，有著智慧與慈悲的心。她，慈眉善目，是琹涵心中永遠的觀音。

㈢永遠的最愛——讀書和寫作

從小害羞、內向、沈默的琹涵，生活是退縮的，母親便教她讀書和寫作，才讓她永遠地走出那狹小的世界，而改變了她的一生。

當時電器用品不多，也沒有電視，最普遍的電器用品是電扇。爲了改變琹涵，母親常帶她去圖書館，因爲母親也是一位十分愛看書的人，也許是受此影響，琹涵也深愛著閱讀。母親更進一步鼓勵、協助琹涵，試著把長故事變成短故事寫下來，之後又嘗試把故事變長。剛開始琹涵很依賴，不會的地方就請母親幫忙，後來母親不肯，並告訴她：「媽媽教你再多遍，你還是要靠媽媽，但是，自己寫就會永遠記得該怎麼寫。」就這樣，在母親不斷地鼓勵和訓練之下，琹涵對作文十分得心應手。十歲時參加「新生報兒童作文比賽」，題目是「讀書甘苦談」，琹涵得到第二名，還有獎金七十元，使她受到很大的鼓舞，同時全校轟動，當時得獎的感覺是，不論走到那裡，都有人認識她。

國小時的作文比賽，只要參加，琹涵沒有不得獎，是作文的常勝軍。只有數學稍差，導師說琹涵太粗心，計算題就是容易出錯，但奇怪的是：應用題卻經常拿滿分。由此可見，琹涵對數字沒有興趣，但只要用文字敍述，再難的題目她也不怕。

後來，琹涵之所以走上寫作這條路，影響她最大的就是她的母親。母親帶著她讀書報、寫作文，還教琹涵如何利用郵政劃撥買書，於是琹涵學會之後，就利用自己的儲蓄劃撥買書來讀，因此，看了不少小說。初中時，《米蘭夫人》、《傲慢與偏見》、《咆哮山莊》等長篇小說都已一一讀完。

唸台南女中時，國文老師徐鑫華老師愛讀詩詞，因此琹涵也讀了一些唐詩宋詞。但老師提醒琹涵要多讀散文，對聯考作文會有很大幫助，當時，琹涵並不覺得特別重要，仍舊和同學交換小說讀。上了大學又愛上泰戈爾的詩，同時也寫詩。琹涵自認不是才女，不論在高中或大學，作文都不是班上最好的，但只有她走上寫作這條路，而且寫的最成功的是散文，不是她原先最愛讀的小說和詩。

其實，琹涵也寫了不少詩，許多大陸的讀者，看到的都是她的詩作，都當她是詩人。六四天安門那一年，琹涵還給自己訂了一個嚴苛的功課——完成一百首詩，但後來就不太寫詩了，因爲詩和散文表達方式不大相同，琹涵知道自己較能掌握的是散文。不過仍舊希望自己能出一本美麗的詩集。

琹涵深愛短而優美的作品，像泰戈爾的詩、《菜根譚》、《幽夢影》和紀伯倫的《先知》，這也和她自己的寫作風格接近，早在小學三年級，她就發現自己的短文寫得比長篇好，而偏好短文的寫作。平時，她常讀唐詩、宋詞，但不喜歡元曲，這也跟個性有關，她不太能接受較粗俗，表達過於直接的作品，而喜愛具有含蓄美的作品，她認爲「眞、善、美」三者皆具，才是好文學。也因此，早年偏愛辭藻美麗的句子，但近幾年有所轉變：樸素的文句所散發出來的智慧光輝，讓她更喜愛。

寫作一直是琹涵的最愛，從小學開始幾乎不曾間斷。只有剛教書的時候，爲了學生幾乎不再動筆。只有母親一再地叮嚀琹涵要繼續寫下去。那時，琹涵拿起筆，一篇也寫不出來，母親說，就算一個月才寫一篇也不要停止呀！於是，琹涵眞的從一個月寫一篇，到一年完成一百篇，甚至一年之中出版四、五本書。

琹涵愛讀書和寫作，書本帶領她走向寬闊的天地；寫作讓她領略世間的美善，讀書和寫作使她對生活充滿關愛和感恩。書本陪伴她度過青澀的歲月，平靜的成長，使她由一位愛書的人，變成寫書的人；寫作開拓她生活的領域，接觸廣大的世界，讓她的心聲化爲美麗的音符。無論是琹涵讀的書或是她寫的書，書本的世界是琹涵最喜歡的住所。

以「豐碩」來形容琹涵的筆耕成果，一點也不誇張，截至八十七年，她已出版了四十本書。從第一本《忘憂谷》——得到省新聞處優良作品獎，七五年出版；七七年出版的《心中桃源》，得到七九年度中山文藝獎，之後，平均每年出版三到四本書，最多時一年出五本，少則也有一至二本，如此驚人的速度及產量，令人訝異；而且每一本書都是優良讀物，更令人佩服！

亮軒曾評析《陽光下的笑臉》一書，以「簡單的堅持」肯定琹涵的作品，他說：「對生命價值不容置疑的信心，讓我們見到她的堅定；……作者曾經與我們經驗過同樣的挫折與憂傷，不同的是她從來沒有動搖過對人性的信心。」是的，學生的頑劣和無禮，會讓琹涵挫敗、傷心，但她絕不失望，她會思考整個問題，重新調整教法和自己的心情，她期望一切都有光明美好的結局，爲什麼她能如此地樂觀和堅持？她說：「因爲有個快樂的童年」，所以，她不會沮喪，也不願意把憂傷傳染給別人，她對自己說：

「如果，他們（偉人）可以勇敢地迎向艱難挫折，視每一次的失敗爲新的轉機，那麼，我就沒有理由在面對小小的拂逆時，只會傷心流淚，不能振作起來！」

不但忘掉自身的不快，還要成爲散播歡笑的人，她確信：「有歡笑的地方，就留住了陽光、溫暖和愛。」因爲歡笑和愛，可以驅走孤寂，拂去陰霾，帶來陽光和溫暖，鼓舞著每一個人。琹涵的信心是這麼的堅定，她的誠懇令人動容，她的微笑予人溫暖，她的文章帶來陽光。

自然的，琹涵的文章多爲「勵志散文」，無時無刻鼓舞人心、激發志氣，從書本每每再版三、四十版的情形來看，她不慍不火的「說理」確實安撫和啓發了許多頹喪和迷惘的心靈。

尤其是青少年，琹涵的文章兩度被選入國中教材：第一次是《成功》，選自《陽光下的笑臉》，七十四年入選；第二次就是本課，八十七年入選。而其他文章，經常出現在各高中高職聯考的國文試題中。琹涵清新溫婉的文字，深入淺出的敍述，親切地談心，點撥心性未定的少年。《溫暖的心》、《年少情懷》及《和天使同在》就是專爲青少年而寫的作品。

除了勵志散文之外，琹涵還寫過童書：《王維》、《永遠的陽光》和《我愛公車》。《王維》是爲兒童而寫的古代名人傳記；《我愛公車》則是以兒童的角度來看公車，內容活潑有趣；《永遠的陽光》是專爲兒童而寫的散文集作品。琹涵希望每位作家都能爲兒童寫一本書，因爲兒童是國家未來的棟樑，應該多給他們好的作品，讓他們的童年充滿歡樂，心中充滿光明，將來遇到挫折的現實時，才有能力掃除沮喪，趕走陰影。

說到傳記，琹涵還寫過一本《畫自己的臉譜》，是敍述十五位中國歷史上著名偉人的少年時代，希望能藉由他們無數的失敗和奮鬥的過程和努力，激勵現代的少年。

還有一本特別的「語錄」——《有情相待》，緣起於看到學生互寫畢業贈言的那份感情，透過短短數語的傳達，卻讓人珍藏一生。於是成了一則則的語錄，像晶瑩剔透的珠玉。原先，琹涵希望這本書可以做爲學生寫畢業紀念冊的參考，沒想到老師們買的也不少，讓她既意外又歡喜。

市面上還會看到一本筆記書——《和美相守》，琹涵的文字雋永深刻、耐人尋味，很適合做成筆記書，增添筆記的風采。

以上從作品的形態概略地分類，其實從內容來探索，會發現琹涵寫作的題材和角度相當的廣泛和細膩：有敍舊、抒懷、寫景、記遊、傷離、感世和體悟。她毫不矯飾地將生活一一寫入篇章，清澈簡潔地透露肺腑之語，處處用心、留意的她眞誠溫柔地唱出了一首首美麗的歌。

㈢無悔的選擇——教書

在琹涵的生活裡，除了寫作之外，就是教書；或者應說，教書之外才是寫作，因爲她說：「我的學生永遠排在第一，所有可能影響到我的教學的，一律在婉拒之列。」她用心教書，甚過寫作，所以，琹涵不演講，不參加座談會，不接受訪問，只承認自己是個文字工作者而不是「作家」，她的身分是老師。寫作是用來平衡教學遇到挫敗的「補償」。

琹涵經常以說故事的方式教導學生。他們非常佩服老師腦中有說不完的故事，因此，上課時，學生們個個全神貫注、笑聲不斷；同時，學生也能發表自己的看法，興奮時，幾乎快把屋頂給掀了。琹涵也常鼓勵學生，說：「這些故事都是老師看書得來的，你們也能做到！」並以自己從前的膽怯，鼓勵學生多參加比賽、接受挑戰，不論成績的好壞。

對於作文教學，琹涵更是認眞有加，不但詳加批改，還增加練習篇數，總是全校之冠，並贈書給作文進步，表現優異的學生。

琹涵堅持給學生最好的，升學考試之外，教他們堂堂正正做人，有天，他們會懂的。教育是愛的傳承，琹涵每撫平一次的傷痛後，會重新燃起熱切的信念，雖然會再度受傷，她仍無悔的承受，一位學生寫信給她道：「我聽到了一顆被我們傷害得千瘡百孔的心，又不斷地奏出愛的樂章。」

琹涵就像不凋的百合，始終挺立在風中，散發清香；又像一盞明燈，儘管教學上偶有挫折，但琹涵仍執著地堅守崗位，二十餘年如一日，學生是她的「天使」，她要燃燒自己，爲他們照亮前途。

二、琹涵二三事

㈠說故事名嘴

琹涵自小沈默寡言，能不說話就不說話，如果非表示意見時，就用點頭或搖頭表示，不然就用單字說，絕不多講一個字，因爲怕說錯話，惹人厭，因此朋友不多。後來故事書看多了，放學後就講給朋友聽。結果，一傳十，十傳百，同學都跑來找琹涵說故事，琹涵也試著改編故事，同學們仍聽得津津有味。因此，朋友變多了，上學就更加有趣。

㈡名嘴變班長

因爲故事說得好，贏得不少人緣，後來，改選班長，琹涵高票當選！她站起來對大家說：「我的身體不好，恐怕沒有這個能力，還是改選別人吧！」結果，同學說：「沒關係，我們會幫她。」「我們都喜歡她！」「她一定是最好的班長。」同學們的熱情鼓舞了她。

㈢不愛說話的說書人

上了大學後，琹涵還是不愛說話，曾有位男同學好奇地向她提了一個問題：「你在寢室裡說不說話呢？」可見在一般人眼中的她是很沈默寡言的。

向來琹涵喜歡做一名安靜的觀察者，但畢業後，要教書，每天得對學生說大量的話，原本琹涵以爲這會是一件很困難的事。在一堂又一堂課的磨練下，爲了要讓課程內容生動，學生能認眞聽講，她很精采的講完一課又一課，豐富的內容讓學生佩服得五體投地，同時也和學生建立起深厚的感情，也讓她永遠脫離了「寡言」。

㈣把上課變成連續劇

現在的琹涵愛上了說故事，甚至希望退休後能當個專業的說書人，因爲她常拿文學作品當作「連續劇」在課堂上每次講十分鐘，如黃春明的《莎喲娜娜．再見》和傑克．倫敦的《白牙》，學生都很愛聽。當然，要認眞上完課才能聽故事，即使是勉強裝出來的也行。爲了聽故事，每堂國文課，學生都乖乖坐著，等著下課前的十分鐘。有時課程急迫，實在沒有時間講，學生依然追著琹涵不放——原來，是他們的弟弟妹妹們吵著要聽，因爲他們每次都把老師講的內容，一五一十地秀給弟妹們了！

㈤兒時的心願

第一位問琹涵願望的是讀小學時坐在她旁邊的男生。當時還流行本土漫畫，諸葛四郎、阿三哥和大嬸婆等都是小學生的最愛，誰要有最新的《漫畫週刊》，大家就去巴結他，好能早點借來看。琹涵也愛看漫畫，這位小男生很會畫漫畫，常畫漫畫給琹涵看。有時，琹涵嫌他畫得太慢就幫他畫格子，等著他畫，好一睹爲快。有次，這位小男生，上課時偷畫，老師發現沒收之後被大罵一頓，說他如果上課像畫漫畫一樣認眞就好！琹涵和這位男生情同手足，小男生告訴她，將來，他要當畫家，並問琹涵長大要做什麼？琹涵想了半天說不知道，然後很心虛的說要當作家。

畢業後，他們沒再見面，當時心虛的琹涵眞的成了作家，而那位信心滿滿要做畫家的小男生，據其他朋友說，後來他成了一名軍人。這樣的結果，讓琹涵深深的感受到人生的際遇變化實在很大，小時候的願望，有人可以順利達成；有人卻得因外在因素而改變。

㈥休閒與愛好

旅行，是琹涵最喜愛的休閒活動。她用「閱讀」的方式來旅行：「讀」風景和讀人，尤其是「讀」人，她非常喜歡觀察各式各樣的人，就像在閱讀一本本特別的書，往往有意想不到的收穫。

而愛好是寫書法，在拜師學書時，曾從清晨四點起，寫上一整天，這樣持續了半年，因爲進修才停止。除此之外，打毛衣、做緞帶花和花器等，作品至今都還保留著，凡是和「手」有關的活動，琹涵幾乎都喜歡。當然，最愛的「休閒」還是讀書和寫作。

貳、課文參考資料

一、《酸橘子》賞析

《酸橘子》一文，藉由吃酸橘子的經驗，體會出「成熟」的可貴，轉而談及身心尚未成熟的國中生急欲與異性交往，嚐試愛情，便拋開一切，如同強摘的果子，必定酸澀。作者以流利的文字敘寫人人皆有吃酸橘子的經驗爲象徵，教導青少年面對成長中交往異性應有的認知，手法自然，不落教條式嚴肅的訓誨，讀來十分清新有味。

全文共由十三個段落組成，可分成四大段，而第二大段和第三大段，又各自可分爲起、承、轉、合四部分，其結構如下：

一、起——第一、二段。

二、承——第三至七段。

　　起——第三段。

承——第四、五段。

轉——第六段。

合——第七段。

三、轉——第八至十二段。

起——第八段。

承——第九段。

轉——第十段。

合——第十一、十二段。

四、合——第十三段。

第一大段，是全文的「起」，由一句俗諺談起，說明未成熟的果實不宜強摘；第二大段，就以作者自己吃橘子的經驗，證明未成熟的果子不甜反酸，與諺語相符；第三大段，就「轉」入主題談青少年交往異性的問題；第四大段，總結全文，呼籲青少年要「靜靜等待」。

第一大段，由「設問」起筆，讓讀者從一開始就思考問題，而緊接的第二段，實際上的內容涵括全文，文中提到的果子成熟需要「時間」和「養分」，才能化「酸苦」爲「甘美」，否則便是一種「傷害」，已把文章想要傳達的意念全部攝入，以象徵的手法呈現主題。

第二大段，共有六段，可視爲一則短文，寫作者的一個實際經驗。第三段，寫作者隨著流行走向，買回一袋新上市的橘子，是爲「起」。接著第四段寫趕忙嚐了一個，竟然不甜；第五段寫作者不死心地又嚐了幾個，仍然是酸得難以下嚥，可見沒有「意外」，只好放棄，不吃了。此二段承接上段，寫趁鮮買回的橘子竟然不甜的結果，分成兩段，是刻意把吃橘子的經驗慢慢呈現，讓大家一起感受嚐鮮和吃酸橘子的感覺。

第六段，屬於「轉」，寫一個禮拜後，轉機出現了，由市場新寵轉爲不屑一顧的橘子，由果皮呈黃色是成熟的表徵，而經過試吃之後證明甜美可口，文字表現雖屬白描的敍述，但驚喜的氣氛，卻塑造得十分成功。

第七段，收束第二大段，以這次吃橘子的經驗，得到「強摘的果子不甜」和果熟後的甜美爲結論，並回應第一大段。

第三大段，是全文最重要的部分，回到青少年身上，亦可分成起、承、轉、合四部分，由第八段提出問題談起：一是追求異性，二是拋棄功課。

接著，第九段，先肯定交友的正面意義，結交異性朋友當然也有其正面價值。第十段，筆鋒一轉，從「學生」的本分入題，提醒青少年不可輕忽課業及不負責任。再則，以明喻的方式，將青少年比喻爲樹上的果子，尙未成熟，宜等待合適的時機，才能擁有成熟的美麗。暗示青少年，應先追求身心健全的成長，不要提早終止學習的大好時光，尤其不宜嚐試「禁果」，因而導致可能的種種傷害。

第十一段，提醒少年們把握時光進德修業，並肯定知識的力量和智慧的光輝，鼓勵青少年努力追求。第十二段，由一連串的問句，讓青少年反思：一味追求愛情的自己是否已具備足夠的條件，面對相繼而來的現實問題？同時，學識、品德、誠信等，亦是愛人的重要條件，還有，「如何愛人，又不受傷害」也是重要的課題，作者全部以問句代替平鋪的說教，同時也說明了作者本身的看法和建議。

最後一段，以簡練的文句收束全文，點明「時間」和「等待」是成熟的必要條件和態度，鼓勵青少年要有耐心，成熟的甘美必然可期。

二、《溫暖的心》簡介

《溫暖的心》一書，原是琹涵在《中華日報》的一個專欄，前後寫了三年，初版是民國八十一年年三月，皇冠出版社印行。

琹涵以書信方式寫作，以「你」稱青少年，親切地談論生活中的各種話題、觀念和心得。在充滿關懷和愛心的文字下，循循善誘，指導青少年正確的人生觀，給他們鼓勵和溫暖。這一系列的文章分爲五個單元：《給成長中的你》、《爲心情上彩》、《跌落塵埃的天使》、《路是無限的寬廣》、《走出燦爛的前途》，共五十一篇文章。《酸橘子》一文就收錄在第二單元中。

這本書的寫作時間，正好跨越琹涵從台南縣白河國中到台北縣海山國中的時期。這兩所國中都是她所摯愛的學校，一南一北，學生自然有很大的不同：白河的孩子淳樸、天眞，較依賴老師；海山的孩子比較都市化、較功利，因此有人說她較偏愛白河的孩子，其實在琹涵心中，他們都一樣可愛，像一張白紙，需要有人指引、教導，雖然台北的孩子較勢利，也曾有過讓她心靈受傷的事件，但她從不因此而灰心，他們畢竟都還是孩子，只要加以適當的輔導，一定能體會老師的苦心。

本書在還沒出版時，就已受到相當的回響，從青少年們寫信給琹涵的盛況，可見文章受歡迎的程度；出版後，更受到許多中小學老師們的喜愛，很多人都在談這本書，因爲要和青少年談道理是很難的一件事，而《溫暖的心》解決了這個問題。所有青少年可能遇到的疑惑和迷惘，這本書幾乎都提到。

琹涵說這本書是她教學生涯的紀念，也是她送給全國青少年的一份禮物，更要送給獻身教育卻又不免爲學生所傷的師長們，在傷心落淚之餘，不要失望、難過，教育的意義仍是肯定的，讓大家一起互相打氣。

三、橘子

橘子是種營養可口的水果，黃澄澄、香甜多汁，深獲大衆喜愛，氣候轉涼之後，橘子就要上市了，但面對又黃又綠的各類橘子，又是椪柑，又是海梨仔，到底是怎麼回事？相信很多人會吃，但全然弄不清它們到底有何差別呢！

㈠身家調查

橘子，是我們對這種可直接剝食的柑橘的通稱，我們都知道它和柳丁不同，它們都屬於柑橘類，芸香科，常綠喬木，喜歡生長在高溫、潮濕的環境中，所以臺灣的柑橘多產於南部，它們都在春天開白色小花，秋冬後果實成熟。柑橘的種類，可分做三大家族：

1、甜橙家族

我們常說的柳丁，或者稱爲「柳橙」，就是屬於甜橙家族。果皮較光滑，果實較圓，或略呈橢圓，因爲果皮薄，和果肉相連，用手剝容易撕開果肉，適合刀切。這類果實的底部常有一個圓形印痕，是重要的辨別特徵。

2、椪柑家族

一般都稱之爲橘子，和甜橙不同的是：果皮較粗厚，但易剝，形狀稍扁。因培育技術進步，新品種的椪柑色澤、香味均佳，而且各品種成熟期不同，所以市面上經常有橘子上市。

3、酸橙家族

顧名思義一定很酸，這種橘子的成員，皮厚肉酸，又扁又大，很少直接食用，多用來做爲供奉的祭品。在歐洲，酸橙主要用來製作果醬，果皮提煉油脂，花和葉抽取香精。

在台灣，中秋節左右就會有本地產柑橘類的水果上市，最早出現的就是帶綠色的柳橙和椪柑；十二月中旬以後，就有海梨仔；元旦後，桶柑、酸橙、金橘就紛紛上市。椪柑，果皮較鬆，大又好剝，最受歡迎；海梨仔較甜，果皮較薄，果實比椪柑稍小，在市場販售時多帶有枝葉；桶柑，大小和柳橙差不多，果皮粗厚，有斑點，但很好剝。

還有金橘，又稱金柑或金棗，體積最小，大約只有三公分左右，皮薄甜，而果肉酸，是唯一可以連皮帶肉一起吃的品種，多做成蜜餞或觀賞用。宜蘭名產的「金棗干」很有名，可以止咳、化痰、潤喉、健胃、整腸，據說效果不錯。

㈡橘子的顏色

一般來說，橘子未成熟時，果皮青綠，味道相當酸，成熟後，果皮顏色從底部開始變黃，酸度降低，甜度和果汁含量增加，才適合食用。不過有的橘子，因品種的不同，即使果皮尚綠，但仍非常香甜，如：溫州蜜柑。據有經驗的水果商人說：「蒂頭凸起的，會比較好吃。」下次選購橘子時，不妨試試此法。

㈢橘子的內部

柑橘類的果實很特殊，和一般水果不一樣，植物學家稱之爲「柑果」，有兩層果皮：可剝開的橘黃色果皮是外層，另一層是白色包含果肉的「瓤囊」，瓤囊圍繞著柔軟的髓狀中軸，瓤囊外的一絲絲白色脈絡又稱「橘絡」，是果實的維管束，專門負責運送養分給果肉，所謂的果肉是由許多小果粒組成，這些果粒又叫做「汁囊」，好吃的橘子汁就在裡面。

㈣橘子的營養

果肉含有豐富的維生素A、B、C、醣類及有機酸。即使是白色的「橘絡」也含有豐富的維生素，如果剝除不吃是很可惜的。

此外，橘子的外皮含有大量油脂，充滿芳香的精油，可以加以提煉。橘皮還可以泡茶、燉肉、入藥，甚至美髮，用途實在不少。例如常聽到的「陳皮」，就是利用柑橘果皮，加以乾燥、陳放一段時間，所以叫「陳皮」，性溫、味辛，可治咳嗽等症狀，還有化痰的功能。

㈤猜猜看

你知道每一粒橘子有幾瓣「瓤囊」嗎？

有一個不用剝皮就可以知道的方法：除去橘子頂端的蒂頭，數數蒂內突起纖維的數目，就是橘子的瓣數。因爲就是這些纖維連結橘絡運送養分，每一粒橘子的瓤囊大概是十～十五瓣，不要猜得太離譜喔！

㈥橘子的故事

傳說漢朝桂楊有一位蘇仙公，在修道成仙昇天時，對他的母親說：「明年此時，會流行一場大瘟疫，用這口井水一升，泡橘葉一枚，可治一人。」第二年，果然發生嚴重的疫情，他的母親立刻如法炮製，病人一喝此水，果然病情大好，因此救活了許多人。後人便稱這口井爲「橘井」，這口井在湖南省郴縣蘇仙嶺下。杜甫有一首詩《奉送二十三舅錄事之攝郴州詩》就曾提到「橘井」：「郴州頗涼冷，橘井尙淒清。」

㈦詠橘詩和俗諺

1、丹橘

唐張九齡有首詩爲橘子爭取地位，希望能受到衆人的重視和栽培，《感遇》其四：「江南有丹橘，經冬猶綠林，豈伊地氣暖，自有歲寒心，可以薦嘉客，耐何阻重深，運命惟所遇，循環不可尋，徒言樹桃李，此木豈無蔭？」此詩說明了澄黃色的橘子是南方的特產，終年常綠，果實鮮美可以款待嘉賓，卻不及桃李等樹受人青睞，難道眞是命運造成的嗎？

2、橘綠

宋蘇軾有首《贈劉景文詩》也提到橘子，不過橘子不是主角，而藉著它的顏色來點明季節，其詩如下：

「荷盡已無擎雨蓋，菊殘猶有傲霜枝；一年好景君須記，最是橙黃橘綠時。」

「橙黃橘綠」是指秋天，說明柳橙比橘子早熟，橘子要到冬天才完全成熟。這首詩是要提醒好友不要忘了彼此之間特別的情誼和一段特別的日子。

3、橘黃

《世說新語》中有句諺語說：「枇杷黃，醫者忙；橘子黃，醫者藏。」利用時令水果點出醫生的忙碌和清閒，十分巧妙。不過在台灣的醫生因處亞熱帶，季節變化不明顯，一年四季病人都很多，他們想「藏」也無法度啊！

叁、語文天地

一、文法與修辭

㈠象徵

《酸橘子》一文，由橘子未熟的酸澀，象徵青少年期尚未成熟的身心。所謂的「象徵」，據黃慶萱老師《修辭學》的定義如下：

任何一種抽象的觀念、情感、與看不見的事物，不直接予以指明，而由於理性的關聯、社會的約定，從而透過某種意象的媒介，間接加以陳述的表達方式，我們名之爲「象徵」。

現代詩人覃子豪先生在《現在詩論》中也曾提出「象徵」：「那就是把一種無形的抽象理念，藉有形的具象而表現成的藝術。」指的也是抽象意念和具體物象之間的關係。

簡而言之，「象徵」就是將抽象的事物，以具體的「意象」來表達。而什麼是「意象」呢？「意」是作者欲表達的意念，「象」是意念所寄託的具體形象。以本課而言，「象」指的是酸橘子；「意」指的是未成熟的酸澀，這個「意象」要象徵——身心未成熟的青少年，不宜提早戀愛因而停止進德修業，此一主題。

不論詩、散文或小說，文學作品中常使用「象徵」的手法。如玫瑰花常象徵「愛情」、松樹象徵「長青」，其中的關連多出於理性的聯想或作家的巧思，如：月亮代表女性、太陽象徵男性，或朱自清在《背影》一文中描敍父親把橘子「一股腦兒放在我的皮大衣上」，象徵父親要把他的關愛完全給予即將遠行的兒子身上。

「象徵」和「譬喻」類似，但其實不大相同。「象徵」進一步緊密結合「象」與「意」，而「譬喻」中的喻體和喻依卻是兩個獨立的意象。如：「她如玫瑰般嬌艷。」，其中的「她」與「玫瑰」兩者僅因同有「嬌艷」之特色特而並論，兩者之間並無特定關係，此爲「譬喻」；詩人李春生在《詩的傳統與現代》中更提出了明白的界線：「比喻是明了而確實的，而象徵則是迷濛的。」沒錯，「象徵」有著很大的模糊曖昧的姿態，迷濛的暗示和影射，讓人感覺「它」的存在。而在本課中，「象徵」手法使用得很明白，文章一半敘述橘子由青澀到甜美的過程，一半論述對青少年結交異性朋友的看法，第十段更有句：「此刻的你們，也像枝頭上青綠的果子，」很明顯地用橘子的青澀象徵懵懂的青少年，青少年就像酸橘子，酸橘子就是青少年，此二者的意象已緊密結合，如果沒有第十段那兩句話，也沒有人會懷疑，作者不是用酸橘子來象徵青少年，雖然作者使用明喻來寫，但其實「酸橘子」與「青少年」二者的關係已超出了單純的譬喻。

㈡設問

本文使用了大量的「設問」，共有十七處之多，包含了第十二段「且能保護自己不受傷害嗎……」以刪節號作結的問句。如此大量地使用，目的就是要藉用疑問句較能引人注意和反省的特點，來加強這篇文章所欲表達的內容，以達到「四兩撥千斤」的效果，使這篇文章因這些問句與讀者的互動到最大的可能。

㈢引用

文中：「沒有知識，就沒有力量。」源自於英國十六世紀的政治家、科學家及文人的培根（BACON、Francis 1561～1626）的名言：「知識就是力量」一語。作者沒有說明出處，所以屬於「引用」中的「暗用」；又因將原句略作更動，又屬於「略用」。茲將「引用」的分類羅列如下：

引用
- 1、明引：注明出處。
  - (1)全引：不刪改原文。
  - (2)略引：更動原文。
- 2、暗用：不注明出處
  - (1)全用：不刪改原文。
  - (2)略用：更動原文。

肆、課文補充資料

一、橘子

琹涵

最喜歡趁著金風送爽的時節，到朋友家的橘園去玩，那纍纍低垂的果子，是怎樣豐盈的面貌啊！

這些年來，由於政府的大力提倡「觀光果園」，讓在都市生活的人有機會下鄉，到各地的果園觀覽，體會田園風光的純樸自然和賞心悅目，其間自有眞趣，足以引人徘徊流連。

我喜歡朋友家的橘園，不只是因爲我從來愛吃橘，更何況，還可以和朋友把臂言歡，暢敍平生。

我對橘子的偏愛，可以打從它剛上市直吃到它銷聲匿迹，不見蹤影，方才作罷。當然價格數變，從嘗新的昂貴，到一路下滑的物美價廉，以及尾聲時的逐漸攀升。最好吃的階段應該是價格低廉時的大量傾銷，在那時，吃來也最安心，因爲這般便宜的時刻，是不必憂慮會有多量農藥以害健康的。

成熟的橘子格外好吃。未熟時的酸澀，總少了那甜美的滋味；過於熟透時，不夠新鮮，風味也較遜色。原來，「過猶不及」竟也可以做爲挑選橘子的準則呢！

人也是這樣的吧！年少時，我們努力充實自己，無論是才學、品德和健康各方面，都要求有長足的進步，爲的也是希望自己逐漸成熟懂事，好奉獻所學、爲國所用。等到老邁時，縱想發揮所長，然而也已時不我予了。可貴的正是那春秋鼎盛，可以馳騁效命，可以全力以赴，也看得到一個充滿了光明的未來，正在不遠處招手。

生橘子仍酸，並不好吃，爛橘子已腐，畢竟不能吃；只有成熟的橘子，經過霜降淬鍊之後，將酸澀轉化爲甘美，引人垂涎。

在秋日的清芬裡，橘子漸呈飽滿金黃，展現了它特有的美麗和圓熟。

八十四年十一月十四日《青年副刊》（選自《青春的容顏》）

二、賣柑者言

劉基

杭有賣果者，善藏柑，涉寒暑不潰，出之燁然，玉質而金色。置於市，賈十倍，人爭鬻之。予貿得其一，剖之，如有煙撲口鼻。視其中，則乾若敗絮。予怪而問之曰：「若所市於人者，將以實籩豆、奉祭祀、供賓客乎？將衒外以惑愚瞽也？甚矣哉！爲欺也。」

賣者笑曰：「吾業是有年矣，吾賴是以食吾軀。吾售之，人取之，未嘗有言。而獨不足於子乎！世之爲欺者不寡矣，而獨我也乎？吾子未之思也！今夫佩虎符、坐皐比者，洸洸乎干城之具也，果能授孫、吳之略耶？峨大冠、拖長紳者，昂昂乎廟堂之器也，果能建伊、皋之業耶？盜起而不知禦，民困而不知救，吏姦而不知禁，法斁而不知理，坐糜廩粟而不知恥。觀其坐高堂、騎大馬、醉醇醴而飫肥鮮者，孰不巍巍乎可畏，赫赫乎可象也！又何往而不金玉其外、敗絮其中也哉！今子是之不察，而以察吾柑。」

予默然無以應。退而思其言，類東方生滑稽之流。豈其憤世疾邪者耶？而託于柑以諷耶？

三、少年情事

㈠情竇初開

隨著時代進步的腳步，性的開放，已使不少青少年不再羞於談性，甚至大膽嚐試和追求，彷彿對性不開放就是落伍；同時，隨手可得的色情刊物和影片，四處林立的賓館，無所不在地汙染、誘惑我們的下一代，讓他們分不清什麼是愛？什麼是性？

一味的禁止和說教，已不能讓這羣對愛情好奇，甚至著迷的孩子產生作用，釜底抽薪的辦法就是讓他們瞭解事實的眞象，由他們自己去選擇。

國中的孩子們正處進入青春期的時期，此刻的他們對異性產生好奇是必然的。急於和異性交往是許多青少年最想做的事，我們不能不承認，其動力超過讀書，要阻止他們是十分困難的，唯一能做的就是教導他們正確的交往觀念。

㈡迷惘少年

如果，家長和師長們能一同陪孩子，接納他們的新異性朋友，才有機會輔助他們在交往過程中可能遭遇的問題。假使，師長或父母無法給予支持，他們並不會放棄努力，反而轉向同儕尋求援助，而與長輩們愈離愈遠。這時，大家若能都靜下心來，師長和父母一定會發現：孩子們其實是很心虛的，有很多狀況他們不會解決，如雙方吵架鬧僵了，不知該如何表達內心感受，對方不理睬，或者該不該繼續交往……等等，他們都需要一些意見，但他們所接到的回應大都可能是：「好好唸書！不要浪費時間！」「不要庸人自擾！」「不要自作多情！」「你還太小！」……；或者還沒開口，已降伏在嚴厲的眼光下而噤若寒蟬了。於是，我們的孩子即使到了成年，仍不知該如何處理感情問題。

㈢戀愛無罪

「戀愛」不應是青春期的毒蛇猛獸，也不應在升學主義下，完全將其犧牲。學習和異性交往，固然會讓青少年分心，無法專注於課業，但這也是他們學習面對兩性關係的重要開始，我們不能避而不談，更不能推卸教導的義務。他們關心此問題，一定樂於吸收我們的經驗和意見。所有學生在聽老師們說羅曼史時都全神貫注，比任何一堂課還認眞。

解決了他們的好奇和困擾之後，他們才能專心讀書。不要懷疑他們無法同時面對功課以外的事物，而無法用功唸書，我們其實不也是這樣過來的？誰不曾偷偷地喜歡隔壁班的小男生或小女生？一個人不可能除了睡覺就是讀書，一定要做些其他的事。除了功課，親子之間應該還有些別的；師生之間一定還可以談點其他的。

如此，比較正確的交友態度和觀念才有可能進入他們的心中。此時，告訴他們：男生應該尊重女生，尤其是女生的身體；而女生更要愛護自己，不純是爲了道德，而是爲了自己——因爲身心都還未成熟！

㈣兩性教育

一位國中校長指出：近年，教育局和學校都相當重視性教育及兩性教育，學生或多或少有一定程度的瞭解，但是今日社會上，四處充斥著性暗示與性誘惑的訊息，青少年本來就血氣未定，很難抵擋這些誘惑，所以性教育的成效打了很大的折扣。

從九成四的醫生，曾接觸過少女懷孕求診的案例比例甚高來看，青少年性常識嚴重不足，甚至有未成年少女直到陣痛或即將分娩前都還不知道自己懷孕的事件，可看出青少年只知行事的方法，對於避孕和懷孕的知識，完全不明白。

一名台大一年級的男生說，學校教的兩性教育根本聽不進去，所以，如何教導青少年正確認識性與兩性關係，值得大家關注。

㈤安全守則

民國八十七年八月，杏陵基金會、台北市立性病防治所和民間保險套公司共同推出，一本爲青少年解答性問題的小冊子——《沒煩惱　安全說愛》（no worries），以筆記書的型式向青少年介紹正確的性觀念，內容以一對年輕戀人和保險套寶寶為主角，用新新人類的口吻說出「成長的騷動」、「初識情滋味」、「拒絕性侵害」、「性事一籮筐」等四部分，配上輕鬆有趣的插圖，希望青少年面對性事，能「勇於啓齒，羞於去做」。

談戀愛，孩子們有興趣，但如何懸崖勒馬，避免後遺症，他們一定不清楚，幫助他們找到正確的方向，比一味地阻止，更可積極地面對交友的問題，《酸橘子》一文既然含蓄地提到了，不妨就利用這個機會好好和孩子們聊聊吧！

㈥未婚媽媽

未成熟的子宮所產生的不健全嬰兒比例高於高齡產婦，而且未適齡受孕而生產的危險性很大，再者，墮胎對女生身體的傷害極大，每年九月不斷攀升的墮胎潮令人心驚。

國中女生，甚至高中女生的子宮，都未臻發育成熟，如果談戀愛過了頭而發生性關係，首先受到傷害的是自己的身體，接著課業和家庭也會跟著出問題，然後充滿夢幻的戀情也必岌岌可危。就算一切差強人意，順利結婚，嬰兒出生，十六七歲就當父母的滋味，不妨請他們想像一下。

㈦墮胎之月

民國八十六年十二月二十八日，台北市議員李慶安與醫師公會全國聯合會公布了一項令人震驚的問卷調查結果：

(1)調查時間：八十五年十月至八十六年九月。
(2)調查對象：台灣地區婦產科醫師。
(3)問卷份數：二一七六份。
(4)回收份數：二三八份。
(5)少女墮胎人數：一七七五人次。
　高中女生：一五〇六人次。
　國中女生：二六五人次。
　國小女生：四人。
(6)墮胎集中時間：暑假過後的八、九、十月。
　高中生：佔全年人數的三十八%。（九月，佔全年的十五%）。
　國中生：佔全年人數的四十三%。

問卷調查結果證明，真的有所謂的「九月墮胎潮」。

資料顯示；台灣十六至十九歲女子懷孕比率達千分之十六，為全亞洲最高。

㈧禁果之後

李慶安議員提出嚴重警告：在性知識缺乏、性觀念開放、性行為浮濫的情形下，「小孩子生小孩子」的事件愈來愈多，不但對未成年少女的生理和心理造成嚴重的傷害，同時產下的幼兒也無法接受應有的照顧和教育，容易產生棄嬰，形成家庭和社會的問題，並且嚴重地惡性循環下去。台北市醫師公會理事王尊彥指出，他觀察到：不少墮胎少女出自單親家庭，因為平時生活管束較鬆，較缺乏家庭溫暖，容易藉愛情尋求溫暖；同時，若父母在年輕時即有孩子，其下一代發生這種情形也較多。

㈨少女懷孕

八十六年五、六月時，美國一名高中女生，在畢業舞會時，因一時肚子痛，到廁所產下一名男嬰後，隨即把男嬰丟入垃圾桶中，繼續回到舞會跳舞，直到另一名女孩上廁所時，發現血迹遍佈，報警之後，她才承認是她在廁所產子。結果，這名男嬰因未立即妥善處理而死亡，這名準高中畢業女生被警方起訴。

消息發布後，台灣不出半年，發生了類似事件，當年的九月接連發生兩件國中女生廁所產子事件。相距時間不到四個月！

少女懷孕的問題，比聯考壓力問題還嚴重！聯考可以捲土重來，少女懷孕卻一輩子身心受創。

㈩錯誤的性

坊間充斥性暗示的書籍或影片，都是一味強調性的自由、解放與愉悅，內容不是悖離常理，就是過度誇張，從未有實際性行為的平實陳述，或提醒可能產生的問題與責任，對無知的青少年戕害很大。而家長們卻擔心子女有了性知識，會輕易嘗試。其實，與其讓他們接觸這些不當的訊息，不如讓他們有正確的性知識，可免因無知而帶來的後果。此次調查結果就顯示，百分之七十的少女未做過避孕措施；而知道要避孕，卻因措施不當，有百分之三十四點九六的少女進行一次以上的墮胎。

(十一)墮胎問題

以前少女墮胎找醫師時，還會很難為情。現在，女孩會直接表明要「拿掉」孩子，如果醫師堅持要有父母同意證明書，少女會拂袖而去，甚至把醫師奚落爲：「遜！」，讓許多堅持原則的醫師錯愕的以爲自己是否眞的「落伍」了?!

婦產科醫師强調，墮胎對身體的傷害不小，墮胎不是避孕的方法，吃墮胎藥的危險更大。有經驗的醫師進行墮胎手術都有一定的風險，何況無照的密醫，輕者感染發炎，造成不孕；重者當場死在手術檯上。而吃避孕藥自行解決問題的呢?有的血塊沒有清除乾淨造成發炎，有人引發大量出血因而休克。

㈩墮胎手術

墮胎手術到底是怎麼一回事?很多人不清楚，甚至以爲墮了胎就可以解決問題，其實，墮胎對身體的傷害，往往一時難以察覺，多次的人工流產容易造成不孕，不當的墮胎手術更會造成子宮刮破、子宮沾黏、輸卵管阻塞、發炎、腹腔感染、痲醉休克等危險。甚至有腸子被拉出來，大腸被刮破的事情發生。就算手術進行安全、順利，心理的負擔其實也不少。一名婦產科醫師指出，有位婚前多次墮胎而婚後不孕的婦女，對以前的開放行徑懊悔不已，恨不得人生重來一次。

在國內，依據優生保健法，胎兒有異，或成年人因生產足以造成家庭或心理負擔，是可以進行人工流產手術，所以台灣一年墮胎的人次超過三十二萬人次，而屬於胎兒異常的不到十分之一。台灣一年出生的新生兒約三十二萬人，幸運與不幸的嬰兒竟然是一比一！這三十二萬的墮胎人次，除了因已有二、三個孩子而意外懷孕等需要墮胎之外，最多的就是未婚墮胎，而其中部分是青少年，一年約有一萬六千人次，這是個很可怕的數字。

(十二)不要任「性」

身心皆未成熟的青少年，絕對沒有做父母的準備和能力，而且過早頻繁的性接觸容易得子宮頸癌，雜交容易感染性病和愛滋病，已有醫師指出，一些「古老」的性病，已隨著「太隨便」，而捲土重來，不少TEENAGE的小女生已染上LKK的性病，而且渾然不覺。

隨著周休二日的來臨，婦產科醫生說，週休二日很助「性」，「九月墮胎潮」就要被「週五墮胎潮」取代了。而且有不少婦產科診所已在學校附近開業，可以看出他們認爲青少年有很大的「潛在商機」。

爲了一時意亂情迷而帶來許多可能後果，讓青少年付出慘痛代價，實在不值得。父母和師長有責任教導他們瞭解，任「性」而行可能產生的一切後果；平時應多關心子女，注意交友情況及多溝通，黃金歲月可做的事情很多，不要一開始就栽在情路上而放縱青春。

四、傳統的婚禮

說到傳統婚禮，人們就會想到一大堆繁雜的禮節，實在令人生畏。沒錯，傳統婚禮的進行手續十分繁複，但如果進一步瞭解每一個禮儀背後的意義，就可明白古人對婚禮的重視，和隆重的婚禮所賦予婚姻的深切涵意，讓每一對要組織家庭的人，能鄭重、認眞的面對婚姻。

首先要談男女適婚的年齡，據《周禮》記載：「令男三十而娶，女二十而嫁。」這個歲數十分符合現代優生和經濟概念；男子三十而立，擁有自主的經濟能力和謀生能力之後才能維繫一個家庭，這雖然和「先成家後立業」的說法不同，如果沒有家庭的支助而要先成家，對許多年輕男子是有相當困難的，所以讓男子成年後經過十年的奮鬥和努力再成婚是很恰當的，這也很符合今日的社會環境。而女子要到二十歲才能嫁人，此一限制也很符合優生學。據醫學研究，婦女在二十五歲左右所生的孩子多較健康、聰明，過早或過晚懷孕生產，都容易發生較多的危險，如妊娠毒血症、或產下低能、生理有缺陷的嬰兒。古代醫學並不發達，古人確能注意到女性的生理必須成熟才能生兒育女這個問題，可見古人對於結婚這件事是相當重視的，對於他們所制定的禮節，不能以「繁文縟節」而視爲落伍，其實，仔細思索都有深切的涵意。

《儀禮》中的《士昏禮》訂立了古代士者結婚的重要禮節。長久演變下來雖然許多禮俗略有變更，但所謂「六禮」在現存的傳統婚禮中仍然可以淸楚地探索出其蹤迹：

㈠納采

古代婚禮第一件登場的事情就是「納采」。采，是采擇的意思，也就是男方經過審愼地考慮後，選擇欲結親的小姐之後，正式的請求女方家長同意，於是準備豐富的禮物，送至女家，務請收納禮物，自然表示同意，兩方便可以開始準備結婚其他的細節。所以「納采」，可說是所謂的「提親」，讓雙方家長正式見面，同意婚事。在今日，在這場雙方家長正式見面的儀式也是不能少的，男方親至女家拜訪也是一種應有的禮貌。

㈡問名

經過正式的拜訪之後，男方就要派一位使者到女方家將女方當事人的相關資料帶回，在祖先宗廟中占卜吉凶，占卜得吉，便可備禮派人通知女方，確定婚事。這和所謂「合八字」其實意思相同。

如果占卜結果不利，怎麼辦？這會不會太迷信？其實這只是爲求婚事愼重的一項儀式，在祖先的宗廟中進行占卜，表示除了家長之外，所有家族歷代祖先都同意這個婚事，給予當事者嚴肅而隆重的感受，並體認婚姻的神聖。如果初次不能得吉，可以十天之後再卜，共可以卜三次，每次占卜，可問卜三次，九次之中，任何一次得吉就可以。如果，九次都不吉，就把婚事暫緩，明年再提，並不會因此而否定婚事，而這種機率是非常少的。一些因八字不合而婚事談不攏的，其實是一種藉口，或者有其他現實因素造成的。

㈢納吉、納徵

卜得吉兆之後，男方要備禮通知女方，表示婚事確定，就是所謂的「納吉」。接下來就要「納徵」，也就是今日的「文定」或「訂婚」，男方必須準備豐富的禮到女方家，其中有「聘金」一項，其實是要考驗男方的經濟能力，以免女兒出嫁後衣食有問題，而不是「賣女兒」。早期臺灣社會中曾有索取鉅額聘金以大撈一筆的情形，隨著時代進步已不多見。很多收取聘金之後，又添爲嫁妝，還給男方。只要女兒在男方家生活幸福，勝過一切，聘金的多寡並不是絕對的保證。

「納吉」與「納徵」在唐朝以前，大概就同「納采」和「問名」一樣，兩兩合併進行。而現在，除了少數依傳統禮數的家庭結婚時保有這些古禮，大多數的人，在交往過程就已讓雙方家長知道彼此的姓名、身分和職業，若決定結婚才正式提親，決定婚事。

㈣請期

「請期」是男方派專人到女方家中，請求決定結婚的日期，女方會表示一切依照男方決定行事即可，但男方仍要堅持請女方做最後的決定，請求女方勾選男方事前預擬的日期，男方表現謙讓的態度，女方尊重不刁難，所以稱作「請期」，而不是「告期」。這是爲求結婚儀式順利完成的重要程序。決定日期需要如此愼重行事，也許有人會認爲太麻煩了，但這可避免兩方家長意見不合，造成不愉快的心結，正式「請期」確定是彼此尊重的良好相處模式。現在很多婚禮是在雙方家長不愉快的爭執下完成的，就是因爲這些訂日期、訂酒席等小事情上發生不尊重對方意見而產生的。

㈤親迎

整個婚禮中，最重要的儀式就是迎娶了。結婚當日，新郎要親自至女家迎娶新娘來到夫家，所以稱做「親迎」。

伍、思考與練習

一、舉辦一場討論會，針對兩性問題，設定相關主題共同探討，讓學生藉由互相討論，正視兩性之間的問題，學習正確的知識及應有的態度。

將學生分成數組，蒐集相關資料及書籍，並做成書面報告。可探討的層面如下：

㈠兩性的生理差異——讓學生結合健康知識，認識自己的身體。

㈡兩性的心理異同——讓學生探討性別是否會造成男女對事物看法的差異。

㈢爲什麼想談戀愛？——請學生訪談並記錄同學們談戀愛的動機和理由。

㈣爲什麼要戀愛？——指導學生正確認識兩性交往問題，彼此尊重等及學習尊重異性和戀愛應有的認知。

㈤什麼時候戀愛最恰當？——請學生向父母和師長詢問他們的看法或經驗，做成記錄，以圖表分析，找出結論。

㈥戀愛等於婚姻嗎？——戀愛和婚姻之間的關係到底爲何？兩者的條件相同嗎？這會是個有趣的話題，相信從不同的答案中，學生應可明白「愛的眞諦」。

以上問題僅供參考，討論的主題可以和學生互相討論產生，探索學生有興趣的題目，學生會更投入。藉此機會提供學生進一步學習面對兩性問題，必定有助於日後解決可能產生的情感困擾。記得提醒並鼓勵學生做好記錄和報告，這也是一種很好的文字訓練。

學行討論會時，由學生自行推派主持人，進行發表和討論會，另外，應有數位同學負責計時以控制時間，和錄音及攝影，以便保存完整的活動記錄。

二、舉辦「兩性知識書展」，先請學生至圖書館和書店，查詢與兩性問題有關的書籍，在商借或請書商協助下，舉辦一場小型主題書展，提供值得閱讀的好書，讓同學有機會認識並瞭解可參考的圖書，增加進一步認識兩性問題的管道。

三、「果熟記錄報告」——選定數種未成熟的水果，如木瓜、芒果、桃子、蘋果……等，將學生分成數組，每組觀察一種水果，記錄水果由未熟到成熟的過程，將果皮的顏色，酸澀的變化，一一用文字或拍照的方式記錄，讓學生藉由實際的觀察，進而體會「成熟」的艱辛過程。

四、作文指導：

㈠討論會或果熟記錄中所有的文字紀錄，若加以系統整理，都是一篇篇很好的作文，尤其這些內容都是實際操作或參與所得，學生一定能完成一篇好文章。

㈡若舉辦書展，可請學生試寫一份書展宣傳短文或相關讀書心得。

㈢作文參考題目：

1、百分之一百的男孩（女孩）——談心目中異性朋友的標準。

2、吃○○（水果）的經驗——寫印象最深刻的吃某一種水果的經驗。

（許碧華）

十、爲學一首示子姪

／彭端淑

壹、作者參考資料

一、以治事學問知名的彭端淑

彭端淑，字儀一，號樂齋，清朝四川丹稜縣人。生於清聖祖康熙三十八年己卯（西元一六九九年、民國前二一三年），卒於清高宗乾隆四十四年己亥（西元一七七九年，民國前一三三年），享年八十一歲。

彭家在丹稜是一望族，彭端淑的祖父彭萬崑，以軍功封奉直大夫、懷遠將軍。父親彭珣無意於仕途，全心潛心於學問，寫的文章非常古樸，曾親自注解《易經》來教導他們兄弟。他上有一位哥哥，下有五位弟弟，哥哥名端洪，弟弟名肇洙、遵泗、端洋、大澤、端澂。他和肇洙、遵泗先後考中進士，以文名聞於世，當時人稱他們爲「丹稜三彭」。

彭端淑從小就很聰明，十歲時就能寫文章，十二歲進入縣學就讀。青年時，曾和弟弟肇洙、遵泗跟隨兄長端洪一同到紫雲寺（在丹稜萃龍山）讀書。清世宗雍正十一年（西元一七三三年）與三弟肇洙同榜登進士第，任職吏部主事（主事：官名。後魏在尙書諸司置主事令史。隋朝在諸省又各設置主事令史，不久去掉令史之名，只稱做主事。唐朝以後因襲此制，明朝廢中書省，六部各設主事，官位在員外郎之下。清朝仍依照明制。），清高宗乾隆十年（西元一七四五年）升遷爲吏部員外郎（員外郎：官名。所以稱員外，仍是爲別於正額官而言。南朝有員外散騎侍郎，簡稱員外郎。隋高祖開皇時，才在尙書省二十四司各設員外郎一人，以司其曹的籍帳。侍郎闕，就由他來攝理曹事。唐朝以後都因襲這個制度，一直到明朝和清朝都這樣，各部都設有員外郎，官位在郎中之下。），乾隆十一年（西元一七四六年）再調升爲吏部文選司郎中（郎中：官名。周朝時是近侍的稱呼，秦朝時設置爲官，和侍郎同隸屬於郎中令，因爲它爲郎居中，所以叫做郎中。隋朝以後，六部都設置郎中，是諸司的長官。到清朝亡後才廢去。）乾隆十二年（西元一七四七年），以吏部文選司郎中任順天鄉試（在省會學辦的學人考試）同考官（明清的制度，凡遇到各省鄉試之期，朝廷簡派考官，分赴各省，考試士子文字，有正有副，稱爲主考，一律以翰詹科道及閣部府寺之正途出身的人來擔任。當中襄閱試卷的，叫做同考官。）乾隆十九年（西元一七五四年）派任廣東肇羅道觀察使。到任後整飭吏治，清除積弊，每次出巡只帶一兩個人隨行，拒絕州縣的迎送和饋贈，贏得了吏民一致的讚頌。又當時所屬州縣有三千多件積案，他權衡事情輕重，按照律法一一予以斷理，旬月之間就把積案都理清了，因此深獲長官的讚賞和倚重。

乾隆二十四年（西元一七五九年），彭端淑接受總督的命令，運米到廣西去救災，任務完成後返回廣東，座船沿著海邊行駛，晚上他走出船艙觀看海景，不小心掉進海裡，當時並沒有人看到。過了一段時間，家人才發覺他墜海，才奮力把他救上船。事後他無限感慨的說：「人在官場不得意的時候，總是怪罪別人，總認爲自己是受人排擠。但我這次落水，是受那個人推擠的呢？是自己不小心，並沒有人來擠我。如今很幸運地沒有葬身在魚腹中，這是上天厚待我，我應該滿足了，不應該再有什麼企求了。」當時就下定決心要辭官回鄉。回到任所後，過了一年多，在乾隆二十六年（西元一七六一年）遞出奏章，辭官回到故鄉四川。四川學政博卿額素仰他的大名，便聘請他主持成都的錦江書院，在那裡，他以實用的學問教導學生，調教出很多人才，像李調元、李鼎元、姜錫嘏等蜀中才碩，都是出自他的門下。他在錦江書院主講了十多年，一直到乾隆四十四年（西元一七七九年）逝世時爲止。

彭端淑天資穎悟，學問淵博，不但詩寫得好，文章也很出色。《清史列傳》說：「端淑博洽，工詩文，詩學漢、魏，文學左（傳）、史（記），皆詣極精微。」又說：「蜀詩自費密父子後，奉節傅作楫，銅梁王恕繼之，皆能步武唐賢。古文則罕問津者，惟端淑崛起。」除了指出其學的淵源外，並讚賞有加。又清朝吳中七子之首的大著作家王昶，對他更是佩服，曾推崇他說：「百餘年來，士子安於陋劣庸近，而彭氏兄弟乃特起於疇人之中，以古人爲師法，其文清而婉，簡而有要，非豪傑之士，無所待而興者歟。」由此可見彭端淑之見重於當世，和他在文學上的成就了。

彭端淑一生的著作很多，留傳於世的，有《白鶴堂詩稿》、《白鶴堂文稿》、《雪夜詩話》、《碑傳集》、《國朝文錄》、《小方壺齋輿地叢書》、《廣東通志》等書。（取材自廣文書局的《清代七百名人傳》及巴蜀書社發行、李朝正、徐敦忠合著的《彭端淑詩文注．前言》）

貳、課文參考資料

一、《爲學一首示子姪》賞析

這是一封書信，從形式上看，屬應用文，但從實際的內容來說，則屬論說文。

寫信通常只有一個目的，就是有事要告訴對方。歷來以書信方式和子女、兄弟，以及朋友談論學問道理的有很多，底下有幾個很好的例子：

如林良所寫的《父親的信》，目的在告訴他的女兒，說朋友像是一本一本的好書，多認識朋友就等於多讀好書一樣，可以增長見識，擴充生活領域，因此鼓勵她多去結交朋友，這樣不但可以了解別人的生活，更可以培養關心社會的精神。而夏丏尊的《觸發——一封家書》，則是在鼓勵他兒子多去讀讀沒有文字的書，培養對事物的感悟力，使自己的情思有所觸發。這兩篇文章所要表達的是知識不僅僅限於書本，書本以外的人、事、物也是知識的來源。

至於討論到書本上的，則多著重在治學方法和求學精神方面。如曾國藩的《與諸弟書》，主要在勉勵他的弟弟讀書必須有恆。全文分爲四段：第一段要他的弟弟將每月的功課詳細寫信告訴他。第二段提出「學問之道無窮，而總以有恆爲主」，並舉出自己臨帖寫字及看書等進修有恆的情形來勉勵他們。第三段則說，明年肄業，無論是在家或在外，都沒有不可以讀書的，他自己在京城事情紛冗，還可以不間斷，諸弟不可以事情忙作藉口而不讀書。第四段叮嚀諸弟千萬不可因家中有事或考試將近而間斷看書，他日夜所懸念於諸弟的，只此「有恆」二字。通篇從頭到尾只在「有恆」一事上著墨。

還有左宗棠的《示子孝威孝寬》，目的在教誨他的兒子，讀書除了要講究方法做到眼到、口到、心到外，同時更要勤苦，不可以悠悠忽忽過日。全文分爲三段：第一段提示他的兒子，讀書必須具備三到：㈠眼到——就是看清字畫、偏旁，辨明句讀，記清首尾。㈡口到——就是喉、舌、脣、牙、齒五音，讀時要清晰伶俐，不可朦朧含糊，也不可以多念幾字或少念幾字，只圖混過。㈢心到——就是看書要用心體會，一字求一字下落，一句求一句道理，一事求一事原委，虛字審其神氣，實字測其義理，要將整個心思放在字裡行間，一再的去思考推尋。第二段責備他的兒子，讀書沒有做到三到工夫，所以才昨日不知不能的，今天仍然是不知不能，去年所不知不能的，今年仍然是不知不能，一點也沒有進步。第三段以陶侃的話：「大禹惜寸陰，吾輩當惜分陰」，韓愈的話：「業精於勤，荒於嬉。」來說明凡事皆成於勤苦，讀書更須要這樣，訓戒他兒子不要再像從前的悠忽過日，不然再過幾年還是依然故我，一點長進也沒有。這是本篇文章的重點，因爲如果不能勤苦，再好的讀書方法都沒有用。

《爲學一首示子姪》這篇文章也是用來勉勵子姪讀書的，說明學問全靠下工夫，必須力學不倦，才能有所成就。本文作者彭端淑寫有一首《贈僧》詩：「有僧遠自蜀中至，赤足峯頭向我鳴。欲刻韋馱鎮佛寺，爲求巧匠到京城。一瓶一鉢隨緣募，千山千水背負行。志士苦行能若此，人間何事尚難成！」用意就在勉勵後輩要立志躬行，什麼事情只要肯去做，絕對會達成，和本文的主旨是一樣的。

全文分爲四個段落，第一、二段作原則上的說明，第三段提出例證，第四段是結論。就是第一段用問答的方式，以天下事沒有絕對的難易，它決定在努力去做與否來起筆，再引入本意，說明爲學也是一樣，强調必須實際努力去學。第二段說明人的資質材能雖然有昏庸和聰敏的不同，但只要不斷努力，昏庸的也能有成就；不努力去學，聰敏的也和昏庸的沒有兩樣了。第三段用西蜀的兩個和尚作旁證，以貧窮的和尚暗喻昏庸者，富有的和尚暗喻聰敏者，說明只要立志有恆，並努力的去做，最後一定成功，不能立志有恆，也不肯努力去做，最後終歸失敗。這是一種設例，因爲作者是四川人，他的子姪對四川比較熟悉，所以用蜀僧來做例子。第四段以全篇文章的重心作結論，綜合上述，以「聰明不可靠，昏庸不可限」來勉勵人必須力學不倦，以求自立自强。

《中庸》上說：「或生而知之，或學而知之，或困而知之，及其知之一也。或安而行之，或利而行之，或勉强而行之，及其成功一也。」（有的人生來就知道，有的人經過學習才知道，有的人要受很多困難才知道，但是到知道的時候，都是一樣的。有的人安然自得地去實行，有的人爲了名利去實行，有的人勉强去實行，可是等到成功的時候，都是一樣的。）彭端淑爲學一文中所要表達的，正是這層意思。他勸導天資高的人不要自恃聰敏而不肯下工夫去學習，勉勵天資低的人不要怕難退縮，要建立信心，努力不懈地去學習，這樣，聰敏的人可獲得更大的成就，昏庸的人也可達到他能力上的極限，創造出一番成績來。

讀書不能一蹴而幾，學問是一點一滴經年累月累積而來的，如果沒有不斷的努力，那裡能夠期望其有成，所以曾國藩勉勵諸弟讀書要有恆，左宗棠訓示兒子讀書要勤苦，彭端淑則告訴子姪讀書要力學不倦。「力學」必須「勤苦」，「不倦」必須「有恆」，由此可知，有恆和勤苦實是求學的不二法門。

叁、語文天地

一、文法修辭

㈠之，動詞，往的意思。以一从止，一表示地，止就是足，有行走的意思。從出發線而行走，所以它本來的意思為「往」。後來借為其他詞性使用，才又另造一個「適」字來代替它。

本課中的「之」字有底下幾種用法：

1、動詞

相當白話的「去」或「到」。在句子中作述語用。

△吾欲之南海。

吾（主語）欲（述語）之南海（賓語）——敘事繁句

之（述語）南海（處所補語）——謂語式造句結構

2、代名詞

彼的意思，通常用以稱代人、物或事。在句子中當賓語用。

△為之。學之。旦旦而學之。

為（述語）之（賓語）——謂語式造句結構

學（述語）之（賓語）——謂語式造句結構

旦旦（副語）而（連詞）學（述語）之（賓語）——謂語式造句結構

3、連詞

⑴連接主從結構中的加語和端語，如果加語是領屬性的，此「之」字相當白話的「的」字，如果加語是形容性的，則「之」字可譯成「的」字，也可以不譯出來。

△蜀之鄙。昏庸聰敏之用。蜀鄙之僧。

蜀（領屬性加語）之（連詞）鄙（端語）——主從結構

昏庸聰敏（形容性加語）之（連詞）用（端語）——主從結構

蜀鄙（領屬性加語）之（連詞）僧（端語）——主從結構

⑵連接組合式造句結構中的主語和謂語。它的作用就是把一個不能獨立的句子或造句結構，變成短語形式的組合式造句結構，擔任大句子裡的一個語法成分，不能譯成白話的「的」字。

△人之爲學有難易乎？

人之爲學（主語）有（述語）難易（賓語）乎（助詞）——有無繁句

人（主語）之（連詞）爲（述語）學（賓語）——組合式造句結構

（「人之爲學」中去掉「之」字，便是一句敘事簡句）

△吾資之昏，不逮人也。

吾資之昏（主語）不逮人（表語）也（助詞）——表態繁句

吾資（主語）之（連詞）昏（表語）——組合式造句結構

（「吾資之昏」中去掉「之」字，便是一句表態簡句）

△吾材之庸，不逮人也。

吾材之庸（主語）不逮人（表語）也（助詞）——表態繁句

吾材（主語）之（連詞）庸（表語）——組合式造句結構

不（副詞）逮（述語）人（賓語）——謂語式造句結構

△西蜀之去南海，不知幾千里也。

西蜀之去南海（主語）不知幾千里（斷語）也（助詞）——判斷繁句

西蜀（主語）之（連詞）去（述語）南海（處所補語）——組合式造句結構

△人之立志，顧不如蜀鄙之僧哉？

人之立志（主語）顧（副語）不（副語）如（述語）蜀鄙之僧（賓語）哉（助詞）——敘事繁句

人（主語）之（連詞）立（述語）志（賓語）——組合式造句結構

(二)哉，《說文解字》：「哉，言之閒也。从口𢦏聲。」在六書中屬形聲字。所謂「言之閒」，段玉裁的解釋是這樣的：「句中哉字，皆可斷句，凡兩者之際曰閒，一者之竟亦曰閒，一之竟，即兩之際也。言之閒歇，多用哉字。」又它另有一個意義「始」，那是假借爲「才」的緣故。《說文通訓定聲》：「哉，假借爲才。」《爾雅・釋詁》：「哉，始也。」疏：「哉，古文作才，才，草木之始也，以聲近借爲哉始之哉。」大部分放在句子末尾，但也有放在句子當中的。放在句尾的哉，大都表示感歎，也有和「豈」字相應，用來表示反詰語氣的。在句中的哉，有時只用以順適語氣，無義。《經傳釋詞》：「哉，歎詞也，或爲嗟歎，或爲歎美，隨事有義也。」「哉，句中助詞也，無意義。」

哉在本課中的用法是這樣的：

(1)表疑問語氣

王引之說：「哉，問詞也。」又說：「哉者，疑問而量度之辭。」用在反詰問句之末，多數和「豈」字相應，但也有不相應的。相當白話的「嗎」、「哩」、「呢」。如和「豈」字相應，「豈……哉」就相當於白話的「難道……嗎」或「那裡……呢」。但不能譯作「難道……呢」或「那裡……嗎」。

△然則昏庸聰敏之用，豈有常哉？

然則（連詞）昏庸聰敏之用（主語）豈（副語）有（述語）常（賓語）哉（助詞）——有無簡句

（「然則」是一承上轉下的連詞，「然」，如此，用以承上。「則」，那麼，用以轉下。「然則」就是「如此說來，那麼」）

(2)兼具感歎疑問兩種語氣，相當白話的「呢」或「嗎」字。

△人之立志，顧不如蜀鄙之僧哉？（解析見上）

(三)而，象形字。它的意義有兩種說法：

(1)象口下鬚形，是鬚的本字，名詞。《說文解字》：「而，須也，象形。」段玉裁注：「其象形，則首畫象鼻耑，次象口上之頾，次象承漿及頤下者。蓋而爲口上口下之總名，分之則口上爲髭，口下爲須。」

(2)植物的鬚根。《文字新銓》：「象艸木之鬚根。鬚根軟弱，故凡由而展轉孳乳字，皆有輭弱短小之義。說文訓頰毛，形義俱非。需謂鬚根待雨培養，从頰毛無義。」趙友培教授《國字基本結構研究》：「金文象植物的鬚根叢生於地下之形。（象形）而字作鬍鬚解，是它的引申義；後又加形爲彬，爲髯。」

「而」字後來假借作語詞，那是無本字的假借，它在本課中的用法有如下幾種：

1、連詞

位於動詞上面，副詞下面，上面的副詞是用來修飾下面的動詞的。

△旦旦而學之

旦旦（副語）而（連詞）學（述語）之（賓語）——敍事簡句

2、複句關係詞

(1)表示順接——連接兩個句子或造句結構

△屏棄而不用

屏棄（第一單位）而（複句關係詞）不用（第二單位）——複合式造句的結構

△自恃其聰與敏而不學

自恃其聰與敏（第一單位）而（複句關係詞）不學（第二單位）——複合式造句結構

△不自限其昏與庸而力學不倦

不自限其昏與庸（第一單位）而（複句關係詞）力學不倦（第二單位）——複合式造句結構

(2)表示轉接——相當於白話的卻、但是。

△僧之富者不能至，而貧者至焉。

僧之富者不能至（第一分句）而（複句關係詞）貧者至焉（第二分句）——聯合複句

△可恃而不可恃也

可恃（第一單位）而（複句關係詞）不可恃（第二單位）——複合式造句結構

(四)天下事有難易乎？爲之，則難者亦易矣；不爲，則易者亦難矣。人之爲學有難易乎？學之，則難者亦易矣；不學，則易者亦難矣。

(五)吾資之昏，不逮人也；吾材之庸，不逮人也。

(六)吾資之聰，倍人也；吾材之敏，倍人也。

以上這些句子，在修辭上來說，屬於類疊。所謂類疊，就是把同一的字接二連三地用在一起的修辭方式，也叫做「複疊」。可分爲疊字（字詞連接的使用）、類字（字詞隔離的使用）、疊句（語句連接的類疊）、類句（語句隔離的類疊）等四種。本課的這些句子，是類字和類句的混合使用。又它並列鋪排在一起的方式，也是一種修辭，名叫排比。

(七)貧者語於富者

語本是名詞，音ㄩˇ，此處作動詞用，音ㄩˋ。這種轉變詞性的方式，在修辭上叫做轉品。所謂轉品，就是說話上把某一類品詞移轉作別一類的品詞來用的修辭方式，它的作用是把普通詞語作特殊的運用，使產生突出的形貌。

(八)貧者自南海還，以告富者。

「以告富者」是「以之告富者」的省略，這在修辭上就叫做「省略」，就是話中把可以省略的語句省略了不說的一種修辭方式。

(九)天下事有難易乎？爲之，則難者亦易矣；不爲，則易者亦難矣。

這幾句在修辭上叫設問，就是爲提醒下文或激發本意而提出問題的修辭法。可分爲問答（提問）、懸問、反問（激問）三種，本句屬於「問答」。

肆、課文補充資料

一、一首

從前有一位讀書人，外出旅遊，晚上住宿在一家客棧，因爲天氣熱，睡不著，便起來看書。正看得津津有味時，忽然聽見隔壁房間有吟哦聲，接著說一ㄕㄡˇ，隔了一段時間，又說一ㄕㄡˇ，這樣一連說了好幾次。那位讀書人以爲隔壁住的也是一位文士，正在一首一首的作詩呢！想過去拜訪，但怕敗壞了對方的詩興，只得作罷。

好不容易挨到天亮，那位讀書人便迫不及待，興沖沖地跑到隔壁，咚咚咚地敲起門來。等了一會，只見房門呀然一聲打開，一個睡眼惺忪的人一面打著呵欠，一面問找什麼人。

書生說：「這位兄臺，很對不起，一清早就把您吵醒。是這樣的，小弟是您隔壁的鄰客，昨天晚上一直聽您在吟詩，好像作了不少首，可否拿出來讓小弟『我欣賞欣賞呢！』」

「先生您弄錯了，我是個粗人，那會作什麼詩，您不要開我的玩笑。」鄰房的客人回答說。

「您不是一直在說一首一首的嗎？這當然是在作詩

啦！」書生不解的問。

「噢！這個嗎？說起來實在不好意思。那是小弟昨夜拉肚子，用手去摸，滿手都是，所以說一手。我說的一手是滿手，不是詩文的一首。」

「對不起，是我誤會了您，無端打擾，實在抱歉，請多包涵。小弟這就告辭了。」

那位讀書人訕訕地道過歉後，便急忙地跑回自己房間。

因爲手和首同音，所以才發生了以上的這段趣事。又《嘻談錄》也有底下這樣一個笑話。

有一個遊客到某山林中去遊玩，因爲景色太迷人了，竟然玩的忘記了時間，眼看天色已晚，一時無法趕下山去，便到附近的一座寺廟去請求借宿。

應門的是一位小沙彌，遊客對他說，要拜見這寺廟的主持，想借宿一晚。小沙彌對他說，他們的方丈師父很喜歡作詩，有交待，如果不是詩客，不接見。那遊客對於詩一點也不懂，爲了達到借宿目的，心想何不冒充一下，等過了今晚再說。便對小沙彌說：「小師父，我雖然不是什麼大詩人，對作詩也不外行，聞知貴方丈很喜歡論詩，今天特地來向他請益。」

小沙彌知道那遊客會作詩，把他請進客廳後，便轉身去稟告方丈。方丈吩咐小沙彌好好款待，等明天再和他見面。

小沙彌照老方丈的話，請客人吃了頓飯，然後帶他到客房去安歇。因爲吃的太飽，睡到半夜，那位遊客肚子告急，想大便。因爲小沙彌怕他天亮時不告而別，把殿門關了，他既出不去，又找不到廁所，一時憋不住，便在佛前的銅磬裡拉屎。天亮時，怕老方丈怪罪，便從窗戶逃出。走出寺門沒有多遠，就見小沙彌連跑帶跳的追了上來，說：「施主，難道您不會作詩嗎？爲什麼一大早就偷跑了呢！」

遊客回答說：「對不起，小師父。我因爲有急事必須早走，怕擾了你們的清夢，所以才不辭而別。我已寫了兩首詩，都放在銅磬裡，你回去一找便得。」

小沙彌趕回寺裡，碰到老方丈正出來要會見詩客，便向老方丈稟告，說詩客已經離開，留下兩首詩在銅磬裡。老方丈叫小沙彌去拿來看。小沙彌走到供桌前，伸出右手往磬內一探，摸了一手的屎，用左手去探，也摸了一手的屎，事出意外，一時愣在那裡，一動也不動。老方丈見小沙彌去了老半天還不回來，便大聲問道：「詩在那裡呢？」

小沙彌滿臉懊喪，又怕老方丈生氣，連忙回答說：「左也是一手（首），右也是一手（首），屎（詩）確實有兩手，但實在是臭得難聞。」

二、錫茶壺

清朝時，有一位大臣叫張之洞，曾擔任過兩廣、湖南、兩江總督，官做到大學士，授軍機大臣。他是同治朝的進士，屢次督學典試，非常注重經史實學，任用官吏時，經常會面試一番。

當他在湖南總督任上時，一天，有一個候補知府呈帖稟見。張之洞看了他的履歷，知道是監生出身，有意考考他，召見時叫從僕取來紙筆，寫了「鍚荼壼」三字，問那候補知府說：「做官必須識字。你認得這三個字嗎？」

「當然認得，是錫茶壺啊！」候補知府看了一下張之洞寫在紙上的字後，毫不考慮的回答著。

張之洞又問：「你說這三個字是錫茶壺，確定嗎？要不要再仔細看清楚一點？」

候補知府很有自信的回答說：「上稟大人，卑職覺得不用再看了，它就是錫茶壺，一點也錯不了。」

張之洞聽了，覺得很好笑，當時一句話也不說。候補知府覺得很沒趣，便告辭回去。

第二天，張之洞下了一道公文，叫那位候補知府回原籍去，說他能夠認得「錫茶壺」三字，還可以造就，回去讀幾年書再來候補。

事後，那位候補知府還不知道自己究竟出了什麼差錯呢！原來是由於他一時不留心，看走了眼，讀了別字，張之洞嫌他文理不通，所以不給補缺，叫他回去再讀讀書，等書讀通了以後再去敍官。

張之洞所寫的「鍚荼壼」，確實不同於「錫茶壺」。錫，音ㄒㄧˊ，金屬名；鍚，音ㄧㄤˊ，是馬額上的金屬飾物，轉動時會發出聲音，也叫做「當盧」。茶，音ㄔㄚˊ，是一種常綠灌木，嫩葉可製飲料；荼，音ㄊㄨˊ，是一種苦菜。壺，音ㄏㄨˊ，是一種盛酒漿的器具；壼，音ㄎㄨㄣˇ，本來意思是宮中通道。三個字當中都只差一畫。那位候補知府由於這一畫之差，失去了遞補知府的機會。而這個故事，更啓示了我們，所謂「失之毫釐，差以千里」，讀書應該細心，不可粗心大意，才不會發生錯誤和鬧出笑話。

（錄自李炳傑編著《有趣的中國文字》．《國語週刊雜誌社》

發行）

三、「而」字的故事

《論語》第一篇《學而第一》，據說過去有一位塾師把它解釋成：「學『而』第一」，說是讀書第一個要學的就是「而」字。其實《論語》採用「學而」做篇名，是因爲這篇第一章的第一句是「學而時習之」，其中的「而」字是一個虛字（連詞），並不具有任何意義。

「而」字做虛字，有時用的不得當就會出毛病。據《文苑滑稽談》說，從前有次科學考試，一位考生在文章中該用「而」的地方不用，不該用「而」的地方卻用的很多，主考官覺得很好笑，就在他的試卷上批了幾句話說：「當而而不而，不當而而而，而今而後，已而已而。」

有個叫陳問樵的人知道了這件事後，和他朋友聊起來，便開玩笑的說：「『而』字形狀就像釘耙，用的得當，就是犁地，犁鬆了土，就可以插秧了。用的不當，就變成打人，迎頭一耙，就致人於死地。」這個玩笑話，眞夠得上是妙解。

其實「而」字並不好用，據說清朝的乾隆皇帝有一次遊泰山，應寺僧的請求，提起筆來題字，寫出一個「而」字後，一時竟接不下去，幸好紀曉嵐在旁提醒他說：「好一個『而小天下』」，才把這個難題解決。但如果沒有孔子登泰山而小天下這件事，乾隆皇帝就只有出醜了。

而，本來的意思是兩頰下垂的毛，因假借作其他意義及詞性使用，於是後來又另造「耏」、「髵」字代替，它現在已經沒有頰毛的意思了。（錄自李炳傑編著《有趣的中國文字》·《國語週刊雜誌社》發行）

四、方仲永

宋朝時候，江西金谿地方有一個人名叫方仲永，他家世代以農爲業。

方仲永五歲的時候，還沒有見過什麼書籍文具。有一天，忽然哭著要這些東西，他的父親感到很驚異，就向鄰居借來給他。想不到這個孩子一拿到文具後，立即做了四句詩，並且自己取了仲永這個名字。他寫的詩，大意是奉養父母和團結家族。他的父親看見兒子無師自通，居然會做詩，高興之下，就把他寫的詩拿去給全鄉的秀才觀賞。

自從大家知道方仲永會做詩以後，便常常請他寫詩。

而他的反應也很敏捷，只要有人用手指指著某樣東西要他寫詩，他不但不假思索，片刻就寫好，而且文筆流暢，頗有文采和條理，很值得觀賞。鄉里的人認爲這孩子是一位奇才，漸漸地以上客的禮來接待他的父親，有時並給些錢幣。他的父親就利用這個機會，每天帶著仲永到處去拜客，不讓他上學讀書。

因爲仲永的父親沒有好好培養他，整天帶他去串門子，所以雖然這孩子有過人的稟賦，非常聰敏，但成就終究有限，到了十二、三歲時，所寫的詩不但沒有進步。而且還退步，已經沒有從前寫的那樣好了。到了二十歲時，則完全失去了他的聰慧，和一般平凡的人沒有兩樣了。

當王安石知道了這件事情後，除了惋惜，並感慨萬分地說：「仲永的聰明，是先天的稟賦，因爲他具有異於一般人的先天稟賦，所以他的好才能勝過一般有才能的人很多。至於後來會變爲平凡的人，那是因爲他沒有受到後天的教育啊。他的先天的稟賦，有這樣的好才能，就爲了沒有接受良好的教育，無法勤奮向學，終不免變成一個平凡的人。現在我們既沒有像他那樣優異的稟賦，本來就已是平凡的人，如果再不接受教育並力學不倦，能還是一個平凡的人嗎？（意思是說，恐怕連做個平凡的人都不夠格呢！）」（取材自王安石《臨川文集‧傷仲永》）

五、神童祖瑩

祖瑩，字元珍，北齊范陽遒（今河北省淶水縣北）人。他從小就很聰明，八歲就會背誦《詩經》和《尚書》。十二歲那年進入中書省設立的學校就讀，成爲太學生。

祖瑩生性寧靜，非常喜歡讀書；每天從早到晚念個不停。他的父母雖然很高興自己的孩子知道上進，但也擔心他的健康，怕他因爲用功過度而弄壞身體。在多次勸導和禁止祖瑩夜讀無效後，他們想出了一個釜底抽薪的辦法，就是把家裡的燈都藏了起來，以爲祖瑩沒有燈照明，不能讀書，就可以按時休息。

想不到祖瑩非常聰明，爲了能在晚上看書，他常常趁父母不注意，偷偷地把火種藏在爐灰中。天一黑，他把僮僕趕出臥室，等他父母都入睡後，就從爐炭中取出火種，點起火來讀書。因爲怕火光透出室外，被家人發覺，他用衣服和被單把窗戶遮起來。他的父母沒有發覺他的作息不正常，還滿心歡喜，以爲祖瑩每天都很早就寢。

祖瑩天資非常聰明，加上夜以繼日苦學不休，讀過的書都背得很熟，學業進步很快。因此，老師選他爲「講生徒」，爲其他同學講授《尚書》。有一次，他因爲夜裡讀書讀到很晚才睡，第二天醒來，上課時間已經過了。他急忙趕到學校，剛好輪到他上臺講授《尚書》。在匆忙中，他拿錯了書，上臺後卻不慌不忙地連續背誦了三篇尚書裡的文章，沒有錯漏掉一個字。老師和同學發現後，都嚇了一大跳。

祖瑩聰明好學的名聲傳開後，他們家的親朋好友知道了，非常讚賞，都叫他「聖小兒」（神童的意思），都說他將來一定會有一番作爲。親友果然沒有看走眼，祖瑩後來眞的在仕途上很有成就。他最先任職太學博士，接著屢次升官，曾做過國子祭酒、領給事黃門侍郎、幽州大中正、祕書監、車騎大將軍。去世後，追封爲尚書左僕射、司徒公。

祖瑩除了事功外，寫的文章也很出色，十分受人肯定和推崇。他曾經對人說：「文章應該有自己的立意構思，有作者自己獨特的風格。」因爲有了這種體認，所以他的文章都顯得獨具一格。由此可見，一個人的成功和成就，是有他獨特的一面的。（錄自李炳傑編著《三字經裡的故事》．國語日報社印行）

六、勤學的故事

從前有一首苦讀詩說：「孫敬頭懸樑，蘇秦錐刺股。車胤囊螢學，孫康映雪讀。諸人家雖貧，有志自勤苦。終亦酬壯志，功名傳千古。」說明孫敬等人的苦學勤學。

歷史上一些有名的人物，大都是從苦學勤學中成功的。他們家裡都很窮，爲了讀書，受盡辛苦。如西漢經學家匡衡，因買不起蠟燭，在自家牆上挖了一個洞，把隔壁家的燭光引過來映著讀書。東漢經學家侯瑾，父親早逝，寄居在族人家中，白天去做工賺錢餬口，晚上回家就點燃柴火照明讀書。南朝梁文學家劉峻，把麻稈當蠟燭，點燃它來照明讀書。清朝經學家任啓運，夜晚缺少燈油，就拿著書借月光就讀。

還有東漢文學家王充，在太學讀書時，因沒錢買書，常跑到洛陽的書舖去看書。清朝詩人諸錦，年輕時家窮，也總是跑到書店裡看書。南朝齊經史學者徐伯珍，家裡窮得連紙都買不起，就用箭竹葉、箬竹葉、芭蕉葉來練習寫字。南朝宋學者王韶之，家裡窮得有時三天都沒有飯吃，但他仍舊手拿書本，誦讀不停。

西漢時的朱買臣。在他還沒有發達以前，因爲家裡很窮，日子過得非常艱苦。他每天上山砍柴，再挑到市場去賣，只能勉勉强强餬口而已。但他很喜歡讀書，很會利用時間，常常把書本擺在樹下，一邊打柴一邊看。打完柴挑著回家的路上，也是捧著書本，邊走邊讀。他的妻子怕別人看到笑話，屢次勸他不要這樣邊走邊讀書。朱買臣不聽，她一氣之下就和朱買臣離婚。離婚後的朱買臣依然那樣的用功讀書，學問因此大進。後來嚴助把他推薦給漢武帝，漢武帝下詔召見，朱買臣在武帝面前解說《春秋》，談論《楚辭》，因爲學問淵博，講得頭頭是道，漢武帝心裡非常高興，就任命他爲中大夫，後來他和嚴助都官拜侍中。

戰國時的蘇秦。他在鬼谷子那裡學習合縱連橫之術，學成後，到秦國去遊說，向秦惠王獻連橫的計策，秦惠王沒有採用，他在旅費用完後，不得已，只好離開秦國，回轉他的家鄉洛陽。到家裡時，家人都不理他，他很慚愧和難過，覺得這是自己沒有出息。於是發憤讀書，讀累了打瞌睡，就拿了一把錐子在腿上戳，把睡意趕跑了，又繼續研讀。就這樣不眠不休地苦讀了一年，覺得自己可以再出去遊說諸侯了，便整裝出發，先到趙國去見趙王，趙王被他的如簧之舌所說動，封他爲武安君，拜他爲相，給他一百輛兵車，一千捆錦繡，一百對玉璧，二十萬兩黃金，叫他去和各國訂約合縱，壓制强秦。結果他說動了齊、楚、燕、韓、魏等國，使趙、齊、楚、燕、韓、魏合縱結盟，他身掛六國相印，任縱約長，秦國軍隊因此有十五年之久不敢出函谷關。

宋朝的司馬光。司馬光幼年讀書時，覺得自己的記性不如人，和讀伴一齊上課講習，他的兄弟們都已背好當日功課，有的去遊玩，有的在休息，只有他因背不好，仍獨自一個人留在課堂上讀書，一直讀到能完全背誦才停止。因此他了花了很大心力，所以收效很大，凡是他背誦過的文章，都深印在他腦海中，一輩子都忘不了。他曾經說：「讀書不可以不背熟，背熟後，有時在馬上，有時半夜睡不著時，暗誦那些文章，推索思考其中意義，能領悟到很多道理。」由於他的這樣勤學，所以後來有了很不平凡的成就，不但道德文章受當世推重，而且還是宋朝的一位名臣呢！

現代人的學習環境，比起前人來，眞是好得太多了，因此更應該努力學習。何況俗語說：「吃得苦中苦，方爲人上人。」愛因斯坦也說：「人們把我的成功歸功於我的天才，其實我的天才只是刻苦罷了。」想學有所成，創造

一番事業，請不要怕吃苦！（李炳傑作，錄自民國八十三年二月四日《國語日報．國中語文天地》）

七、南海

南海，地理上的南海，又稱南中國海。位在廣東省以南，中南半島與馬來半島以東，婆羅洲與菲律賓以北，東北臨臺灣海峽。本文中所說的南海不是此南海，它是南海普陀山的略稱。在浙江省定海縣的東面海中有一個小島，島上有一座普陀山，俗稱南海普陀山，又名補陀山、梅岑山（相傳漢梅福在北煉丹，故有此名。），是佛教四大名山之一（另三大名山是山西五臺山、四川峨眉山、安徽九華山），相傳是觀世音菩薩化現的道場。

伍、思考與練習

一、本文採用對照的寫法，有很多句子的型式是一樣的，請你把它們列舉出來。

答 ㈠為之，則難者亦易矣；不為，則易者亦難矣。學之，則難者亦易矣；不學，則易者亦難矣。

㈡吾資之昏，不逮人也；吾材之庸，不逮人也；

㈢吾資之聰，倍人也。吾材之敏，倍人也。

㈣聰與敏，可恃而不可恃也，自恃其聰與敏而不學，自敗者也。昏與庸，可限而不可限也，不自限其昏與庸而力學不倦，自立者也。

二、本課的一些對照句子，所用的名詞、形容詞和動詞，在意義上都是相反的，請你把它們列舉出來。

答 ㈠難—易。㈡昏—聰。㈢庸—敏。㈣貧—富。㈤敗—立。

三、本文作者以力學不倦來勉勵他的子姪，你能舉出一些因力學不倦而成功的人物來嗎？

四、我國文字很奇妙，一個詞語上下兩字顛倒後，有時意義不變，有時意義卻改變了，如何恃—恃何，何如—如何（意義不變），蓮花—花蓮，籃球—球籃（意義改變）。試舉出本文中的詞語上下兩字顛倒後意義改變的例子。

答 有常—常有　南海—海南　數年—年數

蜀鄙—鄙蜀　力學—學力

五、文字遊戲

目的：

使同學多認識國字。

說明：

我國文字由兩個文構成的會意字和形聲字很多，可以作種種的離析併合遊戲。今天玩的遊戲是就一個字的本身來做增減，就是先去掉這個字本身的一部分（如果只有一個文就不用），再在它的上下左右增列一個文進去，使它變成另外一個字。

例子：

如僧字，去掉人字，就只剩下曾字，曾左邊加一心字就成憎，右邊加一瓦字就成甑。恃字去掉心字，就只剩下寺字，寺字上加竹字就成等字，左邊加手便成持，加言便成詩，加人便成侍，加田便成時，加日便成時。

辦法：

把全班同學分成五組，每組就本課文中挑一字來進行。增減後，那一組的字最多，就算贏，平時成績酌予加分。（在黑板上或紙上作業都可以）

答

力　加劫助劭劬敕效劾劼勑勘勒勖動勛勣勠勤勦

勸勱勳勵勸劣勞努勇劵勢男另

立　章站竦竣竭端童拉位泣笠音

里　野重量釐

而　耐耍耑

自　臬臭臯

至　致臻臺

買　見財貤販貯貼貺貶賅賊賄賂贓賒賑賠賦賬賓賣賞

賭賜賤賙贈贍購負責貫貨貪貧貳費貰賀貸資賈賃

汝　女好她妃妁妨姑奶妄妥妻妾委姜姿婆娑婁妝

（李炳傑）

十一、孟子選

／孟子

壹、作者參考資料

一、主張性善的孟子

㈠生平

對於向來以儒家思想爲傳統民族精神的中國人而言，被尊稱爲「大成至聖先師」的孔子，絕對是聖人排行榜中的第一人選，至於儒家中第二位受人尊敬的聖人，應該就是與孔子並稱爲「孔孟」，並且被後世人尊稱爲「亞聖」的孟子了。他不但在戰國時期是著名的思想家、政治家與教育家，他的哲學和政治思想在中國的歷史上，更有著深遠的影響力。

孟子，姓孟名軻，字子輿，大約生於周烈王四年（也就是西元前三七二年）。至於「子」是古代對於男子的美稱，有時候也用在女子身上，後來則成爲對於德高望重、知識淵博的人的一種尊敬的稱呼，所以「孟子」就是對這位偉大哲人孟軻的尊稱。孟子的祖先是魯國的貴族，也就是著名的「三桓」——孟孫氏、叔孫氏、季孫氏中的孟孫氏，後來不知道從那一代起，就因爲身份地位逐漸沒落，而遷居到了魯國的鄰國鄒國（即現在的山東省鄒縣）居住，而成爲鄒國人。孟子也就是在這裡出生的。

孟子的父親名爲孟激，對於他的生平事迹，歷史上並沒有什麼可考的記載，只是大部份的史籍都說他在孟子三歲的時候就去世了，而孟子則是由他的母親獨力養育成人的。孟子的母親據說原姓仉，她是一位堅强而又優秀的母親。在丈夫早逝而家境清貧的情形下，她仍竭盡心力的教養幼子成人，由「孟母三遷」、「殺豚不欺子」及「斷織教子」等，人們耳熟能詳的孟母教子故事中，我們可以想見孟母的確是一位善於教育子女的母親，而同時也是一位堅毅又極有見地的女性。經由這些膾炙人口的故事，孟母她那値得人學習與欽佩的賢母形象，也早已深植所有中國人的心中，而成爲後世教育子女的典範。（關於孟母教子的故事，請參閱《新國中國文動動腦1》第九課《母親的教誨》中的課文補充教材——《歷代賢母教子故事》）。

孟子經由母親的啓蒙和教誨，及在家鄉學宮中的學習下，隨著年歲的增長，他的學識也愈加的豐富了。而就在這幼年的求學歷程中，孟子對於儒家的學說產生了極大的興趣，並且十分地崇拜儒學的代表人物——孔子。他甚至認爲自有人類以來，就沒有一個人能夠比孔子還要偉大，就連古代的堯、舜這些有名的聖王，如果和孔子一相比，仍然是差了一大截的。所以當他到了十五、六歲，發現家鄉的學宮已經無法讓他在學識上再有所進展，而決定到外地遊學、求訪名師的時候，理所當然地選擇了儒家的發祥地，同時也是孔子後學聚集的地方——魯國國都。

關於孟子到達魯國後，究竟是求教於孔門的那位先學，一直以來人們都有著不同的說法。有一部份的人認爲孟子是拜在子思的門下。子思是孔子的孫子，名爲孔伋，子思是他的字。但是如果根據史書作仔細的考察，子思死的時候，離孟子出生還差了好幾十年，當然是不可能成爲孟子的老師的。所以還是司馬遷在《史記》中說孟子是「受業於子思之門人」的這個說法比較可信。只是孟子的這個老師並沒有子思和他的學生孟子那麼大的名氣，所以在史書上也就沒有留下他的名字了。

在魯國的求學過程中，原就十分崇拜孔子的孟子，在對儒家學說有了更深層的瞭解後，就更是把學習孔子、繼承孔子對於道統的使命，當作是自己最大的理想，並且立志要終身以弘揚儒家學說爲職志。他的決心甚至到了數十年以後，仍然不曾有所改變，當他的學生問起他的願望時，他仍舊回答：「我的願望就是學習孔子並繼承他呀！」

事實上，孟子不但繼承了孔子的思想和學說，更根據戰國當時的情勢與需要，而有了更深的闡發和弘揚。對於孔子所說的「仁」，他更以「仁」、「義」、「禮」、「智」來作爲延展，他認爲凡是人都有一顆「不忍人之心」，也就是我們常說的「惻隱之心」，對於別人有危難的時候，我們會發出不忍的同情心而加以援手，這就是人性本善的表現和極有力的證明。由此，孟子發展出了自己的一套複雜而豐富的學說——「性善論」。由這個性善論的學說出發，而形成了孟子對於人性、個人修養、教育及政治等各方面的完整思想體系。例如：孟子認爲人性本善，而人長大後之所以有好壞之分，是因爲後天環境和人爲因素所造成的，所以「教育」是十分重要的事。（由孟母教子的故事看來，孟子本身恐怕就是一個最好的例子了吧！）而正因爲孟子知道教育的重要性，同時也是爲了宣揚儒學並培育儒學的後繼者，孟子在三十歲左右，在他的學識和涵養都有了一定的造詣，且名氣也逐漸的傳揚出去以後，就開始了收徒講學，傳授基本知識和儒家學說的教育事業了。

在原本都是由政府官方辦學的先秦時期，孔子無疑是私人講學的開路先鋒之一，而也就在孔子開啓大規模的私人講學風氣之後，私學的事業也就越來越興盛，使得原本「學在官府」的情況被打破了，受教育不再是貴族專享的特權，連一般的平民百姓也同樣有了受教育的機會，這也就使得衆家學說不斷地有開發和宣揚的場所，而大開了知識思想之門。孟子既然有志於繼承孔子，並發揚儒家學說，那麼授徒講學自然成爲他實現理想的第一步。而他也承續了孔子「有教無類」的教育理念，對於前來求學尋道的人，無論貧賤富貴，只要有一顆誠心向學的心，他總是無所保留地將所學所知傾囊相授，而對於那些只是慕名而來，並不是眞想拜師學道的人，他也不會特意地挽留。但是，那些拜孟子爲師的人，和孟子接觸以後，都更加地仰慕他的爲人和尊敬他的學識，所以從來沒有發生過有學生半途而廢，或者是又改而信仰別家學說的事情。

孟子教導學生，常常用故事來說明道理所在，這不但讓學生們能夠充份的瞭解，也讓他們的印象特別深刻，如本課課文中用弈秋教人下棋的故事，說明了專心致力的重要，就是用淺白的故事來說明深刻的道理，要學生無論向學或是做事，都要專心一意。而也就在孟子的努力教學下，有更多的人尊奉儒家學說，甚至形成了儒門中的孟學一派。在孟子的門生中，他最爲得意的弟子有七個：萬章、公孫丑、公都子、樂正子、屋盧子、陳臻及充虞，而在孟子爲了推行他的政治思想而周遊列國時，這些弟子也多半都是隨侍在一旁的。

孟子所處的戰國時期，是一個十分紛亂的時代。那個時候，周天子的地位早已名存實亡，而各諸侯國之間的侵略戰亂更是不曾停歇。孟子繼承了孔子的思想，同時也繼承了孔子對維護道統的使命感，所以爲了宣揚儒家學說，也爲了向各國諸侯推銷他的「仁政」思想，於是他在四十歲左右離開了魯國，開始他周遊列國的旅程。

在那個時候，因爲諸侯們都想要稱霸於各國之間，所以都只重視於眼前現實的利益，造成激進的法家學說，和主張謀略的縱橫家，大大地受到重用和賞識，這些學派多半只注重現實的利益，而缺乏具有文化的中心思想，更無法從根本上去解決當代的紛亂局面，使人民能夠眞正的安居樂業。所以承續孔子「仁」的思想體系的孟子，在政治上就由性善論出發，而提出了「法先王」、「省刑罰」的仁政思想，要諸侯效法堯舜禹湯這些古代的聖王，並且認爲在世風日下的情形下，刑罰遠遠比不上倫理道德的教化能從根本上改善社會亂象。

為了使自己的這套學說能夠被諸侯們接受且實行，孟子周遊於各國之間，規勸說服各諸侯國君，使儒家的學說能夠眞正地被實踐。而各諸侯因爲孟子在學術上的名氣，也大多對孟子十分的禮遇，但卻對於孟子的仁政思想並沒有誠心的接受。孟子周遊列國的行程，歷經了齊、宋、鄒、魯、滕、魏等國，雖然其中也有像齊威王、梁惠王（即魏惠王，因他遷都至大梁，所以又稱爲梁惠王）等諸侯，曾經以上賓之禮來招待孟子，但最終都因爲他們仍不能夠全面的放棄霸王主張，接受孟子的仁政思想，使得孟子只能一次又一次地黯然離去。後來，孟子再度來到齊國，這時侯齊國在位的君王齊宣王，表現出對孟子極大的尊重態度，不但以孟子爲「卿」，更在國都選了間好房子打算要送給孟子，還願意提供糧食來養活孟子的門人。孟子在這種情形下，對於在齊國推行仁政再度燃起了信心，並且在齊國一待就是七年。

可惜的是，齊宣王對孟子的禮遇，也並不是眞的信服他的主張，而是爲了博取尊賢重士的美名而已，漸漸地，孟子也發現了這一點，而和齊宣王的關係也就越來越疏遠了。後來因爲齊宣王趁燕國發生內亂時出兵攻打燕國，進而吞併了燕國，而和主張幫助燕國重整國政後就撤兵的孟子，發生意見相左的情形，使得兩人終於正式的決裂，孟子再度黯然地離開了齊國。這次，孟子眞的是心灰意冷了，於是他結束了漫長的周遊列國的旅程，帶著門下弟子回到了故鄉——鄒國。

孟子經過了十幾年周遊列國的游說生涯，卻受挫於時代造成的「以武力爭勝」、「成者爲王，敗者爲寇」的霸道思潮之中，使得他所主張的以德服人的仁政思想，竟沒有任何可以實現的餘地。於是在西元前三一一年，孟子六十一歲的這一年，他回到故鄉並且定居下來。孟子經過了現實的洗禮而有所自覺，不再將時間和精力浪費在毫無成效的游說上，轉而將他對人世的關心與熱忱，投注在教育事業和對自己的學說體系的整理上。

孟子認爲教育是一件崇高且非做不可的事業，並且認爲是人生的三大樂事之一。他曾經說過：「對有德的君子而言，人生有三件大樂事，但並不包括稱王於天下在內。父母健在而兄弟之間相親相愛，這是第一件樂事；上不愧於天，下不愧於人，這是第二件樂事；能夠得到天下間優秀的人才，並且教育培養他們，這就是第三件樂事。」其實，孟子自從三十多歲開始講學授徒之後，無論是在剛開始專心於教學的時光裡，或是在風塵僕僕周遊列國的旅程裡；也不論是在貴爲客卿的環境中，還是在挨餓受困的難關中，他都不曾停止講學授課，始終誨人不倦，在他的一生之中，有長達幾十年的時間都在教學授徒，幾乎佔了他全部人生的三分之二。

而就和孟子所崇拜的孔子相同，他晚年的生活除了教學之外，也致力於將自己的思想和主張作有系統的整理，所以「著書立說、教育英才」就成爲孟子晚年生涯的寫照了。孟子投注幾十年的精力和心血在教育之上，也使得他培養出一批優秀的學生，雖然他並沒有達到像孔子那樣有「弟子三千人、賢人七十二」的盛況，但卻也培育出像萬章、公孫丑、樂正克等有名而且優秀的弟子。並且他在教育的過程中，逐漸的形成了屬於他的教育思想，使得後世許多爲人師者都受他的影響，對我國古代的教育有重要的貢獻，也使得孟子成爲我國古代著名的教育家之一。

將畢生精力投身於弘揚儒學與作育英才的孟子，在周赧王二十六年（即西元前二八九年），終於結束了他對儒學奉行不悖的一生，享年八十四歲。孟子去世之後，被安葬於現在山東省鄒縣城東北約二十五里處，一座名爲四基山的西麓。後世的人們爲了紀念這位偉大的哲人，於是在他的墳墓旁邊修建了廟宇來祭祀他，而孟子的後代也不斷地被安葬在這個地方，陪伴在他們最偉大的祖先身旁。

(二)孟子對後世的深遠影響

當孟子在世的時候，他的學說並沒有受到爲政者的重視，他的一生可以說是始終不得志的。但是在他過世後，他的學說卻受到大批文士學者的推崇，和衆多統治者的重視。

孟子在晚年時，深知自己的學說並不能被當世的國君所採用，所以就把希望寄託在後世，希望自己的學說主張能夠流傳到後世，並且被後代的執政者採行。於是就和門下弟子公孫丑、萬章等人，以弟子平日上課所作的筆記爲底本，再加以整理、編次及修改，而完成了《孟子》這本著作。在孟子死後，他的弟子再度對這本書作審訂的工作，而將全書分爲梁惠王、公孫丑、滕文公、離婁、萬章、告子、盡心等七篇。後來，後世又有人將每篇分爲上下兩篇，而成爲今日我們所見到的《孟子》一書。這本書中記載了孟子一生的言行，以及他和門下弟子及當時的人相互問答的情形，而後人也就可以藉由孟子的這些言行，去瞭解他的思想和學說。

自從漢武帝獨尊儒術之後，身爲儒門亞聖的孟子，也就自然地受到了重視。而其後，他的政治思想和主張，也受到歷代在上位者的注意和推崇，對我國古代的政治，有著深遠且積極的影響。尤其到了宋代之後，理學家更以孟子的「養氣論」爲重心，而發展出了盛極一時的宋明理學。而《孟子》一書更在北宋的時候，就被朝廷正式列爲經書，成爲當時國家舉行的科舉考試中必讀的經典。宋神宗還追封孟子爲「鄒國公」，並將他的牌位供奉在學廟裡面，和至聖先師孔子一同受到祭祀。而孟子無論是在民間或是官方的地位，也就不斷地被提昇，逐漸地成爲僅次於孔子「至聖」的地位，而被人和孔子合稱爲「孔孟」。

時至今日，「孔孟學說」或「孔孟之道」已經成爲儒家學說的代名詞了。孟子他不但繼承了孔子的學說，更以自己的學養將之闡釋發揚，而發展出更爲健全完整的思想體系，也讓他自己成爲我國古代著名的思想家、政治家兼教育家了。孟子的學說思想，在我國的歷史上曾多次扮演著重要的角色，產生了深遠的影響，而孟子的思想觀念，也就成爲我國傳統文化與意識中不可或缺的重要部份了。

貳、課文參考資料

一、《孟子選》賞析

「性善」是孟子學說的重要內涵之一，孟子認爲人之性有四端：即是惻隱之心、羞恥之心、辭讓之心、是非之心。有了惻隱之心，才能憐恤他人、仁民愛物；有了羞恥之心，才能知禮明恥、明辨是非；有了辭讓之心，才能恭敬謙讓、尊賢禮卑，有了是非之心，才能明辨正誤，去捨無誤。有此四者，人才所以成其爲人。

但是如何使人性的「本善」能呈顯出來呢？孟子以爲必須藉後天的環境及本心的自覺來達到目的，由《一傅眾咻》及《一暴十寒》二章中即可得到印證。

㈠一傅眾咻

這一章中孟子藉著和戴不勝的問答中，凸顯出影響人學習的重要條件——環境的影響力。

二人表面上是以學習語言來對談，孟子問：想要使楚大夫的兒子學習齊國語言，該請齊人，還是楚人爲師？戴不勝馬上回答是齊國人。然而孟子卻有更高明的見解來駁斥他，他說：縱使找來了齊國人教他，但是一下了課，旁邊卻有一堆楚國人和他講楚語，不是喧鬧擾亂了他的學習了嗎？在這般進一步退二步的情況下，他怎麼可能把齊語學好呢？就算是天天鞭打他，他還是學不好齊語的啊！如果轉換一下空間，將他帶到齊國首都最熱鬧的街里之中，耳聞是齊語，目見是齊人，在此住上幾年，一定可以把齊語說得字正腔圓啊！這不正和現在學習語言的「遊學風潮」不謀而合嗎？我們爲了使自己的英語能更流利，於是利用寒暑假到美加等英語系國家住在寄宿家庭和當地人一起生活、學習；這樣才能把英語學得較道地。孟子卻早在戰國時就體認到環境對學習有絕大的影響。

因此，他進一步回答開頭的問題，也引申出本文的主旨：在國君身旁的人，如果都是像薛居州一般有道德修養的人，那麼國君要和誰去做壞事呢？如果國君身旁的人都不是像薛居州般的善人，那國君要和誰去做好事？國君身旁只有一個薛居州，又能對現狀有什麼改善呢？到此，我們更能直接掌握到孟子此章的眞義：不要忽視環境對人的絕大影響力。

想必大家對《孟母三遷》的故事必定耳熟能詳，故事裡不就直陳環境的重要嗎？孔子曾說：「里仁爲美，擇不處仁，焉得智？」可見聖人也注重環境教育的影響。諸葛亮在出師表中不也苦口婆心地要後主「親賢臣，遠小人」，這正是所謂「近朱者赤，近墨者黑」的道理啊！

㈡一暴十寒

在這一章中，孟子先提出了他的感受：「無或乎王之不智也」——齊君爲什麼不能成爲一位英明睿智的君主呢？原因就在無法專心一致將孟子的理論主張徹底施行，因爲孟子晋見齊王的機會不多，雖然孟子的滔滔雄辯使齊王信服了，但只要他一走，身邊又有一堆小人圍繞著，使他剛萌生的理想馬上卻步了，因此孟子將這種情況做了兩個比喻。

他先將這種情況比擬爲植物生長的生態，陽光是植物生長必備的條件，縱使是再耐陰寒的植物，接受日照的時間太少，怎麼能枝繁葉茂，有蓬勃的生機呢？孟子的救世主張一如陽光，那些小人就如三冬逼人的寒氣，將陽光帶來的溫暖光明完全遮蔽，縱使有乍現的陽光，植物又如何能長成呢？

接著孟子又展現他的辯才，再舉了一個淺近的例子，使我們更貼近他的想法。故事裡的兩個人智力相當，同樣也拜在奕棋高手奕秋門下爲徒。但二人的學習成果卻大不相同。原因爲何？只因爲第一個同學專心一意，用心聽講，心無旁騖；另一個人卻成天胡思亂想，馬耳東風，老師在台上口沫橫飛，他卻望著天空，心裡想著會有天鵝飛過來，打算拿起弓箭去射下天鵝。在這樣情況下，成績當然日漸拉大了。這是他們ＩＱ相差太遠嗎？絕不是如此啊！

由這二章我們可略窺孟子行文善用譬喻的一大特色，這二章中孟子都援引了生活中常見的事物來作說明，使文字有說服力。其次孟子也擅於用問答的技巧鋪展成文。如第一則中「子欲子之王之善與？」「王誰與不善？」「王誰與善？」「一薛居州，獨如宋王何？」第二則亦復運用對答法「爲是其智弗若與？曰：非然也。」一問一答中點明主旨，也使文氣轉換之間，提昇了讀者的共鳴感。

叁、課文補充資料

一、「棋」聞「奕」事

棋弈，原本被視爲微不足道的「小技」，但卻因爲它融合了藝術、科學與競技這三方面的才能，而受到社會各階層人士的喜愛，上至皇帝王侯、貴族名流，下至文人雅士、平民百姓，無不流連於棋盤的縱橫之間，而使得「下棋」成爲一種雅俗共賞的休閒活動，也使得「棋弈」除了陶冶性情、發展智力與培養意志這些益處之外，更豐富了人們的生活文化。這也就難怪自唐代開始，就有人將「琴、棋、書、畫」四者並稱，讓原爲「小道」的棋藝也能躋身於中國四大傳統藝術的行列了。

根據我國古籍的記載，早在堯舜時期，我國最早的棋藝——圍棋就已經出現了。至於最古的一位棋藝國手，就是本課課文中的那位「通國之善弈者」——弈秋。他不但在當時是各諸侯國都知道的圍棋高手，也被後世推崇爲圍棋的鼻祖。而隨著歷代棋手對棋弈理論的不斷推展與精進，棋弈的愛好者也不斷地增加，這其中當然也就出現了許多的趣聞軼事。現在就讓我們選擇幾個與「棋弈」有關的小故事，介紹給大家吧！

㈠爛柯山傳奇

棋弈因爲棋局的變化多端，往往讓人把它和人世的無常聯想在一起；又因爲棋理的精微難懂，而添加了它的神祕感，所以在我國古代，棋藝常常在「神道仙鄉」的神話傳說中出現，而其中流傳最廣、最爲人所熟知的，就是南朝梁時任昉所寫的《述異記》一書中，所記載有關爛柯山的故事。

相傳在晉朝的時候，信安郡（就是現在的浙江）的石室山，有一個叫做王質的樵夫。有一天，王質拿著斧頭上山砍柴，當他穿過茂密的松林以後，忽然看見有二個童子在下棋，於是他就站在一邊看他們下棋。看著看著，王質忽然覺得有一點餓了，其中一個童子隨手拿了一個看起來像棗子的果子給他吃，他吃了以後就不再覺得餓了，所以就坐下來專心的看棋。一局棋都還沒下完，其中有一個童子回頭看見王質，有點訝異的問他：「你怎麼還沒回去呢？看看你的斧頭……」王質轉身去拿斧頭，這才發現他斧頭的木柄已經整個都腐爛掉了。王質滿懷疑惑的下山回家，誰知道同樣的景物建築，但竟然沒有一個人是他認識的，一問之下，才知道就在他還沒看完一局棋的時間，山下竟然已經過了一百年了。

後來的人於是稱這座石室山爲「爛柯山」（柯就是斧柄的意思），甚至把王質說成是道教仙人赤松子的弟子，讓他也登上了衆神仙的名單中。而這個神奇美妙的傳奇故事，不但受到後人廣泛的流傳和喜愛，歷代更有許多的騷人墨客以它爲題材，留下衆多精妙的詩詞和畫作，更爲這則傳說增添了幾許吸引力。

㈡貴妃智救棋局

棋藝自唐朝開始和琴、書、畫三者，並稱爲我國傳統的四大藝術，可見在當時，弈棋無論在朝野都十分的風行，所以唐代的帝王之中，也有不少是下棋的好手。而其中最有名的帝王棋藝高手，就是那位風流深情、多才多藝的玄宗皇帝——李隆基。在那個時候，不僅是帝王、文人喜好下棋，就連一般的仕女也常流連於棋枰之間，深受唐玄宗寵愛的楊貴妃就是其中之一。楊貴妃她不但懂得弈棋之道，甚至還曾機智的解救了玄宗必輸的棋局呢！這也就難怪她能得到玄宗皇帝的專寵了。

有一年夏天，某個悠閒的午後，唐玄宗在皇宮裡和親王對弈下棋，並且命令樂官賀懷智在旁邊彈奏琵琶助興。

而玄宗最寵愛的妃子——楊貴妃，自然也隨侍在一旁。她手裡抱著一隻溫馴乖巧的康國猧（猧即小狗，康國猧是一種供玩賞的寵物犬），靜靜地坐在一邊看著玄宗下棋。玄宗是棋藝高手，而那位親王棋藝也不差，所以從棋局一開始，雙方就廝殺得十分激烈。兩個人下著下著，漸漸地棋局進入了中盤，玄宗一個不小心，錯下了一步棋，親王當然是不會放過這個好機會，連續下了幾個狠狠的殺著，殺得玄宗節節敗退，只能處在挨打被動的局勢。

在旁邊看棋的楊貴妃，自從玄宗下錯一子以後，就開始在心底爲他著急，但是「觀棋不語眞君子」，她也只能盼著玄宗可以想到一步妙棋，好扳回劣勢。但是陷入危局的玄宗始終無法殺出重圍，眼看著就要輸棋了。楊貴妃知道自詡才藝雙全的玄宗如果輸棋的話，一定會感到很沒面子，於是急中生智，輕手輕腳的把手抱著的康國猧放在棋桌旁邊，讓牠跳上了棋盤，一局將盡的棋子，就這樣被搗亂了。眼看就要贏棋的親王，望著被搗亂的棋局，心裡當然感到很嘔，但是身爲臣下，也不能說些什麼，只能算和棋了事。而原本就快要棄子投降的玄宗，則是暗自吁了一口氣，在慶幸不必向臣子認輸之餘，對於機巧聰慧的楊貴妃，自然是更加地寵幸了。

㈢宋太祖戲賭華山

「合久必分，分久必合。」是歷史不變的定律，在強盛的李唐皇朝之後，是我國歷史上有名的黑暗時期——五代十國，而宋太祖趙匡胤則是結束這個混亂局面的人物。當他建立了宋王朝後，全國各地當然都得向大宋臣服納稅，但華山一地卻從來不曾繳稅，原因何在呢？難道是華山的人不服大宋的統治嗎？他們有那麼大的膽子嗎？當然不！事實上是因爲：宋太祖老早就把華山輸給了陳摶老祖啦！所以華山自然是不用向大宋納稅的。這件事是發生在宋太祖還沒有得志之前……

那時候趙匡胤只是後周的一個小兵，他生性喜歡下棋，加上腦袋聰明又有謀略，所以一般的下棋好手，都不是他的敵手。而在多次贏棋之後，原本就對自己棋藝十分有自信的他，也就更加沾沾自喜，自認是天下第一棋國手。有一次，他隨著軍隊路過陝西，聽說在華山上有一位叫做陳摶老祖的道士，不但道法高深，就連棋藝也十分的精湛，於是就登上了華山，想要和他在棋枰上一較高下。

那時候的趙匡胤只不過是一名小兵而已，身上除了一根做爲兵器的短棒子之外，根本沒有其他値錢的東西了。

所以，他在邀陳摶老祖下一盤棋以決勝負的時候，就隨口開玩笑似的說：「我們就以整座華山做爲賭注吧！」沒想到陳摶老祖一聽，竟然十分高興地同意了。而趙匡胤心想：「這華山原本就不是我的東西，我說拿它做賭注也不過是句玩笑罷了！只要他肯和我下棋，又管他這麼多幹嘛呢？」於是就高高興興地和陳摶下起棋來了。

趙匡胤和陳摶的棋局原本是勢均力敵，不分勝負，漸漸地下至殘局，兩個人還是沒有一個能夠佔到上風。這個時候，一心想贏棋的趙匡胤不禁感到有一點焦急了，心想：「我自認是天下第一棋國手，難道就連一個老道士都贏不了嗎？」他好勝心一起，思慮就沒有那麼淸楚周全了，終於因爲操之過急而漏殺了一著，反而被始終氣定神閒的陳摶老祖一計妙殺給打敗了。

之後，趙匡胤隨著後周世宗的軍隊四處征戰。他因爲與陳摶老祖的一盤棋受到了教訓，知道「小不忍則亂大謀」的道理，尤其是在緊要關頭更是不能夠操之過急，所以在戰場上屢建奇功，而當上了禁衞軍的總司令。更因爲他在無數的戰役中運籌帷幄、戰計巧妙，深受屬下的信任和愛戴，終於在陳橋被黃袍加身，由衆軍將擁護而登上皇位，並且統一全國，建立了大宋王朝，歷史上稱他爲宋太祖。而登基後的趙匡胤也不忘當年的賭約，果然將華山撥歸給了陳摶老祖，並且答允華山可以永遠免納糧稅，爲這椿弈壇奇事畫下了美麗的句點！

(四)徐達與勝棋樓

明朝開國皇帝——明太祖朱元璋，衆所周知他原是農民出身，對於琴、棋、書、畫這些文人玩意兒，自然是十竅通了九竅——一竅不通的。但自從他成了九五之尊的皇帝之後，怕別人說他這個皇帝肚子裡沒半點墨水，所以就附庸風雅地學起了吟詩作對、賞畫弈棋了。只是要學會吟詩作畫，畢竟不是短時間之內就可以達成的，但下棋卻是項入門容易而專精難的藝術，所以朱元璋很快就學會了下棋，並且被棋局的多變豐富而深深吸引了。加上和明太祖下棋的一些臣下，怕惹皇帝老爺不高興，都故意放水輸棋，所以只能算是初學者的朱元璋，在連連贏棋之下，竟以爲自己已經是棋藝高手了。而爲明太祖打下大片江山的大將軍徐達，在軍事謀略、進攻兵法上，可以說是當世的第一人，所以對於同樣需要出奇制勝的棋枰競藝，也十分的瞭解在行，和明太祖相比，自然是要高超得多了。

有一次，明太祖一時興起，就召來了大將軍徐達，並且命人在京城（當時的京城是南京）西門外的莫愁湖畔擺下棋局，兩個人就在粼粼波光相伴下對弈了起來。在下棋之前，明太祖望著微風輕拂的湖水問徐達：「徐愛卿，這莫愁湖是不是很美呢？」徐達答道：「回皇上，這湖的確是美極了！」明太祖或許是受到四周環境幽靜清雅的影響，一時心情大好，就高興的說：「那麼我們今天就用這個莫愁湖來打個賭，誰贏了這盤棋，這湖就歸誰所有吧！」徐達自然是欣然同意。於是君臣兩個就開始下起棋來了。

如果徐達不刻意放水的話，可想而知，這盤棋明太祖是絕對不可能會贏得了的，而結果也的確是如此。輸棋的明太祖覺得面子掛不住，所以臉色大變，顯得不太高興。徐達看見了，連忙跪了下來，向明太祖說道：「萬歲爺，微臣罪該萬死，但請聖上再仔細地看看棋局。」明太祖於是低頭細看棋局，只見棋盤上的棋子竟然排成了「萬歲」兩個字，一時「龍心大悅」，十分地高興，於是就把他們正在弈棋的這座樓賞賜給了徐達，並且賜名爲「勝棋樓」。

由這盤棋局，我們可以看出徐達的棋藝的確是比明太祖要高明得多了，否則明太祖不可能隨著他步下的棋，而讓棋子在最後順利地排出「萬歲」兩個字。而相較於登基後不忘賭約的宋太祖，隨便生氣的明太祖的氣度也是明顯的比不上的。不過和清朝末年的慈禧太后相比，明太祖仍要算是好的了。據說有一回，某個太監陪著慈禧下象棋，那個太監一步棋吃了慈禧的馬，一時大意，脫口說道：「奴才殺了老佛爺的一隻馬！」氣量狹小的慈禧聽了大怒，立刻命人把這太監拖了出去，亂棒打死。可見「伴君如伴虎」這句話可不是說假的。所以要陪皇帝下棋，如果沒有徐達這麼高超的棋藝，贏棋之餘還可以順便拍皇帝的馬屁的話，那麼還是乖乖地放水，免得贏了棋卻掉了命的好！

㈤以「棋」招親

小說、戲劇中，常見有「比武招親」、「以文會友」的美談佳話，那麼「以棋招親」恐怕大家就不曾聽說過了吧！根據黃銘功《棋國陽秋》一書中的記載，在清朝就曾發生過這麼一段棋壇韻事。

故事的女主角是一位名叫芙卿的姑娘，她從小就著迷於棋枰之間，以棋藝高強聞名於鄉里。到了她該許婚的年紀時，她就公開的提出：只願意許配給棋藝高過自己的男子。因爲她不但以棋藝聞名，也是位才貌雙全的才女，所以有許多自認棋技不俗的人來應召比試。結果，其中有兩個人戰勝了她：一個是當時官拜侍郎的齊召南的公子，出身貴族門第；另一個則是還俗的僧人——秋航，他不但是當時京城的名士，也是清代有名的「十八國手」之一。另外，還有一個姓金的秀才，則是和芙卿戰成平手。

面對這三個棋藝精湛的青年才俊，任誰都是很難做抉擇的，而且要如何婉拒並非心中佳偶的另外兩個人，就更是一大難題了。後來，芙卿姑娘巧妙的作了一首詩，表明了自己的心意，詩云：「齊大非吾偶（暗喻齊公子出身貴族，自己高攀不上），禪心本自空（指原為出家人的秋航，也不是自己心目中的理想伴侶）。金蘭如有契，白首一枰同（認為還是金秀才無論在棋藝和家世上，都和自己比較相配，願意許下白首之約）。」就這樣，芙卿姑娘最後選擇了「一枰同」的金秀才，成就了美好的姻緣。而這個「女棋手以棋招親，自擇同心之好」的故事，也就成了弈壇中最美麗的一段佳話了。

肆、思考與練習

一、請說出「環境會影響一個人」的實例。

答

㈠學習語言，必須運用錄音、錄影帶，甚至到外國遊學，才能有效。

㈡胎教——在胎兒成長過程中就會受到母親視聽見聞的影響，所以懷孕期間，必須注重胎教。

㈢貝多芬等多位音樂家受到環境影響（父親、朋友）因此能發揮天才。

二、有那些方法，可以使我們讀書時更專心？

（全班可腦力激盪，互相學習）

答

如：「限時專讀」——限定自己五十分必須讀完某一科……

「請勿打擾」——不接聽電話，不起立走動、翻冰箱……

「慰勞政策」——讀完一個科目，休息十分鐘……

三、請將此二則故事改編成舞台劇，撰寫劇本分組演出。

答

㈠人物：奕秋、徒甲、徒乙、鴻雁（其他角色可自由增加）

㈡校園一角的榕樹下……

㈢劇情：可由同學自行將課文改編成對話，但必須指定一、二位負責先編寫好劇本，並由老師先行删定過濾，以確定同學能充分掌握題旨，也可指導適度添加橋段，以强化劇情，增加效果，使演出更生動。

四、成語拼盤——請寫出十個以「一」開頭的成語，並解釋其意義（可分組競賽，最先完成者加分）

答 一見如故、一葉知秋、一蹶不振、一介不取、一成不變、一心一意、一目十行、一乾二淨、一知半解。

五、請找出和「一暴十寒」相似及相反的成語。

答 (一)相似：有始無終、虎頭蛇尾、龍頭蛇尾……

(二)相反：胼胝之勞、鍥而不舍、篤志力行、心無旁騖、發憤忘食、日以繼夜、焚膏繼晷、孜孜不倦……

六、作文參考題

(一)經驗的啓示（本題須要求學生在親身的經驗中，歸納出學習的態度及方法）

(二)一個值得學習的榜樣（可由生活周遭或報章雜誌中取材，必須能勾勒出主角的精神）

(三)給××的一封信

在我們身旁常有一些同學因一時迷戀某些人或事物，而忘卻了當前自己的責任，甚至自甘墮落，請你假設某一情境（他是沈溺於電玩、職籃、愛情……），站在朋友的立場，提出你的忠告。

（江艾倫．王延蕙）

十二、路

／艾雯

壹、作者參考資料

一、散文名家艾雯

「艾蘇州」，是艾雯的友人蘇州作家范培松給她取的封號。

她的本名熊崑珍，民國十二年出生於蘇州這座幽靜的古城，因此具有江南兒女歷史性的恬靜、淡泊性格，豐富的想像力，及多愁善感的情懷；苗條的身材、細皮嫩肉配上一口嬌嬌柔柔的吳儂軟語（國語不怎麼標準），散發出十足的南國佳麗情調。

艾雯的父親是個「學而優則仕」的公務員，並且仕不忘學，公餘閒暇經常舞文弄墨、撫琴作畫，或蒔花修草、精研園藝並時時閱讀文學作品。由於受到父親文藝天賦的遺傳，從小在濃郁的書香中成長，加上家中人丁單薄（只有位年紀相距頗大的妹妹）、先天的氣喘造成自幼體弱多病，使得她的童年在寂寞中度過，個性內向、不好言辭的她，閱讀成了她的最愛，終日醉心於兒童文學、新、舊小說的精神領域中，八、九歲就成了小說迷，她曾爲《安娜・卡列尼娜》歎息，爲《葛萊齊拉》流淚，爲《飄》中的郝思嘉喝采，隨著黛玉的孤寂而啜泣——小小心靈，埋伏下深深的文學種子。她曾在作品中說過：「當同年齡的孩子，忙著計算雞兔同籠，忙著遠足郊遊時，我那易感的小心靈，常常獨自浸沈於幻想王國，一知半解地自書中探索另外一個世界。」上了國中後，國文成績更是獨占鰲頭，她的作品常被老師公開唸出來並貼在公布欄上，並賦予她在作文習作時自由命題的特權，更讓她的才氣和靈性得以充分的發揮。由於國文老師的青睞和勗勉，打下了日後創作的根基。

民國二十六年，隨著父親調任新職，舉家遷到江西大庾，不久即爆發對日抗戰。二十八年父親因病仙逝異鄉，家中經濟陷入困頓，這時年方十七歲的她，由於身爲長女，只有輟學就業，獨立扛起寡母幼妹的生活擔子。漫天烽火中，家園迢迢，一方面憂國，一方面憂家，心情的沈重早已超過她的年齡所能負荷。幸而一位有愛心的主管，見她處境艱難，安排她到圖書館工作，日後不忘本的熊崑珍一直對這位老上司的德惠感念不已。

停止學業的她，並沒有因此停止學習，圖書館的工作如魚得水，更趁此機會接觸豐富的中、外文學名著，努力自學下充實不少學養，此時文學再度成爲她的精神寄託，更開始從事創作。在無情的炮火，遽遭失怙的哀慟下，外在壓力加上內心痛苦，靠著創作爲宣洩的管道，她以一支洗練且細膩敦厚的文筆寫出人性昇華的愛，三十一年第一篇小說「意外」，在「江西婦女徵文比賽」中勇奪第一，此後就以「艾雯」爲筆名，取其「方興未艾」之義，勉勵自己走出獨特的風格。

民國三十二年，日寇迫近大庾，各機關停止生產，艾雯奉命押著一船圖書，疏散到偏遠的江西上猶縣待命。上猶是一座山城，也是全江西最落後隔絕的地區，一個在地圖上根本無法找到的城市。若非戰爭逃難到此，若非蔣經國先生新贛南運動的開發，一個異鄉客根本不會「淪落」於此。但由於它的偏僻隔絕，所以在鄰縣城鎮都淪陷在日寇魔掌時能得以倖存，一時間人文薈萃，東南區的文藝運動，在此熱烈的展開。由於艾雯投稿報社副刊經主編的介紹，進了凱報報社。一開始先負責資料整理，不久成爲副刊主編，新的工作開拓了她的新境界，接觸了當時許多成名作家和一些充滿熱忱的年輕俊秀，各報社的副刊朝氣蓬勃，而艾雯也參與此文藝號召，開闢方塊「大題小作」，針對現實，反映社會現象，警惕民心、激勵士氣，頗收戰時振衰起弊之效。

艾雯自云：人生際遇，除了命運和緣份，還有一種特別因素──戰爭。是戰爭，促使一個才華洋溢，溫柔婉約的蘇州女子，和一個保家衛國、遠走他鄉的安徽青年在此結褵，由相遇、相識、相知、相愛到相許，一切都拜戰爭的命運所賜。

自三十二年遷居到上猶小山城後，艾雯利用報社編輯工作的閒暇寫作，家中一切大小雜務由母親主持，妹妹上小學，在風聲鶴唳的世局中，這個世外桃源一切運作如常。而他──朱樸先生，畢業於軍校十六期政治科，歷任空軍軍官等職，當時被派到山城主持團務而結識艾雯。英雄美人的結合自古即傳爲佳談，民國三十五年，抗戰勝利後，山城種種匱乏，不便一如戰時，他們在此學行一場史無前例的簡陋卻浪漫的婚禮，因爲經過艱困的八年歷練，從克難的日子中，人人已自有一套無中生有、點鐵成金的本事。婚後夫婦恩愛和諧，生下一女朱恬恬──在烽火戰亂的歲月，有母親在身邊呵護，顛沛流離中有摯愛的夫、女相伴──對於長於憂患的艾雯來說，雖然生逢亂世，但已是不幸中的大幸，於願足矣！

抗戰勝利後，未及還鄉，即因共黨作亂，於民國三十八年春天，由避難八年的贛南直接來台，居住在屏東郊區的空軍眷舍。一家五口（母、妹、艾雯、夫、女），上班的上班，上學的上學，家中一切又有母親操理，「無業遊民」的她，由於人地生疏、心中惶惑而感到失落。當輾轉來台之際，造次間未及攜帶藏書，巡訪全市書局，只有一些言情、武俠小說，而圖書館所收藏的，幾乎是淸一色的日文書籍，數十年的異族（日本）統治，刻意的阻遏、排斥，造成中國文化的中斷，風景優美、物產豐饒的福爾摩沙，正面臨文學上的寒冬。適逢中央日報遷台發行，文藝發展的作風開明，《中副》給作者、讀者開放一片可耕可讀的園地，生活悠閒安定的她，寫作再度成爲她的精神事業，爲當時空虛的台灣文壇帶來復甦活力，爲離鄉來台的榮民撫慰空盪盪而鬱悶的心靈，也由於筆名躍然報刊上，使得許多舊時文友得以恢復通訊。

民國四十年，艾雯由屏東郊區搬到臨近火車站的南京路，日氏房屋坐落在一片綠意葱蘢間，春、夏之交，紅豔豔的鳳凰花和金黃的相思花交織成一片璀璨，一日午後，電力公司派人來任意砍斷花花草草，天性喜愛蒔花弄草的她義正詞嚴的抗議未成，又義憤塡膺地替羣樹寫了《控訴》一文，發表在《中副》上，情緒高昂的她一如屏東火辣辣的太陽，炙熱的小屋中，作家仁民愛物的熱忱被蒸發得益爲高亢，那年（四十年），她的第一本散文集出版了——《青春篇》。

《青春篇》是取其中一篇散文爲書名，其中四分之一作品是寫於大陸，四分之三爲來台後定居屏東期間所作，在物質匱乏的當年，缺乏廣告、宣傳的情形下，啓文出版社毅然出書，竟然大爲暢銷，民國四十四年更以此書當選爲全國最受青年歡迎的散文作家，其中《路》一文作於民國三十三年江西上猶，民國四十六年教育部編入中學教科書，更廣爲青少年推崇喜愛。

民國四十二年在屏東，由大衆書局出版她的第一本短篇小說——《生死盟》：十四篇由愛和恨，血和淚，歡樂和哀愁所串綴而成的平凡人性故事。其中《銀色的悲哀》，寫鹽民生活的艱苦，曾被相關單位列入改善鹽民生活的檔案，也改編成廣播劇，發揮作家爲民喉舌、反映民間疾苦的使命。

民國四十二年到六十二年間遷居高雄岡山，單純的眷區歲月，屋前屋後花木掩映，養雞、養鴨、養狗、養貓，愜意的家居生活中，生產量大而優秀的作品。此時與作家邱七七爲鄰，兩人經常切磋寫作，「奇文共欣賞，疑義相與析」，時而嫌人、車聲吵嘈而躲在空軍新生社的會議廳寫作。曾有四位省立岡山中學愛好文藝的女學生，循《中副》上，艾雯的散文《趕在太陽前面》提到「柳橋」的線索，帶著《青春篇》來拜訪討教，可見她在當時受到青年學子的歡迎程度。民國四十四年，她的第二本散文集《漁港書簡》出版了，愛上漁港風光的她，進而體認漁民海上討生活的艱困的種種希望，適時引進「漁者有其船」（政府貸款）的欣慰與遠景。

由四十年到六十四年期間，艾雯先後出版小說、散文二十多種，在《生活散記》裡，她以蒼涼的心路歷程道盡寫作的艱苦：「通向心中丘壑的是一段孤獨、寂寞而又蒼涼的心路歷程。但唯其寂寞，才能不斷自我期許，自我琢磨，唯其孤獨，才能堅持自我，肯定自我。待一番尋覓，一番磨鍊，一番覺醒，一番悟澈，又將獨自領略怎樣天清地寧，雍容肅穆的更高境界。」一個專心於文藝創作的人，永遠青春、永遠不放棄，寫作的生命裡，只有積極奮發，沒有頹廢消沉，惟有寧靜才能致遠，惟有淬鍊後的高貴靈魂，才有爲民喉舌的膽識和能力。

二、創作觀與風格

一代文豪海明威說：「堅强的活下去，寫出不朽的作品。」這也是艾雯的創作背景和理念。十七歲即因失怙和戰亂，不得已中輟學業扛起一家生計，給予她眞正豐厚內涵的不是學校，而是社會、是人生、是動亂的時代。她在苦難中成長奮鬥，生活的錘鍊鑄造她細膩的筆觸和觀察社會百態的敏銳，儘管一生苦於多病，但病的是身體，是靈魂的衣服，靈魂的茅舍；而她的靈魂仍能思索、活動，她珍惜自己的筆，重視文藝的使命，她的寫作態度嚴謹，不寫違背良心之作，寧缺毋濫！

艾雯鼓勵大家，寫作時應具備「五心」：

㈠**愛心**：用愛關懷周遭的一花一草、萬事萬物，大塊假我以文章，這世上多的是取之不竭的題材。

㈡**虛心**：天外有天，人外有人，任何職務都沒有盡善盡美的境界，寫作時應時時以文會友、觀摩學習，不可驕傲自滿，迷失於掌聲中。

㈢**耐心**：慢工出細活，欲速則不達，作品要一再琢磨，斟酌詞意是否妥當。

四信心：天生我材必有用，創作亦是一分天賦，九十九分努力，天下沒有學不會的事。

五恆心：只有鍥而不捨的累積努力、學習，精益求精，方能期成。

除此之外，要多看、多讀、多寫、多管齊下，才能學而有術。具備寫作上的修養後，還需有健全的人生觀，高尚的人格，純正的良知，以及嚴肅的工作態度，在民主的國度，言論自由是天經地義的事，惟其自由，更該自我約束，講「應該」講的話，盡一個作家該盡的責任。

她喜歡寫散文，認爲那是純屬性靈的產物，可以發人深思；她也寫小說，由於小說可以多角度反映時代，刻劃更深刻的人物，表達更廣泛的主題。而她的作品，無論是散文或小說，都特別注意辭藻的修飾，也喜用詩詞化的文句，她的筆下「充滿了理想、憧憬與希望的熱力，而又夾得有惆悵與悒鬱的情調，情感眞摯，心靈純潔。」有人認爲她屬於「閨秀派的女作家」；若以舊詩相比，她像李商隱的「錦瑟派」（「錦瑟無端五十絃，一絃一柱思華年」）；若以新詩相比，可比徐志摩的「翡冷翠」（《翡冷翠的那一夜》）——一切皆藉以說明其筆觸優美而不失清新。

民國六十二年，遷居臺北後，艾雯寫自成系列的作品，《忘憂草》（捕捉天地萬物之養，培養內心淑善的和氣，以蕩盡胸中一切無盡的焦慮）、《倚風樓書簡》（離開蟄居二十年的小鎭，賃居臺北，《倚風》而棲，當居安思危）《最愛是蘇州》（寫魂牽夢縈的故鄉）、《我住柳橋頭》（眷村二十年的純樸生涯）、《花韻》（見二五五頁）、《綴網集》（經過半世紀以來，生命漸行漸深的覺醒）……等作品，都是在不斷地嘗試和創新之下完成，她自認爲「不具風格就算是我的風格罷！」唯有如此，一次又一次的肯定自我、超越自我！

三、艾雯二三事

(一)《青春篇》的迴響

《青春篇》一書出版後，艾雯收到廣大讀者的迴響。有一位余阿勳（後來也成了作家）在著作涓涓集中提到，當時物資貧乏，沒有能力使用電燈，清晨五點他就起牀到街燈下閱讀青春篇，左鄰右舍都以爲他是「用功」讀書呢！

張拓蕪將書中文章手抄下來，還當著朋友面表演背誦。

作家勉餘初識艾雯，是在一個極想不到的場合。當他任職教師時，有一天在自己導師班監督自習課，他在講台上批改作業時，一眼望見後排中間有兩位同學全神貫注的在看一本書，便悄悄走到學生身邊抽起那本《青春篇》，當時他根本不認識艾雯何許人也！「這是誰的書？」甲指乙，乙指丙，指來指去，最後一個說是他姑媽的，老師說：「上課不能看課外書，告訴你姑媽，她的書我沒收了。」「老師，這是好書吔！」「眞討厭，人家等好久才快輪到！」同學問，怨聲四起，老師便說：「等老師看完再還你。」當夜他一口氣看完此書才睡覺，第二天便把書還給學生，也由此書邂逅了一代才女——艾雯。

在一次「女作家著作展」上，有一位女孩站在艾雯作品前拿著筆記猛抄《青春篇》、《綴網集》的剪貼本，連抄了兩天，作家邱七七看她抄得這麼認眞辛苦，叫她不要抄了，等出書會送她一本，這女孩樂得感激不已，由此可見她的作品多受年輕人喜愛。

㈡朱熊（豬熊配）

艾雯熊氏女嫁與朱氏（樸）爲婦，令人想起當年北京大學嘲罵一名學人的打油詩：「一身豬（朱）狗熊，兩眼官勢錢，三長吹、拍、騙，四維禮義廉（無恥）。」此詩純因「朱熊」二字音的聯想，無任何影射之意。

㈢巧問善答

在一次座談會上，有人問艾雯：「台灣的女作家漸漸多起來，您看是什麼原因？」她不加思索的回答：「不止女作家多起來了，我覺得下一代都有愛好文藝的趨向，也許是生活安定的關係吧！其實，女作家並不比男作家多，爲什麼大家覺得女作家多呢？就彷彿許多黑髮中摻雜白髮那麼引人注目罷了，但願今後有更多的女作家參加我們文藝行列。」

㈣奇妙的採訪

有一年「五四」，彭邦楨邀若干作家在左營海軍電台舉行「空中文藝講座」。艾雯因自己一向鄉音很重（外省人講國語帶鄉音叫「藍青官話」），加上自認口才不好，所以從不參加公開演講。想不到彭居然把繁重的器材用廣播車一直開到艾雯家門口，強迫錄音。第二天她躲老遠的收聽廣播，聽見一聲大狗、小狗叫、貓咪「妙妙妙」、公雞引吭啼叫、母雞下蛋「咕咕咕」，門外賣冰淇淋「ㄅㄚˇ

ㄅㄨㄅㄚˇㄅㄨ」，一段奇妙的插曲，竟遮掩了吞吞吐吐、發音不準的道白，不過艾雯的臉，可是紅到耳根子了！

㈤綠手指

鄭板橋《種花詞》：「種花聊慰客中情，結實成蔭都未卜，眼下青青青」正是艾雯心境的寫照：能享「眼下青青青」的境界是心靈無限的愉悅，何必在乎結實成蔭的實質功能呢？

艾雯認爲花草是人類最可愛的朋友，它爲機械化的沈悶生活帶來生趣，爲庸俗擾攘的萬丈紅塵帶來清新的氣息。」二十年的岡山歲月後，於六十四年北遷中央新村，後來又搬了幾次家，她到處栽種、留情，每一次的遷移，總不忘連同手植的心愛花草一起「落地生根」。在女作家慶生會上，艾雯常老遠地帶著連根拔起的花草，或可愛的小盆栽分贈文友，也分享她的心血成果和生命的喜悅，或許在別人眼裡，這份禮物是不屑一顧的野人獻曝，但是禮輕情意重，它可是一份濃濃的情意——因而文友們喜稱她是「綠手指」。

艾雯坐落於中央新村的家，簡直是座花宮，她經常移植一些花花草草到鄰近知名女作家張秀亞的花圃，越移越多，張秀亞打趣地說：「我的花圃是艾雯的殖民地！」

女作家中，最多以花樹爲散文題材的，恐怕是艾雯了。自四十年第一本散文集《青春篇》以來，幾乎每一本著作都和植物結了緣，尤其六十九年間，陸續在報刊發表的系列散文《花韻》，短短三百字，字字珠璣，寫紫薇、茉莉、康乃馨、孤挺……佳文美圖，儼然一派「紙上花園」的景象。她的園中是一片植物聯合國，記憶中最震撼的一回，是院中一百多朵孤挺花齊放的壯景，這些花是跟著主人從岡山喬遷而來，生命力依然旺盛如昔，眞是人靈花亦靈！每當茉莉盛開時，令她憶起童年的蘇州，母親和外婆鬢邊的茉莉苞花環，比珠寶還美，滿室洋溢著富有生命力的動人清香；看到紫藤花，想起童年和父親遊蘇州第一大園林——拙政園時，門旁的花棚爬滿紫藤，越過牆頭蔓延到馬路旁。父親說這紫藤相傳是明朝名書畫家文徵明手植的，當時她正臨摹他的字帖，一見這花，便感到無限的親切。滿園的花，勾起往日情懷，無限的回憶，花語花信，正是寫不盡的故事！難怪張秀亞說：「她不但是作家，也是一位藝術家！」

貳、課文參考資料

一、《路》賞析

本文結構共分四段：起、承、轉、合，並採由實入虛的衍申方式，最後以象徵手法作結。

首段破題點出路的實質功能：溝通、聯絡，並以血管爲喻，輔助說明，讓讀者能更具體掌握旨意。

二段承首段所見之路興起「飲水思源」之慨，感激四通八達道路幕後的無名英雄。

三段轉筆，承首段「溝通、聯絡」加以衍生到各種抽象功能，並指出路亦兼具正、負面功能。

四段由實質的路，引申到抽象的人生之路，並建議讀者理性觀照以慎選人生之路作結，最後以象徵法點出本文主旨。

本文寫於民國三十三年，也是對日戰爭最艱辛的第七年。當時艾雯任職江西上猶縣凱報報社編輯，上猶是位於叢山中的偏僻小城，只有靠一條公路與外界相通。每天下班後，艾雯總是駐足路口，東望故園路漫漫，心中思緒萬千。想那條被烽火切斷的回鄉之路，想收音機中不時傳來被敵軍截斷、被炮火摧毀之路，想千萬軍民浴血揮汗而闢築的滇緬公路，想戰爭何時結束？許多離鄉背井，來自各地的陌生人在同一個城鎮上，說著不同的鄉音、有不同的生活形式、風俗習慣，難免偶有摩擦，但戰爭使人心緊繫，在同仇敵愾的一條路上，大家攜手前進，並肩作戰！若長於太平時代，此時應是求學年紀的她，走得必是前人開拓好，平凡、平坦而踏實的追尋學問知識之路，而今，她卻是走上肩負家計、憂國憂時的坎坷艱澀之路！想起從前，家門前到學校門口的那條熟悉親切的小路，想起一路翻山越嶺逃難到上猶，車隨峯巒起伏，時而盤旋而上直衝青天，陡然迂迴下降，似墜萬丈深淵，一路心驚膽顫中，不由得生起對築路工人的無限敬意。儘管前途困厄重重，但是路還是要走下去，至於怎麼走，是由意志去決定生活的目標，只要認清方向、掌握自己，一定能從山窮水盡中走出柳暗花明。路，是無止境的！夜闌人靜後，她點亮桌上的煤油燈，在粗糙的毛邊上寫下「路」，太多的感受和聯想，經過思考的串聯貫通，感情的醞釀昇華，文字的洗鍊修飾，作者以象徵手法，寫下這篇簡短而字字珠璣的文章。爲自己以及所有失鄉失學、生活在困挫驚惶中的人；或好高騖遠，只能坐而言不知起而行的人，給予一些鼓勵、指引。

本文屬詠物性質文章，通常是由實入虛、由象入神，由具體之物到抽象道理的引申。

首段由觸目所及，各形各色路的共同且實質功用談起，「聯繫」二字是本段最重要的意旨所在。我們都聽過「井底之蛙」「夜郎自大」的故事，「封閉」造成他們的無知，清朝末年也因閉關自守而甘作井底之蛙，以至於洋槍大炮已兵臨城下，還做那天子皇朝不屑臣服「蠻邦」的美夢，無異是自絕生路。因此一個區域、城鄉、國家，都必須靠著道路與外界交通、聯絡，才能促進各方面的進步，提升文明的開發境界。越發達的交通，城市必定越繁榮，無論陸路、水路、空中航運，越綿密而有規劃的交通網，網羅的文明必越多。中國的絲路，打通西域、中原的貿易交流；哥倫布的新航路，拓展新的疆域與眼界；就像人體的血管功能一樣，輸送養分到身體各個體系，不停的新陳代謝中，維持了生命的機能與成長。路，使簡窳變繁華，使繁華更富庶。藉著路，搬有運無，管他物產貧乏，有路就有源源不絕的供給，食、衣、住、行，樣樣離不開路。看看我們所居之處，交通越發達的地段房價越是高得驚人，因爲你隨時可以暢行無阻，愛到那裡就到那裡，天涯因之若比鄰，萬物爲之而齊全！

俗云：「吃果子，拜樹頭」，「過河拜橋」其實眞正該拜、該感恩的是植樹人、是造樹人。當你遠離塵囂、乘著車子奔馳在崇山峻嶺中的蜿蜒道路時；當你由台北迢迢奔赴最南端的家鄉、車行高速公路時，可曾想起當初那些老榮民在卸下戎裝後，拿起工具、一鋤一鋤揮汗工作，繼續執行那利民的勤務。當你抱怨路不夠寬、不夠平，高速公路收費站太頻繁時，你可曾想起陳之藩爲什麼也要謝天？一將功成萬骨枯，這世上多的是叱吒風雲的英雄豪傑，他們的豐功偉業，大家有目共睹，但是那些幕後的無名英雄，血汗卻隨著泥砂而埋沒，留下的是功德無量的便捷運輸網路，把人們引向無窮的前程。在第二段中要表現的就是提醒我們要飲水思源，保有一顆感恩的心。

第三段承第一段路的「聯繫」功用加以發揮。首先用一組排比句「無聲的語言，無形的文字」做譬喻，譬喻點在於「溝通」。語言和文字是用來傳達情意，溝通人與人之間的思想，猶如「路」溝通了兩地，串聯起不同國度、地域的思想、文化。海路的開發，使邁向民主之路由世界的另一端延伸到中國，民主思想推翻了行之有年的封建制度；而東、西方文化更藉此路互相交流、去蕪存菁，造就集思廣益的精粹人類文明。跨越國度的婚姻、友誼、盟邦、各類聯誼競賽更是熱絡，人們的生活空間、知識領域、人際關係、技術交流的範疇日益擴大，全世界以地球爲軸心，心連心、手牽手，連成一個無懈可擊的圓。然而，路就像血管一樣，也有機能衰退而歇止的一天；但是生命可以藉著下一代的繁衍而重生，血脈可以由子孫延伸下去；相同的，路終有衰老、毀壞，功成身退之時，但是新的路亦在一代新人的傳承下築起。再度的鑿石、填河、開山闢壤，前修未密，後出轉精，路越築越堅固，越綿越長，猶如人生代代無窮已。最後兩句「串起了愛和友情，也串起了罪惡和戰爭」，用的是對比性的排比句型。上句承前文的「連絡起感情、友誼」「藉著它，人們緊緊地握起手來」，下句轉入負面，串起罪惡和戰爭，是「水能載舟，亦能覆舟」的道理。天下任何事、物，都沒有絕對的好壞，「知識像一把兩面開口的劍」，可利用它造福無數人，爲生民立命；也可以拿它來從事毀滅、作惡多端。爲什麼秦朝漢朝不斷地修築、鞏固長城，就是爲了杜絕干戈禍患，因此阻塞了城內外的通道，把戰爭隔絕，卻也把兩地思想、文化、情誼一概屏棄了，昔日的柏林圍牆，阻隔的不僅是東、西柏林之路，也阻隔了共產和民主國家兩個世界的交流，形成「一國兩制」的體制。其實路本無罪，有罪的是興風作浪、窮兵黷武的有心人，路的功過，全是由人類所賦予的。

第四段由實入虛，引申到抽象的人生之路。每個人有不同的個性、專長、際遇，所以才會行行出狀元。有人愛喝平淡乏味、卻有益健康的白開水；有人愛香味酒性濃烈的XO酒，可能令他酣醉淋漓、得意盡歡；也可能酒後失態，甚至鑄成重大災害。所以選擇之初，除了「我喜歡」以外，還要考慮「能不能」承受的後果。前人走過的路是較穩當的，風險性也較低，即使湍急如長江三峽，也有前人的經驗告訴你：「瞿塘灩預堆，五月不可觸」；但是有些人天生是冒險家的種，不甘心於平凡、平淡，硬是要走出自己的路，別忘了有膽還要有識，知識是力量、能力，不是每個人都能平安到達目的地。當初由荷蘭出發的一批航海冒險家，浩浩蕩蕩的出發尋找新大陸，遠渡重洋，路遇狂風暴雨，死傷無數，登陸日本時只剩數十人而已。但是生於荷蘭、長於荷蘭、死於荷蘭者，是無法體會那種

「鴻鵠壯志」終於達成時，不可一世的意氣飛揚心情。所以選擇之前要想清楚，「擇其所愛，愛其所擇」，歹路千萬不可行，一行就是不歸路，再回頭已是百年身。

有時人也選不得路，人生際遇已安排好，你只有一條單行道能走，就像艾雯，在戰爭的背景下，完全是命運註定好的路，根本沒有她選擇的餘地，但是只要她堅强的活下去，一步步不停的走，一定會走向柳暗花明的新村。守得雲開見月明，無論人選路或路選人，記住，一定要走下去。最後兩句用的是象徵法，「不必逗留著採拾路畔的花朵來保存。一路上，花朵自會繼續開放哩！」此話警勉人切勿安於小成，爲何「少年得志大不幸」「小時了了，大未必佳」，就是因爲太容易滿足而喪失鬥志。花朵嬌豔動人，猶如榮華富貴、功成名就一般誘人，但是一「逗留」不前，那無量前途也就此糟蹋了。作者以呼告語氣提示我們：遠大的眼光，踏實的腳步，一路上的風光明媚才能永遠的擁有與享有！

參、語文天地

一、文法修辭

(一)從鄉村到都市，從簡窳到繁華。——排比、映襯（對比）

(二)路，像無數縱橫錯綜的血管，聯繫各個不同的體系，促成了社會風物習俗的新陳代謝。——譬喻、排比、層遞。

(三)一滴血，一滴汗，血汗滲透了泥砂，浸蝕了岩石。——對心血勞力付出的「誇飾」。

(四)……而千萬條道路把人們引向無窮的前程，不該寄予由衷的感謝嗎？——向築路的人！——用反面設問的形式提出本段主旨：飲水思源。倒裝，「不該向築路的人寄予由衷的道謝嗎？作用在凸顯「人」。

(五)路，是無聲的語言，無形的文字。——譬喻、排比。

(六)它溝通了思想、文化，連絡起感情友誼。——排比

(七)藉著它，人們得以擴大生活的範圍。藉著它，人們緊緊地握起手來。——排比。

(八)舊的路衰老了、毀壞了；新的又從後一代手裡建築

起來。——映襯（對比）。

(九)鑿石、塡河，更寬敞的路無垠無涯地拓展、綿延，伸展到遙遙遠遠的土地。——層遞。

(十)串起了愛和友情，也串起了罪惡和戰爭。——排比、映襯（對比）。

(十一)在你人生的過程中，已跋涉過幾多道路？你愛平穩安定嗎？那麼請循前人的道路行進。你愛冒險進取嗎？那麼請用自己的血汗，來開闢一條新的道路吧！——排比、對比、以「設問」提出主旨。

(十二)平穩的道路通向平穩的終程；崎嶇的道路卻往往通向璀璨的前途。——排比、映襯（對比）。

(十三)不必逗留著採拾路畔的花朵來保存。一路上，花朵自會繼續開放哩！——「花朵」象徵「成果、幸福、快樂」。

肆、課文補充資料

一、絲路之旅

「絲路」是絲綢之路的簡稱，是古代歐、亞間陸路交通要道，中原所產之絲綢由此道運往西方而得名。東、西文化亦沿絲路而交流，近世海空運輸進步，絲路早已衰落，但「絲路之旅」卻成了旅遊行業的熱門路線。

這條絲路的主要路線，東起渭水流域，西經河西敦煌出玉門關後，分南、北兩道：

(一)南道沿著崑崙山北麓，經和闐，至疏勒。

(二)北道經羅布泊沿天山南麓，經庫車、阿克蘇，至疏勒。兩路會回，再越葱嶺，或南往印度，或西經波斯（今伊朗）抵地中海，再轉達羅馬各地。

二、馬路的由來

當漢朝修築往西方去的道路時，西方的羅馬帝國爲了運送軍旅到各地作戰或保衛疆土，也開始修築道路，而以羅馬人築得最好，上面還鋪有堅固美觀的石板。

十九世紀英國工程師馬克亞當發明「碎石路築路

法」。在壓得很緊的石頭路基上，鋪一層石子，用細礫石或壓碎的礦渣填入石子空隙，路面築成中央高兩邊低的拱形，使雨水可以流下路的兩旁，不致積壓在路面。西元一八五四年，測量師胡利在工程進行中不小心打翻柏油，結成平滑、耐磨的表面層，就是今天的「柏油路」，今稱「馬路」是爲紀念馬克亞當，與動物的「馬」無關。

三、棧道

一名「閣道」，又稱「棧閣」。在四川廣元市北四十五公里朝天鎮南北的明月峽和淸風峽中，濱臨嘉陵江東岸峭壁上，是古代四川、陝西間著名的「蜀道」遺跡。今棧道已廢，岩壁只存洞孔，分上、中、下三層。中層洞孔插木樁用，上鋪木板以作行道；下層作支撐孔眼；上層用以搭蓬蔽雨。遠望棧道，猶如淩空廊閣，又有「雲閣」之稱，白居易長恨歌中有「雲棧縈紆登劍閣」，即寫唐玄宗登劍閣所望川、陝間的南棧道之景。歷來騷人墨客有不少描寫棧道的作品，其中以李白的蜀道難最膾炙人口，道盡棧道的步步驚險場面和築路的艱辛，附詩如下：

原文：

蜀道難　李白

噫吁戲！危乎高哉！蜀道之難難於上青天。蠶叢及魚鳧，開國何茫然。爾來四萬八千歲，始與秦塞通人煙。西當太白有鳥道，可以橫絕峨眉巔。地崩山摧壯士死，然後天梯石棧相鉤連。上有六龍回日之高標，下有衝波逆折之回川。黃鶴之飛上不得，猿猱欲度愁攀援。

青泥何盤盤，百步九折縈巖巒，捫參歷井仰脅息，以手撫膺坐長歎。問君西遊何時還？畏途巉巖不可攀。但見悲鳥號古木，雄飛雌從繞林間；又聞子規啼夜月，愁空山。

蜀道之難難於上青天，使人聽此凋朱顏。連峯去天不盈尺，枯松倒挂倚絕壁。飛湍瀑流爭喧豗，砯厓轉石萬壑雷。其險也如此！嗟爾遠道之人，胡爲乎來哉？

劍閣崢嶸而崔嵬，一夫當關，萬夫莫開；所守或匪親，化爲狼與豺。朝避猛虎，夕避長蛇，磨牙吮血，殺人如麻。錦城雖云樂，不如早還家。蜀道之難難於上青天，側身西望長咨嗟。

翻譯：

啊，多麼高峻而又險阻啊！四川的道路艱險難行，幾乎比登天還難。當初蠶叢及魚鳧開國的時候，是多麼渺遠的事！事隔四萬八千年後，才與秦人有所來往。秦地的西面有一座太白山，山徑險阻，只有飛鳥才能通過，山路一路橫伸過來，幾乎連峨眉山頂也被截斷。爲了開闢這條路，地震山崩中不知犧牲了多少壯士，終於在各山隘谷架起棧道相連接。在山嶺的最高處，神話中的六龍碰到它，也只好拖著太陽神的車子折返；在山谷的最深處，有曲折的激流在山石間迴旋著。黃鶴尚且無法飛過，連猿猴也無法攀越。

青泥峯上的山路，更是曲折難行，繞著山勢的九曲十三彎，仰頭伸手，彷彿一路上可以摸到天上的星辰，不禁使人屏息，緊張得透不過氣來，只有坐下撫胸長歎。不知道你這次西行要幾時才能回來？像這樣險阻的道上，山巖峻峭，眞不容易攀登啊！只見鳥雀在古木上悲鳴，雄鳥飛起，雌鳥跟隨在後，在林子裡飛來飛去；月夜下又聽得杜鵑啼叫，空山中一片悲涼蕭索之情！

蜀道，比上青天還難行，使人聞之色變。連綿高矗的山峯，距離天上好像不到一尺，枯松倒掛在絕壁上。急流和瀑布嘩嘩地爭響，水流浪花打在崖石上，像雷響般地驚天動地，這道路是如此地驚險啊！你這位遠道而來的人士，爲何會來此冒險呢？

說到劍閣，更是山勢高峻，只要一個人把守住山關隘口，即使是萬人也無法衝關，假使守關的人不是心腹親信，那就像豺狼似的，爲害不淺了。你在上面走過，早晚要格外小心，提防那些老虎和毒蛇，牠們磨牙吸血，不知傷了多少人命！四川雖是物產豐饒的天府之國，但還是早些回家吧！蜀道是那麼難走，幾乎比登天還難，我側著身子向西張望驚險的蜀道，不禁長長地歎了一口氣！

四、柳暗花明又一村

意謂：走在村野山谷中，只見前面叢山阻擋，水流密佈隔絕去路，正遲疑失望中，忽然發現不遠處有一村落，柳蔭茂密、花木扶疏鮮明。—此語用來比喻人生道上，在困厄絕望中又重見生機、走進另一新天地的欣喜，上句一般俗作「山窮水盡疑無路」。語出南宋、陸游，《遊山西村詩》：

「莫笑農家臘酒渾，豐年留客足雞豚；
山重水複疑無路，柳岸花明又一村。
簫鼓追隨春社近，衣冠簡樸古風存；

從今若許閑乘月，拄杖無時夜叩門。」

五、篳路藍縷

篳：音ㄅㄧˋ，原指竹籬笆，泛指荊竹樹枝編成的門、車。

路：是古時對於車子的通稱。用荊竹或樹枝編成的柴車叫「篳路」，亦作「蓽路」。藍縷：形容衣服的破爛，亦作「襤褸」。

「篳路藍縷」指駕柴車、穿破衣，以開闢土地。比喻開創事業的艱苦。語出《左傳・宣公十二年》：「篳路藍縷，以啓山林。」（連橫《台灣通史》序亦引用此語）鄭國想聯合晉國攻打楚國，但晉國的欒武子不敢輕視楚軍，他强調早期楚國國君「篳路藍縷，以啓山林」，勤儉教民的風範，爲楚國留下了勤則不匱的戰力，所以最後未與楚作戰。

六、條條大路通羅馬

喻所採的方向、方法雖不同，但都行得通。與「行行出狀元」意思類似。

羅馬地形由於地勢高低起伏甚大，必須依循地勢呈放射狀向外發展，羅馬市區沿著通往郊外的主要幹道而向外延伸，一直延伸到距離舊中心區約十公里以上的郊外地區，另有一部分周邊地區已延伸到環狀道路的外圍地帶，整個城市內外交通道路呈蜘蛛網狀的分布。另一方面，羅馬是繼希臘文化後另一西方文化的發源重鎮，舉凡建築、美術、藝術至今都是各國觀摩學習的典範，因此「條條大路通羅馬」要從地理交通和歷史文化兩個角度上去理解。

七、成也蕭何，敗也蕭何

此句意思類似「水能載舟，亦能覆舟」。漢高祖劉邦打天下時，是蕭何極力推薦韓信給劉邦而建立功業；等到韓信功高震主引起主上猜忌時，也是蕭何向呂后獻計召回韓信再將他斬死。一個有權勢的人，他欣賞你的時候，可以把你捧上天；當他看你不順眼時，要毀你就像殺一隻螞蟻一樣容易，所以，天下沒有永遠的敵人或朋友，「他們」往往是一體兩面的。

八、中華民國公路網規劃

民國十七年，政府擬定中國國道網計畫，將全國道路分成國道（幹線）、省道（支線）及縣道（輔助線）三種。民國二十一年確定全國築路計畫，從此公路的修築和運輸發展突飛猛進，南京是全國公路網的總樞紐。對日抗戰期間後方的公路建設更積極，西安、蘭州、南鄭、成都、重慶、貴陽、昆明都成爲公路的輻輳中心。抗戰勝利後，重新規劃全國公路，並修建西南邊疆地區的公路，即使地勢高峻的青康藏高原也有多條公路幹線。

台灣的公路網最密、道路的品質也最好，其中中山高速公路全程遠三七三．二公里，是全國第一條高速公路。

九、滇緬公路

對日抗戰時期，由於東南沿海路線被日軍封鎖，所以物資來源也被切斷了。情急之下，動員軍、民力量日夜趕工，以最原始的工具、方式，由形勢險要的滇西縱谷區，開闢通到緬甸的公路，以運輸軍需、糧食和一切物資。此路的開發成功，正象徵中華民族不屈不撓的堅韌民族性，只要有一線生機、一絲希望，我們絕不輕言放棄。也由於此路開發，使我們能夠撐到日本偷襲珍珠港而得到盟軍的支援，等到了最後的勝利。這是一條用血、淚、汗和高昂的民族意識、熾熱的愛國心交織、闢築完成的道路，也是抗戰史上艱辛、光榮的一頁。除了滇緬公路外，還有中印公路、滇越鐵路，都是在戰火中，眞正「篳路藍縷」的寫照！

十、血管運輸

血管分三種：

㈠動脈：將血液由心臟輸出的血管，管壁較厚而有彈性。最粗的動脈和心室相連，然後分枝，愈分愈細、布滿全身。

㈡微血管：介於小動脈和小靜脈之間的血管。

㈢靜脈：將血液輸入心臟的血管。和微血管相連的靜脈最細，小靜脈漸漸匯合，愈合愈粗，最粗的靜脈和心房相連，身體各部分血液經此流回心臟。

血管中的血液在運行身體各部分，藉此將來自消化管道的養分、水，或來自肺部的氧，輸送到身體各部位，以供細胞利用；也將各部位細胞產生的二氧化碳或其他廢物運輸至肺或其他部位，以便排除體外，完成新陳代謝的功用。

伍、思考與練習

一、請想出有關路的成語並簡述其義。

答 青雲有路志爲梯／山窮水盡疑無路，柳暗花明又一村／歧路亡羊／羊腸小徑／行不由徑（做事光明正大）／蜀道難，難於上青天／你走你的陽關道，我走我的獨木橋／分道揚鑣／曲徑通幽／卻顧所來徑，蒼蒼橫翠微／天堂有路你不走，地獄無門闖進來／窮途末路／路遙知馬力，日久見人心／路見不平，拔刀相助／形同陌路／素驥鳴廣陌、慷慨送我行／條條大路通羅馬。

二、你認爲你適合走前人鋪好的路或闢築一條屬於自己的道路？爲什麼？

三、請找出本文中的排比及對比句型，並述說使用此修辭法的好處。

答 參考文法、修辭分析，此種修辭法使文章有一種對稱和諧之美，雅潔有致、對比鮮明中更凸顯題旨所在。

四、請同學思索「我所熟悉的一條街（巷、道）」，並介紹給大家知道。

五、全班分兩組競賽，一組說出路的正面功用，一組說出負面功用，以答案多數者爲勝。

六、請說出你所知道的著名「路名」，並介紹它的功能、特色。

答 中山高速公路、台北凱達格蘭大道、巴黎香榭大道、四川的棧道、中國的絲路……。

七、請用譬喻方式完成以下的句子。

㈠橋，像（　），像（　）；串起了（　），也串起了（　）。

㈡河，像（　），像（　）；串起了（　），也串起了（　）。

（韓妹如）

十三、生之歌

／杏林子

壹、作者參考資料

一、高唱生命之歌的劉俠

(一)笑語童年，淚眼迎病魔

杏林子，本名劉俠，民國三十一年二月二十八日生於西安市，祖籍是陝西省扶風縣杏林鎭。幼年隨著軍人身份的老爸，走遍大江南北，民國三十八年隨政府播遷來台，一家人胼手胝足，共度過貧苦多難的日子。

劉家五個小孩：大姊劉儀、二姊劉俠、大弟劉侃、小弟劉儼、小妹劉儷，雖生活在物質缺乏的年代，然都能秉持「親愛精誠」的家風，沐浴著父母的慈暉。小時候，劉俠是爸爸最喜歡帶出門的小跟班，因爲她模樣兒可愛，小嘴兒又甜，而且懂事、穩重，常是衆所矚目的焦點，替帥哥老爸掙足了顏面的光彩！所以父親說她是「心尖上的那一塊肉」。童年在校時，活潑好動的她，功課雖不是頂尖，鋒頭卻很健，經常參加各種競賽和演出，曾經爲學校爭取不少榮譽，是師長心目中的好學生。

在食指浩繁的軍人家庭，偶而也免不了會有手足間的摩擦和紛爭：「有時候遇到弟弟妹妹和我嘔氣，我也很氣爸媽爲什麼不幫我，後來我發現還是林肯總統有辦法，他說：『消滅敵人最好的辦法，就是使他成爲你的朋友。』嘿嘿！眞是一點也不錯，我開始『籠絡』這三個老跟我作對的小傢伙，教他們作文，背《古今文選》，我的稿費也幾乎花在他們的身上，不時買點他們喜歡的小禮物。有一年，我忘了是台灣書店還是學生書局，出了一套兒童百科全書，共有十本，弟弟想要，但那套書要一百多元，我沒有那麼多錢，就寫了封信問書局是否可以分期付款（當時還沒有這種付款方式）。他們居然答應了，而且先把書寄來，弟弟的喜悅和感謝竟使我心動又辛酸。」（《家的故事》）

小小年紀的劉俠竟能體會孟子說的：「愛人者，人恆愛之。」的仁愛情懷，和發揮胡適先生的名言：「要怎麼收穫，先怎麼栽。」的精神，實在令人折服。劉俠也像一般小孩過著無憂無慮的童年生活，此時她的生命是一片令人期待的錦繡前程。

劉俠曾在《歡樂時光》談到：「我的一生充滿苦難與辛

酸，唯有童年，用全然的愛與歡樂譜成。」然而「好花不常開，好景不常在」，歡樂時光總是容易流逝；就在劉俠十二歲，國小即將畢業那一年，小女孩正欲展翅飛向青春之際，突然左手臂開始痠痛，後來左腳也發出腫痛的訊號，經過幾次求醫診治：先是誤診得腳氣病，缺乏維他命B，三餐改以米糠進食；後又再次誤診爲腎臟炎，被下令不准吃鹽，在如此食不知味又拖延病情的情況下，只剩下一副皮包骨和一口氣了，家人方知病態嚴重，輾轉至中心診所就醫，經詳細檢查，終於確定得了罕見的「類風濕關節炎」。這一宣告，對一個原本受寵、愛美、好玩的鬼靈精而言，簡直是晴天霹靂，將她墜入無底深淵，自此便在病榻上與病魔作長期抗戰。

「類風濕關節炎」將嬌弱的劉俠全身侵害到無所不傷。她曾嘗試各種膏、丸、湯、散，針灸、拔罐、火烤、水蒸、生吃洋蟲、用牛尿洗澡，連高山族的巫醫都看過，依然毫無起色；而關節組織逐年一個個遭受破壞，直至今日，百分之九十五的關節已失去功能，連帶四周肌肉也漸漸變形，雖曾於民國八十一年連動四次手術，但仍嚴重影響到行動、進食、睡眠等動作；不但不能走，也不能吃太硬或太大的食物，睡覺時更不能蓋上太厚的被子，有時呼吸不順暢，還得戴上氧氣罩。長久以來，劉俠已經不知道「不痛」的感覺是什麼，還能將痛的程度分成五級：小痛、中痛、大痛、劇痛、狂痛，種類又可分爲：痠痛、僵痛、怪痛，這些痛常常上門找她，使她曾有痛不欲生之感，然而冰雪聰明的劉俠，不甘心人生就此畫下休止符，認爲自己必須再給自己一個活著的機會。她曾於十六歲時，接受基督教的洗禮，在信仰的寄託，以及家人全心的關愛——尤其是母親的慈愛，加上自己不斷的忍著、熬著、掙扎著、奮鬥著，終由羸弱而茁壯，由怯弱而勇敢，由灰心喪膽而生氣蓬勃。

歷經艱難險巇，熬過病痛折磨，劉俠領悟到對付苦難最好的辦法，不是逃避它，而是面對它、擊敗它；並覺醒這是一場完全屬於自己的挑戰，必須自己去面對，沒有人能夠取代。這樣的領悟，正符合哲學大師卡繆說的：「痛苦是孤立的，誰都無法取代。」縱然與病魔長期抗戰呈膠著狀態的劉俠，將身體的悲劇，轉化成豁然自在、帶淚的輕喜劇。她說：「如果沒有這場病，或許就不會學得感恩與珍惜，勇氣與希望，或者只是個再平凡不過的平凡人。」正因如此眞誠面對苦痛與挫折，以智慧、勇氣和眞情，將失意轉化爲堅強，轉化爲堅強毅力，生命的甘泉就在荒漠之中，汩汩而出了，而這股甘泉，不止救治了劉俠自己也滋潤了他人。

㈡閱讀寫作，散播希望、愛

劉俠自幼即喜愛閱讀，得病後，閱讀更是轉移病痛的良藥，也是排遣寂寞，消磨時間的良伴，所以她說：「唯一能止住淚水的就是書。」原本是消遣性的閱讀，進而鑑賞作品寫下讀後感；但大量的閱讀使得求書若渴的劉俠，必須勞動媽媽當起「文化大使」，劉媽媽常在晚飯後到左鄰右舍去蒐借書籍，來滿足女兒的求知慾，可是辛苦奔波借來的書，總不及女兒閱讀的速度，所幸最後在爸爸服務的單位——警備總部圖書館找到知識的寶庫，而母親再也不必挨家挨戶地去借書了。

慢慢地，書開拓了劉俠新的天地，也找到了人生新的目標。年少時在病榻上，常天不亮就起來，收聽教育廣播電台齊鐵恨老師主講的《古今文選》，一方面也參加函授學校的指導，這一段苦學辛酸史，是鮮爲人知的。劉俠從十七歲開始已嘗試寫作、投稿，雖然她寫字是抱拳握筆，「在腿上放塊小木板，低著頭，弓著背，一筆一筆艱難的寫著，寫不多久，手臂往往痛得不能動」。但在方格子的世界裡，她始終怡然自樂，視爲心靈的一大享受；於是寫作成爲劉俠一生最大的志趣。而在被退稿和錄取的過程，一如她對病魔奮戰不懈的精神，充分發揮在筆耕的生涯上。如此艱辛的創作，她毅然完成了四十多齣劇本，十多本散文集，其鍥而不捨的精神實在令人敬佩！而這幾年關節已不聽使喚，只好口述請祕書代爲記錄，往往一上午也有八、九百字的產量，最近她正積極將投身社會運動的甘苦經驗寫成散文，爲邁向「無障礙環境」的軌迹，寫下見證。

杏林子，這個奇特又似乎帶點東洋味的筆名，是從何而來？其一是紀念自己的故鄉陝西省扶風縣杏林鎭，另一方面也向歷年來治療她的醫師們表示感激之意。（註：「杏林」即借代爲醫界，本是稱頌醫生的贊詞。典故出處爲：三國吳人董奉居廬山，爲人治病，只索杏樹爲報酬，分文不取，日久成林。）而這名字已經是許多讀者迷途的南鍼、生命的導航。

劉俠女士秉著「人飢己飢，人溺己溺」的大愛，在能力所及的情況下，主動積極參與殘障服務。民國五十三年時，歷經兩次手術後行動自如，便迫不及待地投入「濟弱扶傾」的工作——曾在「傷殘服務中心」、「南機場社區發展實驗中心」義務輔導傷殘兒童。她的心裡永遠惦記著殘障者的生活，盼望每一位殘障者都能「學會釣魚」，不需他人施捨、憐憫，只有相互提攜；於是有了「伊甸」的構想，終於在民國七十一年成立了「伊甸殘障福利基金會」，推廣殘障福利及協助殘障生活。又於民國七十七年抱病與殘障團體赴教育部請願，因此大專聯考取消病殘生選塡科系限制；民國七十九年劉俠有三件大事必須提及：一是促使「殘障福利法修正案」於立法院通過，二是一手推動的「中華民國殘障聯盟」正式成立，同時被推舉擔任第一屆理事長；三是榮獲吳三連社會服務獎，眞是三喜臨門！從這麼輝煌的歷史來看劉俠，她這一生可以說都在爲殘障者付出心力，才能有這麼多的肯定。

「不像病人的名病人」，這句有點矛盾的話，用在劉俠的身上是最適合不過的了。因爲她輔導過一些病情比她輕微的病人，以她自身成長的過程，告知生命的可貴；鼓舞他們去熱愛生命，激發奮鬥的毅力。爲了嘉惠後人，劉俠還曾「犧牲形象」，被推至講台上，作爲病理課的活教材；而在日常生活中，也常常被拿來當作「範例」：

「從前，小孩不乖，父母常拿『狼來了，老虎吃人』嚇唬孩子，沒想到，有一天我也派上了用場。有位朋友帶著她的寶貝兒女來山上看我。閒談中，提到她的兒子喜歡挑嘴，我說我小時候也一樣，這邊話猶未說完，那邊作媽媽的已經忙著教訓兒子：『聽見沒有？再挑嘴將來就跟阿姨一樣不能走路！』眞是絕佳的機會教育，靈驗得很，中飯小傢伙吃了滿滿兩大碗！」（《名病人》）

劉俠從十二歲罹患類風濕關節炎起，至三十九歲（民國六十九年）當選第八屆十大傑出女青年獎——金鳳獎，到目前她仍孜孜不倦地以一顆抵禦病痛纏身的信心，去行天地大愛，人間摯情，生命眞諦；歌頌人生的美好，禮讚生命的璀璨與可貴。她說：

「出院之後，我把自己奉獻給上帝，我的筆，我的生命，不再爲自己而寫，不再爲自己而活。我是一個沒有講壇的傳道人，天地便是我的講壇。我開始了解到我永遠不可能是個『常』人，上天既然注定我是一個特殊的人，必然有祂特殊的任務。也直到此時，我才眞正是眼中有殘，心中無殘。……且把缺憾還諸天地，有愛，便能包容一切！」（《天地歲月》）

劉俠不斷在苦難中學習人生的功課，如同蛹必須經過掙扎，才能見到燦爛的世界；大地有了缺口，才有源源不盡的清冽泉水。所以她體認到，身體雖然殘缺，但信心是不可缺的，發揮生命的光和熱，才是完美的人生；於是藉著一支生花妙筆，鼓舞人們邁向光明的前途。她曾謙遜地表示：自己不是文學作家，只是社會工作者，希望將自身的遭遇，透過筆端傳遞生命信息，表達對生命的珍惜，進而激勵幸與不幸的人，同聲歡唱生命之歌！

二、杏林子的作品

杏林子雖僅有小學畢業的學歷，然而她靠著恆心、努力及信仰，不斷閱讀及吸收新知，同時也開拓生活層面，增進生活經驗，鍛鍊出寫作的能力。她的寫作不同一般散文作家，除了無比堅强的毅力和超人的勇氣外，最大的成功來自於她的現身說法，讀她的書，就像一股潺湲不盡的清泉流過心頭，能撫平人們不安的情緒，更能激發人們向上的無限潛力。又因她的作品內容輕鬆幽默，感人而不說教，廣受讀者好評，故於民國七十二年榮獲第八屆國家文藝獎，眞可謂實至名歸。

評論家對於杏林子發自內心的作品都十分激賞：

作家張曉風說：「如果你想知道受苦的人如何撐持著、掙扎著走過來，把流淚流成花橫蝶縱的果園，那麼，請來看今日的杏林子——這位用大半生的歲月去生病，卻『順便』還能成功的奇女子。」

終身義工孫越：「我一生握過兩雙最美麗的手，一雙是鵝媽媽趙麗蓮的手，一雙就是杏林子劉俠的手，我們看到她爲台灣做了多少事，不只是對殘障的朋友。相同的，《生命之歌》是最美好的有聲書，最近，我和妻子兩個人就是靠著杏林子《生命之歌》的相伴睡得很香。

周聯華牧師：「我曾舉行全台北的青年佈道會，請她見證。她來了，她坐在輪椅上與青年靜心、盡性懇談。有一句話我到今天還記得，她提到有人跟她筆談，要自殺。她的回答是：『我還沒有自殺，輪不到你！』」

因爲她的作品是完完全全屬於陽光的作品，字裡行間充滿了光明的希望，又能砥礪世人突破障礙，面對考驗。她透過感性的筆觸，流露眞摯的關懷，彷彿荒漠中的甘泉，讓渴望的人尋著了生命的源頭。而杏林子認爲自己的作品，不同於坊間的勵志書籍，因爲她能和讀者心靈認同，容易與讀者引起共鳴，加上藝術家特有的性格——敏銳的觀察力、優美細緻的手法，由日常的小事物，發掘天地的道理來，令人深得啓示，而由她娓娓道來，又令人不由得不感動；也讓讀者在潛移默化之下，感受到書中所傳遞的精神與力量。

書名	性質	出版社	出版年
杏林小記	散文	九歌	68年(57年初版)
另一種愛情	散文	九歌	71年
重入紅塵	散文	九歌	74年
行到水窮處	散文	九歌	75年
感謝玫瑰有刺	散文	九歌	78年
相思深不深	散文	九歌	82年
現代寓言	散文	九歌	83年
生之歌	散文	九歌	84年
生之頌	散文	九歌	84年
心靈品管	散文	九歌	86年
留白的青春，叛逆的歲月	報導文學	健行	86年
生命之歌	有聲書	圓神	87年
身邊的愛情故事	散文	皇冠	87年
阿丹老爸	散文	皇冠	87年
喜樂年年	散文	中國主日學協會	65年
北極第一家	散文	平氏	84年
寶貝書	散文	伊甸社福	86年
生命頌	散文	星光	70年
大地注，生命注	攝影集	基督教橄欖	73年
誰之過	散文	內政部警政署刑事警察局	74年
我們	散文	星光	74年
如何與殘障朋友相處	散文	教育部社教司	81年

貳、課文參考資料

一、《生命　生命》、《永恆的價值》賞析

(一)《生命　生命》

《生之歌》中的《生命　生命》是一篇六百多字的雋永小品，作者透過一隻飛蛾、一截小瓜苗、一副聽診器，體悟出「生命的價值，全然掌握在自己的手中」。因此以「生命生命」爲題，重複「生命」的用意，乃是作者一而再，再而三地感受到生命的可貴，忍不住發出內心的吶喊。

本文以眞情爲經，以事理爲緯，織出一種特有的情調

與情分，帶給讀者最自然的感動。全文描述作者面對受困的飛蛾奮力掙扎，小小生命表現出强烈的求生的慾望，實在令人震驚；而小瓜苗突破艱難，不屈地向上生長的力量，教人喝采！以及經由聽診器傳來的心跳聲，也使人撼動不已！杏林子以清新平易的文字表達出萬物追求生命的勇氣和渴望，由此可見命題的用心，是最具特色的散文代表作之一。

第一段以寫眼前事物起筆：一隻原本惱人的飛蛾，因死前的掙扎，牽動作者的悲憫情懷，於是憑著「上天有好生之德」爲善念，放了一條生路給這隻具有求生意念的小生命，但也引發她心中「生命是什麼？」的疑問，開啓下文的思緒。

承接首段的經驗，作者發出冥思：「生命是什麼？」第二段從生活中細微的觀察談起，看見牆角磚縫水泥地上的香瓜子苗，再一次對自己探問：在沒有陽光，沒有泥土的滋養、呵護，堅硬外殼的小東西，爲何依然不屈地向上茁壯長大？才知生命無論大小、貴賤，都會有一股擊天撼地的生命力。

在生存的困境中戰鬥，爭取生命。——飛蛾如此，瓜苗如此，人更應該如此。第三段由外物的表現轉入了「自己」，藉著聽診器聆聽自己規律的心跳，領悟生命的好壞全在一念之間，只要人勇於活著，就有最大希望、最多的機會，所以每個人必須自己負責生命的價值。

末二段肯定生命可無限發揮，其價值全操之在己，儘管禍福無常，但期許自己善用生命，奮勇地活下去，語氣堅決，也充分表現作者的積極人生態度。

（二）《永恆的價值》

與前文同採敍事兼抒情的筆法，加以疏淡自然的筆調，探討「生命」之主題，充分表露杏林子作品的風格。本篇只是運用不同的方式，述說感人的故事，並以作者創作經驗談，引發「藝術的美，生命的美」之眞義。

第一、二段作者引用與她同病相憐的法國名畫家雷諾瓦的故事；這位快樂、希望的生命鬥士，不因關節炎病痛產生的缺陷，而終止一生熱愛的工作，竟能設計出在變形的手上繼續作畫的妙招，雖然後半生嘗盡了身體的苦痛，直至生命的最後一刻——停留在畫架上。雷諾瓦一生坎坷，他的作品卻呈現出明朗愉快的感覺，全然讓人察覺不出他曾走過的苦與痛；而留下的一句名言「痛苦會過去，美會留下。」成了杏林子的座右銘，也是提出她認爲雷諾瓦最值得世人值得尊敬、推崇的是他對生命及藝術的執著和熱愛的精神。

第三段道出作者同遭不幸，右臂、頸、背部因長久寫作而無法順心工作，在艱難的困境中，支持她的正是雷諾瓦那句箴言。而作者肯定及讚美由生命散發出來的藝術精神，是那般可貴得令人敬佩，足見英雄惺惺相惜之感！

末段「我們生命中還有一些東西還可以留下，只要我們肯，我們總能留下一些什麼」。這一些話呼應了前一則的「從有限的生命發揮出無限的價值，使我們活得更爲光彩有力，卻在於我們自己掌握」。作者領悟生命的永恆在於不畏挫折，並須以積極的態度去迎擊苦難，才能不朽留下生命的美，這樣便是永恆的價值。

㈢比較分析

在題材上，第一則、第二則都是以「生命」爲主題，所不同的是，第一則是選擇自然界的生物的啓示爲題材；第二則選擇人物故事爲啓示作題材，而各有發揮。

在作法上，第一則、第二則都是以事例的啓示，有感而發。所不同的是，第一則運用日常生活的觀察、體驗，引發出自己對生命的看法。第二則引用藝術家的故事，與自身遭遇相比，悟出的一種感想。

二、《生之歌》簡介

《生之歌》是杏林子的第二本書，於民國六十六年出版的，共計九十八篇的散文集，文字大都是五、六百字的清新小品。作者希望以這本小書，還有愛和祝福送給二十多年來爲長年守護女兒的母親，做爲六十歲的生日禮物，以報答昊天罔極的母愛，並期許自己永遠奮鬥不懈！

《初版序》提到「生命是一首歌，詠出諸天的奧祕」，又說：「不論人生的曲調是長是短，是憂是喜，或艱澀或流暢，都是一首莊嚴的歌。」可以看出杏林子對這本書的原創情懷，應是書名的由來。寫作背景則是杏林子當年搬至新店花園新城休養時，將眼前所見的景物，盡是造物者神奇的創作，在她敏銳的心、眼觀照下，寫出一篇篇動人的樂章，字裡行間跳躍著對人生讚嘆及對生命熱愛的音符，爲世上幸與不幸的人譜了一首首生命之歌。

從《生之歌》的篇章裡可以體認出，杏林子處於極端病痛之中，仍把人生的信心，透過平實、簡潔、輕靈的筆調，描述身邊四季的一景一物，融合樂觀進取的生活態度，傳達生命裡的眞、善、美，帶給在逆境中掙扎的朋友鼓舞和激勵。而在民國八十四年再版時，杏林子表示，面對現今令人徬徨迷失的時代，越來越多的年輕人不知道爲什麼而活，爲誰而活，《生之歌》必定可以幫助他們內省生命的方向，爲自己的人生定位。

《生之歌》是杏林子所有書中最暢銷的一本，其中數篇文章不僅在台灣本土被選入中小學教材，也曾被香港及新加坡政府做爲初中中國語文教材，最早期也被美國馬里蘭州、紐澤西州大學華文班列爲教學教材；本書並且和《杏林小記》被台北市新聞處評選爲優良著作。

叁、語文天地

一、形音義辨析

一、「眞意」與「眞義」之辨析

㈠眞意

1.眞實的情感意志。如：「眞情眞意」相對於「虛情假意」。

2.和諧自然的意趣。眞，有「萬物一任自然，適性自足」反璞歸眞，自然本性的意思。如陶潛《飲酒之五》：「此中有眞意，欲辯已忘言。」

㈡眞義：眞正眞實的意義。眞有不造虛假虛僞的意思。

辨析：

「眞意」此一詞，乃引自【題解】。因作者強調「痛苦會過去，美會留下」，說明眞實的生命意義而言，故建議「眞意」宜改做「眞義」。

二、「慾」與「欲」之辨析

㈠慾：因內心愛好而渴望滿足的意念。通「欲」。

㈡欲

1.情欲：《禮記・禮運》：「何謂人情？喜、怒、哀、懼、愛、惡、欲。」例「七情六欲」。

2.希望：例「欲蓋彌彰」。「子欲子之王之善與」（《孟子選》）。

3.將要：例「山雨欲來風滿樓」。

辨析：

「慾」、「欲」二字在古書常通用，而今有別；「慾」僅限用於名詞；「欲」則動詞、名詞皆可用。例：

「欲」用在「嗜欲」、「貪欲」、「情欲」、「欲深谿壑」等詞裡，下加「心」是可以的，而「欲速則不達」、「己所不欲」、「欲哭無淚」、「欲罷不能」等詞便不宜；故課文第一則第一段的「慾望」也可以寫成「欲望」。

二、文法修辭

本課運用了對偶、感嘆、類疊、設問、映襯、擬人（轉化）、譬喻、示現、排比、層遞、引用等匠心所營造而成，茲分述於後：

㈠**對偶**：對偶是修辭格之王，因爲兩兩相對情況下，可以讓文字更美化。如：「飛來旋去」、「擎天撼地」。

㈡**感嘆**：感嘆和設問都是修辭格中特重語氣之雙冠王。經由感嘆，文章才有了抑揚頓挫。如：「那樣強烈！那樣鮮明！」。

㈢**類疊**：類疊的句子，彷彿是合唱團的二重唱或三重唱，有時强調文意的重心。如：「在沒有陽光，沒有泥土的土地上。」、「絕不辜負生命，絕不讓它自我手中白白流失。」

㈣**設問**：設問的使用，往往留下思考的空間給讀者，像是頗具神祕感的俠客。如：「我常常想，生命是什麼呢？」。

㈤**映襯**：在相互對比的情況下，才能顯示出與衆不同，像是一個愛標新立異的少年郎。如：「我可以好好利用它，或是白白糟蹋它，我可以使它過一個更有意義的人生，或是任他荒廢虛度，庸碌一生。」

㈥**擬人**：當所有的感覺都擬人化時，便賦予文字新的生命。如：「頸部和背部的關節也往往因爲低頭太久，不時向我提出嚴重抗議。」

㈦**譬喻**：譬喻格是修辭格之后，因爲它的出現使原本呆板的文意，變得多采多姿。如：「眼波如水。」

㈧**示現**：會使用示現修辭格的人，便是文章的導演，因爲「示現」是將鏡頭呈現在讀者的眼前。如：「彷彿隨時都可以從畫中走出來。」

㈨**排比**：排比像一列火車般，將相似的文句從車庫陸續駛出。如：「痛苦也會過去，眼淚也會過去。」

㈩**層遞**：層遞像一位畫家，把色彩一層層鋪在作品上，使作品具有層次感。如：「他留下的豈是藝術的美，更留下生命的美。」

(十二)引用：引用乃源於心理學的「訴諸權威」之理論，使人不得不心服。如：「痛苦會過去，美會留下。」

肆、課外補充資料

一、在殘缺中創造生命的人

(一)失聰的一代樂聖貝多芬

貝多芬（Ludwig Van Beethoven，1770-1827 德國）為世界所公認有史以來最偉大的作曲家，作品集古典音樂之大成。他相信音樂具有可以不藉助語言、文字而傳達人生哲學的力量。一八〇〇年以前已患耳疾，至一八一九年聽覺完全喪失。曾言：「我要扼住命運的咽喉」，日後他果真戰勝殘疾，為世界留下動人的樂章，如：快樂頌、田園交響曲等不朽的作品。

類例：

以主演「悲憐上帝的女兒」獲得奧斯卡影后的瑪俐麥特琳，出生十八個月因發燒，不幸導致耳聾。八歲時進入了芝加哥一家失聰兒童劇團，正式接觸戲劇，力求上進的她也克服生理缺憾，一路讀至大學，並投身於劇場演出，而由此揚名。

(二)失明的桂冠詩人彌爾頓

彌爾頓（John Milton，1608–1674）英國人，以長篇敘事詩《失樂園》聞名於世，他所塑造的撒旦形象為世界文學最高成就之一。西元一六五二年因用眼過度而雙目失明。他廣受讀者擁戴，被推崇為僅次於莎士比亞的偉大詩人。

類例：

1、靈魂歌手史提夫汪達（Stevie Wonder），美國人，天生失明但生命力卻極為旺盛，能在困阨的環境下發揮音樂長才，成為眾所皆知的國際級歌星。

2、「左丘失明，厥有國語。」據說《國語》、《左傳》是我國春秋時代左丘明失去雙目後，才寫出的傳世不朽史書。

(三)又聾又啞的演說家

海倫凱勒（Helen Keller 1880－1968）美國聾盲作家、教育家。海倫凱勒出生後十九個月，因病而喪失了聽覺、視覺和說話的本能，幸蒙家庭教師蘇利文指導，突破萬難，才開始接觸語文的世界，接受了完整的教育，於一九〇四年獲得學士學位。

當她想到世界上千千萬萬跟她一樣不幸的人有待幫助，因此決心將畢生精力奉獻在這方面；經由她不辭辛勞，旅行世界各地演說、呼籲，各國開始正視此一問題，紛紛設立爲殘障者謀福利的各種機構；海倫凱勒的功勞不可謂不大。

而她奮鬥不屈的歷程，經由她自己的傳記，以及由傳記改編的電影，使得全球人士都受到她的影響，是現代奮鬥成功的知名女性。

㈣汪洋中的一條破船

鄭豐喜（1944～1975），台灣雲林縣口湖鄉人，患有先天下肢畸形，右腳自膝蓋以下，前後彎曲，左腳自膝蓋以下萎縮，足板翹上，所以兩腳長短不一，不能正常走路，只能爬行。

由於出生在十分貧困的農家，必須靠爬行自力更生，因此他曾隨江湖老人流浪與猴雜耍；也曾過著如魯濱遜般的拾荒生活，把提籃掛在脖子上，撿拾農作或野生食物來充飢。爲了生存，爲了克服殘疾，他從未向人討捨、求憐，反而激發他更願意向命運之神挑戰，終於等到十歲了，才又克服萬難，進入小學就讀。在埋首苦讀下，發揮他超人的堅忍和對生命的信心，他毅然決然地完成了大學學業，也得到一份眞摯的愛情。

《汪洋中的一條船》是鄭豐喜成長過程的血淚奮鬥史，敍述他不畏艱難，接受坎坷生命的洗禮，並以樂觀進取的意志力，航向人生的終點。哲人雖已萎，然而典型在夙昔，是值得展讀風簷下，讓古道照後人顏色的一本勵志經典名著，也是值得推薦的鄉土教材。

㈤悲劇英雄太史公

司馬遷，西漢時人（145～86B.C.）四十八歲時，因替李陵辯白而觸怒了漢武帝，遭受到最殘忍、最羞辱的宮刑。在暗無天日的囹圄裡，化悲憤爲力量，完成中國歷史名著，及傳記文學的典範——《史記》，其筆下的悲劇人物，往往也是他自己悲劇性格的寫照，如《項羽本紀》、《刺客列傳》、《游俠列傳》等膾炙人口的作品。

類例：

1、兵法始祖孫臏是戰國時齊人，和衛國人龐涓同師事鬼谷子，龐涓自以為不如孫臏，暗中召孫臏至衛國，設計陷害，砍去他的雙腳，也黥了他的臉，不讓他出現於世上，幸好得齊國使者救助，也受到齊威王的重用，任命為軍師。後來齊衛交戰，孫臏設計在馬陵困住龐涓，龐涓自嘆不如，終於飲恨自盡。

2、出生時便沒有雙臂，右腳又畸形的楊恩典，小時候在高雄縣岡山菜市場被人發現，日後受到蔣故總統經國先生的鼓舞，克服障礙，矢志學畫，現已成為國際知名的口足畫家。

3、《太陽天使》作者黃乃輝，台北深坑人，一九六四年出生即罹患腦性痲痺，十歲以前仍在地上爬，日後雖能站起來，但口歪眼斜，兩手搖晃，雙腳扭曲，從十三歲入小學起，便開始刻苦自立，直至完成高中學業。現任花藝訓練創業協會名譽理事長、中華民國殘障協會理事長、希望基金會榮譽董事，並且是台灣區殘障運動會、腦性痲痺協會以及國際奧林匹克特殊運動會的發起人，也是慈濟的終身義工。另著有《愛的迴響》、《心向太陽》等書。

4、《我還有一隻腳》的小詩人周大觀，九歲便患了「軟組織肉瘤橫紋肌炎」，在多次開刀手術、化學治療及截肢後，小小年紀的他，仍樂觀地在病榻上創作出四十二首童詩，這些令人讀來椎心的童言童語，都是他迎戰病魔的有力武器，而這發光照耀夜空的小小螢火蟲，度過短暫的人生，卻留下動人心弦的詩篇。

5、美國第三十二任總統羅斯福（Franin D.Roosevelt 1882～1945）自一九二一年患脊髓灰質炎症，仍不放棄他對國家和政治的熱愛，不但競選出任紐約州長，一九三三年更當選美國總統，任內全力改革新政，制止戰爭、推動和平，是美國史上唯一連任三屆的總統，人稱「輪椅上的總統」。

二、名人勵志格言

㈠杏林子

1、對一個成功的人來說，缺陷是一項得勝的榮譽；對那些躲在缺陷後面自怨自艾的人，缺陷永遠是一個不幸的標誌。幸與不幸全在你自己掌握。（《生之歌・缺陷的兩面》）

2、人生的道路也是如此。有時候，平坦康莊大路，固然安全舒適，但曲折的小徑卻能開闊我們心境，帶給我們一些意想不到的情趣，即使一些小小的驚險，也都化爲甜蜜的回憶。（《生之頌・大路小徑》）

3、我們可以貧窮，但不貧乏；可以平凡，絕不庸碌。要生而坦然，死而無憾。（《杏林小記・救護車上》）

4、山說：「我看得比你更高！」水說：「我走得比你更遠！」於是，山恆常孤立，水終日奔波。（《現代寓言・山跟水的比賽》）

5、越是聰明的人，可能感情也越敏銳，痛苦也越深；但在另一方面，智慧也同樣可以幫助我們學習許多人生功課，提昇自己，超越苦難。（《另一種愛情・你不是穿山甲人》）

㈡其他

5、《周易・乾》：「天行健，君子以自强不息。」

6、孔子：「三軍可奪帥也，匹夫不可奪志也。」（《論語・子罕》）

7、曾子：「士不可不弘毅，任重而道遠。」（《論語・泰伯》）

8、孟子：「舜，何人也？予，何人也？有爲者亦若是。」（《孟子・滕文公篇上》）

9、荀子：「騏驥一躍，不能十步；駑馬十駕，功在不舍。」（《荀子・勸學篇》）

10、老子：「勝人者有力，自勝者强。」（《老子・三十三章》）

11、蘇軾：「立大志者，不惟有超世之才，亦必有堅忍不拔之志。」（《晁錯論》）

12、鄭豐喜：「惡運！來吧！來吧！你再來吧！我永不倒下，我要克服你，我要戰勝你！」（《汪洋中的一條船・掙扎》）

13、黃乃輝：「上帝爲我關了一扇門，祂也會爲我打開另一扇門，問題是——我必須努力把那扇門找出來。」（《太陽天使》）

14、周大觀：「化學治療是大刺客，／刺向我身體的每一個角落，／爸爸是鼓勵先生，／陪我迎向作戰。／放射治療是小魔鬼，／攻擊我身體的每一個要害，／媽媽是安慰小姐，／伴我度過難關。」（《我還有一隻腳・治療》）

15、貝多芬：「所謂人生，無疑一切都爲了崇高的理念而犧牲，爲了建設藝術的神殿而獻身！如果這個世界有所謂偶然的話，即使得仰賴這種偶然而生存，我也得生存下去！」

16、雷諾瓦：「四天前我滿五十歲了，追求表現光線對我而言，似乎太老了一點。不過，我必須做我該做的事情。」

17、海倫凱勒：「請將你的燈提高一點，好照亮不幸的人！」

18、美國詩人朗法羅：「人生是一奮鬥的戰場／到處充滿血滴與火光／不要成爲甘受宰割的牛羊／在戰鬥中，要精神煥發，要步伐昂揚！」

19、美國總統林肯：「生命有如文章，在乎內容，不在乎長短。」

20、美國前副總統韓福瑞在飽受癌症折磨十餘年後，說了一句感言：「世界上最偉大的醫療方法就是友誼和愛。」

21、法國大文豪羅曼羅蘭：「人生不出售來回票，一旦動身，絕不能復返。」

22、法國英雄拿破崙：「人生是苦難中滋長起來的，唯有樂觀奮鬥，才能不斷茁長；反之則易埋沒，默默終生。」

㈢勵志名著推薦

1、杏林子作品系列
2、汪洋中的一條船　鄭豐喜著　鄭豐喜基金會
3、太陽天使　黃乃輝著　文經社
4、我還有一隻腳　周大觀著　遠流
5、名人偉人傳記全集　梁實秋編著　名人
6、潛水鐘與蝴蝶　鮑比著　大塊文化
7、與眞情相遇　伊甸社福、聯合報系編　雅歌

三、飛蛾（Moth）

㈠生態

蛾與蝶同屬節肢動物昆蟲綱鱗翅目（Lepidoptera），蛾、蝶之不同在於蝶的觸角前端膨大如根棒狀，不飛時翅膀閉收，白天活動。蛾與蝶類似而體肥大，有密毛，口器不及蝶發達，觸角細長如絲且有複雜的刷狀結構，翅面灰白，靜止時兩翅平擧於身體（與蝶類最大的差別處），夜

裡飛出，喜接近光亮，幼蟲貪食，使作物葉部損害大。種類甚多，有燈蛾、天蛾、蠶蛾、茱蛾、螟蛾等，其中以與那國的天蠶蛾（Attacus atlas）體型最大，翅膀張開約27公分；課文所指應是燈蛾（Arctiidae）之類，成蟲後胸有發聲器（tymal organ）。

㈡字詞、成語及故事

1、飛蛾撲火

語出《梁書》：「如飛蛾之赴火。」形容不知死活，自取其禍之意。意近之詞有：咎由自取、飲鴆止渴、自作孽，不可活、自作自受、自食其果、自掘墳墓、作法自斃、作繭自縛、自尋死路、天堂有路你不走，地獄無門自闖來。

2、蛾眉

蠶蛾的觸角，彎曲而細長，如人之眉毛，故古代比喻爲美人。《詩經・衛風・碩人》：「齒如瓠犀，螓首蛾眉，巧笑倩兮，美目盼兮。」

3、天蛾繭

美國的考門夫人收藏一個天蛾繭，當天蛾繭出繭的那一天，考門夫人正好發現繭裡的蛹蠕動，於是她整個早上耐心地守在旁，看著它努力地奮鬥、掙脫，直到中午，它依然沒有什麼進展，考門夫人，終於耐不住性子了，便拿來一把剪刀，爲他剪破堅硬的繭，結果小天蛾，毫不費力破繭而出；但它的身材有點臃腫、翅膀也有點短小，它不僅不能拍翅遨翔，卻只是蠕動一會兒就死了。

四、聽診器

醫療用具，俗稱「聽筒」。是一種用以間接聽取或研究身體某部位所發生病變的工具。爲一副中空的管或筒，一端有一喇叭口狀物，將其一端放置在聽診的地方，另一端則放入耳中，則可藉由增強的聲音，清晰聽見人體內所發出細微的聲音。聽診內容包括由於血或氣在血管、心、肺、支氣管和腸道中流動引起的聲音或振動。

五、印象派

十九末到二十世紀初流行於歐洲各國的畫派，印象派（Impressionnisme）名稱的由來，就是從也是印象派名家莫內（Claude Monet，1840～1926）在1874年巴黎革新畫展上的一幅油畫，標題「日出——印象」（Inpression·Sunsrise 1872 藏巴黎）中的「印象」一詞而來；而這幅作品，自此便成爲類似繪畫史上里程碑的代表作。

印象派的另一種說法是：1874年，莫內和畢莎羅等人舉行聯合展時，「印象派」這個名詞尚未出現，直至展覽第十天，在一份叫做「歇理瓦理」的報紙上，刊登了魯伊·魯洛瓦所寫的專欄評論，當時的標題即是「印象派的展覽會」。

魯洛瓦的評論，是藉著一位頗有名氣的風景畫畫家，再會場參觀畫作時，以對話方式所寫出來的。例如，在畢莎羅的作品前，因不明白作品不同以往的畫風，誤以爲眼鏡不清，還摘下用力擦拭一番，直到有人告訴他畫的是「耕地」。不料他竟叫了起來：「這是耕地嗎？一點也不像啊！這只是把顏料從調色盤裡，挖到骯髒的畫布上而已！」

這位不明就理，自以爲是的風景畫家，一路說出嚴苛的批評，最後在出口處，他盯著守衛的臉孔仔細打量，說：「啊！這幅『肖像畫』的眼睛，嘴巴、鼻子都清清楚楚的，這可不是『印象派』罷！」如此令人爲之氣結的話，全被記錄下來，但是拜其所賜，「印象派」這個名稱卻被定下來了。因此這篇原本來者不善的評論，竟成了歷史性的文章了。

在內容表現上，注重自然、人、生活的感覺和印象；在技巧表現上則吸取了當時科學的光學理論，認爲色彩是在光的照射下而產生的，並非一成不變。例如：過去一般認爲草是綠色的，但是如果眺望遠方的原野，草卻不是綠色的，而是青色的；又如在晚霞夕照下看草，就成爲紅色或灰色。所以印象派最擅長掌握光的變化而產生戶外色彩瞬間的景象。

六、雷諾瓦

雷諾瓦（Pierre-Auguste Renior 1841-1919），法國印象派畫家，生於里摩日市（Limoges）。出身裁縫家庭，七位兄弟姊妹中排行第六。十三歲當瓷畫學徒，二十一歲入藝術學院習畫，結識了一些年輕畫家，共同創造一種新的風格，他們經常到戶外寫生，但是他們並不是把所見的景物精確的複製下來，他們要創造一個「印象」，好像畫中的景物一瞬間即將消逝。三十三歲（西元一八七四年）參加第一屆印象派畫展。

雷諾瓦對繪畫的看法獨樹一格。他曾對一位朋友說：「畫是用來裝飾牆壁的，因此色調應該盡量豐富多彩。對我來說已無畫作必須可愛、歡樂並且美麗。生活中的醜陋的東西已經夠多了，我們不該再雪上加霜。我喜歡那種能讓我漫步其中去撫摸小貓的動作。」

西元一八八九年，當雷諾瓦四十八歲時，不幸罹患風濕關節炎，使他的肉體在晚年遭到極大的折磨。他的手、腳、膝蓋都動過手術，很多年都必須藉助枴杖行走；西元一九一〇年終於不得不坐在輪椅上，一九一二年更是完全癱瘓，無法再站起來。

縱然身上處處是破碎的關節，垂垂老矣的雷諾瓦仍然幽默、樂觀，更重要的是他依舊不失創作的熱情，一生相信「如果不能使我快樂，就不能使我動筆」。他認爲自己是幸運的老人，因爲還可以坐在輪椅上畫畫。他有一套專屬的大畫架，裝置在滾筒上，可以自由拉上拉下，以方便他工作；筆則用一根木棒綁在已經支離破碎的手上，雷諾瓦戲稱它是「可以穿上的大拇指」。由於手一旦被固定住，中途就不太可能換筆，所以他從頭到尾只用一枝筆，浸在松節油裡清洗，大大簡化了調色盤的顏色，作品的筆觸看似笨拙，卻絲毫不減其力量的傳達，以及充滿年輕的活力。由於他無法親自動手做雕塑，就以遙控的方式，雇用兩名工匠，經由雷諾瓦手上的長竹竿指揮，還是能完成巨大出色的藝術作品。然而孜孜於藝術上的勤奮終不敵死神的召喚，就在西元一九一九年十二月三日，雷諾瓦因感染兩週的肺炎而病逝，享年七十八歲。彌留之際，他仍喃喃自語：「我才剛開始有成功的希望。」

雷諾瓦留給世間數量眾多的風景畫和肖像畫，這位與莫內同屬印象派的巨匠奧古斯都·雷諾瓦，曾有人對他的作品如是評論：「其繪畫作品有如小鳥般婉轉清鳴般，令人喜悅舒爽。」綜觀雷諾瓦的繪畫生涯，不難看出他永遠關注於人間的形象：玫瑰雙頰的少女，表情天眞爛漫的孩童，珍珠色輝映而官能十足的裸女，都是雷諾瓦展現鮮活生命力的特色；尤其《浴女圖》（Grandes Baigneuses 一九一八年）是他繪畫的最高藝術成就，也是他生命最美麗的句點。

七、類風濕關節炎

類風濕關節炎（Pheumatoid arthritis）的病因是由

於身體內的免疫細胞——T細胞，不正常的攻擊自體關節內的結締組織或是滑膜組織，所引起的一種原因不明的自體免疫疾病，症狀一旦發作時，常會引起四肢關節處紅腫疼痛，如組織長期遭受到自體免疫細胞的不正常破壞，更易引起肌肉萎縮或關節變形，造成日常生活上許多的不便與困擾。

在目前的治療上，除了靠藥物（如類固醇、非類固醇或是免疫藥劑……等），控制疼痛、發炎外，一旦嚴重關節變形，也只能靠手術置換人工關節，改善生活上的不便。但在藥物治療過程中，由於藥物所帶來的各種副作用如胃潰瘍、胃腸障礙……等，所以在飲食上必須採取比較溫和的方式。

台灣有將近上萬人遭受類風濕關節炎的折磨，患者也組織「類風濕關節炎協會」，並相互關懷、打氣。

一般類風濕關節炎患者得病的關節往往左右對稱同時發作，劉俠的症狀卻很「另類」：是屬於左右交叉型，例如左肩疼、右肘痛、左手不能動，因發病的部位不一致，所以她自名爲「花式」。雖然身上百分之九十五的關節都已經損壞僵硬，使得她腿不能行，肩不能舉，手不能彎，頭不能轉五度以上，生活上不能自理的事，必須仰賴母親長久的協助，而寫作工作因手已嚴重變形得無法握筆，目前則經口述由專屬祕書記錄。縱然日子過得如此辛苦，但是劉俠依然以樂觀的人生態度，去迎接每一個燦爛的晨光，且以無比的勇氣，面對病魔的挑戰。

伍、思考與練習

一、請指導學生蒐集古今中外人士之奮鬥事蹟及勵志名句。

二、教學活動設計：

答

㈠上台報告：可採分組討論方式，表達對奮鬥人士的崇敬與效法。

㈡腦力激盪：

1、假如我是殘障者

2、如果我將不久於人世

㈢戲劇表演：

1、可一班分成數組或任教的兩班，互相飆戲，精彩可期！

2、劇目：以勵志性爲主（可配合閱讀書籍而

（林娴雅）

定）。

3、指導學生寫作劇本、劇場工作之分配。

㈣命題作文：

1、影響我最深的一個人或一句話

2、善待人生的青春期

3、讓生命更豐美（八十六年北聯）

㈤閱讀心得報告：

1、介紹杏林子之書目，或至圖書館推薦其他勵志書籍、刊物。

2、指導學生撰寫「報告」之格式，及版面製作、封面之設計。

三、教具示範

答 ㈠圖片展示：

1、杏林子、雷諾瓦等肖像。

2、印象畫派之畫作：可請美術老師指導學生欣賞。

㈡聽診器：讓學生聽聽心跳的聲音，隨機教導他們認識生命、珍愛生命。

四、愛心更要有智慧——如何協助扶持行動不便的殘友

答 可參考「伊甸社會福利基金會」出版的《用愛解礙》一書。

十四、記承天寺夜遊

／蘇軾

十四、臨濟天下文趣

壹、作者參考資料

一、宋詩壇盟主蘇軾

蘇軾（西元一〇三六～一一〇一年）字子瞻，自號東坡居士，眉州眉山（今四川省縣名）人。二十二歲中進士，以文章知名。是古今少有之奇才，文章與歐陽修並稱；詩與陸游並稱，詞與辛棄疾並稱，書法與黃庭堅齊名。一人而兼長詩文書畫的，古來少見（清鄭板橋亦詩、文、書、畫兼長），在文學藝術上，非但是奇才，而且是全才。無怪歐陽修曾對梅聖俞說：「吾當避此人便出一頭地。」而蘇軾也不負歐陽修之厚望，承繼歐陽修成了宋朝文壇、詩壇之盟主。

㈠以范滂傳自勉

蘇軾自小聰穎絕倫，十六歲即博通經史，下筆千言。幼時即以范滂自勉，一日母教其讀《後漢書．范滂傳》，母親不覺慨然太息。他向母親道：「軾若為滂，母許之乎？」母親說：「你如果願意作范滂，我就不能作滂母嗎？」蘇軾自此奮勵而有當世志。（范滂，東漢名士，少厲清節。及壯，登車攬轡，慨然有澄清天下大志。所至之處，有贓汙者，皆聞風解去。靈帝時因黨事為宦官所殺，死前母勉之曰：為義而死，死有何恨？）

㈡想當然耳

仁宗嘉祐二年，軾年廿二，父親蘇洵帶著他和弟弟蘇轍由陸路到京師去參加禮部考試。主考官歐陽修看了他的《刑賞忠厚之至論》一文，大為激賞，又恐是門下曾鞏文章，為避嫌，而將其屈置第二。一日，蘇軾晉謁歐陽修，問蘇軾應考論文中有「皋陶為士，將殺人，皋陶曰：殺之，三；堯曰：宥之，三。」典出何處？蘇軾答以「三國志的孔融注。」歐陽修遍查《三國志》並無此注。再問蘇軾，東坡說：「曹操滅袁紹，欲以袁紹媳婦配曹丕，孔融謂曰：『昔武王伐紂，乃以妲己賜周公。』曹操頗以為怪，問孔融出自何經典？孔融答曰：『乃想當然耳！』如今我亦想當然耳。」歐陽修聽了大為驚歎！

㈢受任鳳翔判官

嘉祐五年，丁母憂除服回朝，受任鳳翔判官。這是蘇軾第一次離開弟弟，到鳳翔後兄弟二人每月按時互寄一詩。《和子由澠池懷舊》就是其中的名篇。

人生到處知何似？應似飛鴻踏雪泥。
泥上偶然留指爪，鴻飛那復計東西！
老僧已死成新塔，壞壁無由見舊題。
往日崎嶇君記否？路長人困蹇驢嘶。

人的一生，不過是美好心靈偶而留下的足迹。此時他對人生的無常也已有所感。仕宦的生活，並不如想像中美好。

㈣宦海沈浮

王安石推行新政，蘇軾與當政不和，開始了宦海沈浮的一生。熙寧四年，被貶爲杭州通判。西湖仙境醉人的風韻，更啓發了詩人作詩的靈感。

水光瀲灩晴方好，山色空濛雨亦奇。
欲把西湖比西子，淡妝濃抹總相宜。

佳人名湖相比，無怪此詩一出人人爭相傳誦，爲西湖平添浪漫旖旎的色彩。

㈤烏台詩案

元豐二年，時年四十四，發生「烏台詩案」幾置於死地。蘇軾曾說自己的性格是喜說眞話，始終「如蠅在食，吐之乃已。」蘇軾反對王安石實行新政，經常作詩描寫新政之下百姓的困苦、稅收和徵兵制。得罪了王安石的黨徒，於是搜集他的詩進呈神宗皇帝，加上莫須有罪名。說他妄自尊大，愚弄朝廷。神宗命御史處理此事。（御史府中，古柏參天，烏鴉羣飛，故稱烏府。）蘇軾下詔入獄，幾置於死地。

蘇轍聽到蘇軾犯罪入獄，立刻上疏願除官爲兄贖罪，復因皇太后說情，才得以免死。在獄中四月後，遭貶黃州團練副史。本州安置，不得離開黃州，也無權簽署公文。

蘇軾死裡逃生，心魂震撼，也使他開始思索生命的眞諦。劫後餘生，內心雖是忿懣痛苦的，但他卻沒有被痛苦壓倒，反而表現一種超人的曠達，一種不以世事縈懷的恬淡精神。現實的困頓，人生的挫折反而使蘇軾的作品散發熠熠光彩。《前後赤壁賦》、《念奴嬌》、《記承天寺夜遊》等傳世名作，都作於此時。

對蘇軾遭貶黃州，當時流傳一則軼聞，說王安石獨遣蘇軾於黃州，是別有居心的。

傳言：蘇軾曾拜訪王安石，見王安石書案上有詩：「西風昨夜過園林，吹落黃花滿地金。」西風是秋風，黃花是菊花，蘇軾心想菊花只會枯萎，不會飄零滿地，便提筆為詩，依韻附道：「秋花不比春花落，說與詩人仔細吟。」王安石看到他的詩，大為不悅，便趁機將他貶到黃州。到黃州轉眼半載已過，重九之後，連日大風。一日風息，蘇軾出外散步，赫然見滿地盡是金黃色的菊花，才知道王安石是要他到黃州來看個究竟。

黃州是個貧瘠小鎮，初到黃州的生活很苦，自築小屋於東坡，名曰雪堂，（小屋於元豐五年二月在雪中蓋成，牆上有蘇軾親筆畫的森林、河流、漁夫的雪景。）脫下文人的外衣，換上普通農夫的衣裳，親自耕作，成了道地的農夫。在這種鄉村環境中，他覺得自己的生活越來越像陶潛，蘇軾曾作了一首詩，說他的前生一定是陶潛，而且愈讀陶潛的詩，愈覺得詩中反映出自己的起伏情感並目前的生活非常貼近。

農田墾好，衣食無憂，加上萬縷閒情和詩人敏感的想像力、月光美酒混合成強大的魅力，使蘇軾生活得很詩意。他超脫了原來被視為「拘禁」的淚民生活的苦痛，享受生活，到處捕捉詩意的片刻，化成不朽的篇章。

在黃州五年，後又轉遷常州；神宗去世，哲宗即位，舊黨當權，蘇軾召還為翰林學士，復因論事為當道所忌，被貶知杭州。

再貶杭州，杭州人打點焚香，列隊迎接，杭州人愛戴他，他也愛杭州。為了需要他在杭州建了一座公立醫院，（據林語堂先生考證，此為中國最早之公立醫院。）又整修西湖，取湖中所積葑草、淤泥築為長堤，遍植楊柳，柳絲搖曳點綴煙水之中，杭人稱蘇公堤，至今「蘇堤春曉」仍是「西湖十景」之一。

哲宗親政，新黨當權，廢黜舊人，又以文字之罪，貶放嶺南的惠州；並以六十三歲的高齡遠徙瓊州，徽宗即位，大赦天下，赦還的次年，死於常州。

「夢裡似曾遷海外，醉中不覺到江南。」宦海浮沈，政治的失意、挫折，蘇軾的一生「爭如一場大夢」。

二、蘇軾的文學成就

蘇軾評吳道子的畫曾說：「出新意於法度之中，寄妙理於豪放之外。」其實蘇軾的詩、詞、散文都具有這樣的藝術特徵。任何一種文學形式，到了蘇軾的手中都能開創出另一番局面。之所以如此，和他恢弘的思想有極大關係。

蘇軾的思想是複雜的，儒家的底子，再融合各家思想的因素，莊子的哲學，陶淵明的詩理，佛家的解脫，給他很大的影響。他胸懷開闊，氣量恢弘，善處逆境，形成豪爽明朗的性格，達觀快樂的人生觀，和在文學上那種豪放不羈的風格。無論處在何種難關，都能保持正常的人生態度。他始終是愉快詼諧的，心境是明朗的，感情是眞實的，在他的作品中，都能清楚反映出這一種性格。

蘇軾的散文，文思壯闊，氣魄沈雄，嬉笑怒罵，皆成文章。曾說：「吾文如萬斛泉源，不擇地皆可出，……如行雲流水，初無定質，但常行於所當行，止於所不可不止。」這話恰可拿來做他文章的評論。他嘗說：「吾所爲文，必與道俱。」因爲俱道，所以能一瀉千里，委婉曲折，無不盡意。他的議論文能與道俱，抒情文，也善以風景釋禪機，讓人無意中領悟人生。尤其他的《前赤壁賦》，寫其對超自然世界的嚮往與思考，而呈現出一種詩意化了的世界，讀了彷彿與之同遊。有人說前赤壁賦是蘇軾散文的代表作，包攬了他文章的主要特點：自由豪放、恣肆雄健的陽剛之美。蘇軾的文章不僅給了自己快樂，他曾說：「人間至樂莫過於此。」蘇文對他同時代的人也有類似的效果，歐陽修曾說他每次收到蘇東坡的新作，就喜極流涕、快活一整天。蘇軾的文章更成了當時士子爭相模仿的對象，「蘇文熟，吃羊肉；蘇文生，吃菜根。」就是當時流行的俗諺。

而詞到了蘇軾手中，更開創了一種新境界，從五代到柳永，詞的生命是音樂，詞的內容大都是艷意別情。故塡詞一定以協律爲重要條件，表意必以婉約爲正宗。蘇軾的詞卻打破了這種傳統精神。在音律上，使詞與音樂初步分離，使詞的文學生命凌駕於音樂生命之上。在字句上，以清新雅正的字句縱橫奇逸的氣象，形成了他的詩化的詞風。內容上，一掃詞貧弱的缺點，無論什麼題材、思想和情感，都可用詞來表現。他一面擴大詞的內容，一面又提高詞的意境，用豪放飄逸的詞風，代替婉約的風格。詞到了他手中，確是大大地進展和提高了。

而蘇軾的詩，以七言長篇見長。他的七言長詩，波瀾壯闊，變化多端，語言暢達，氣勢縱橫，有如流水行雲之妙。

蘇軾不但善爲詩文，亦長於書畫。林語堂先生以爲蘇軾的天才和靈性，尤其適合表現毛筆的韻味。蘇軾曾說：「吾書雖不甚佳，然出自新意，不踐古人，是一快也。」可知他學習書法，重在吸收名家之菁華，不願亦步亦趨，所以能自成一格。

當時的人多想得到蘇軾的字，卻無法强求。擔任翰林學士期間，就流傳了一個笑話。有一個人很崇拜他，拚命想搜集他的親筆題字，常用十斤羊肉向蘇軾的祕書換取每一張短箋。這件事被蘇軾知道了。一回，祕書要求蘇軾答覆一個朋友的口信，蘇軾就以口頭答覆。祕書再來，蘇軾說：「我不是告訴你了嗎？」祕書答道：「那人堅持要你用筆答覆。」蘇軾說：「傳語本官，今日斷屠。」蘇軾的字，豈不成了「換羊帖」了。

書法自成一格，繪畫也一樣成就輝煌，不但創造出有名的「墨竹」，更和米芾共同探索新畫法，成了中國繪畫最獨特，最具代表性的風格。蘇軾對自己的畫頗爲自許，畫墨竹常留空白以待五百年後的人題跋。

蘇軾眞是我國文壇與藝壇上的奇葩，說他是「一代不世出，百年能幾見」的人物，實不爲過。

三、蘇軾二三事

㈠交遊

蘇軾曾向弟弟蘇轍說：「吾上可陪玉皇大帝；下可陪卑田院乞兒。眼前見天下無一個不好人。」蘇軾交遊極廣，他和他的朋友也譜下一段段動人的故事。

1、花和尚佛印

蘇軾有許多方外的朋友，在通俗作品中最常被提及的就是佛印。

佛印是富家子弟從不打算出家，有一日，皇帝對佛教表示好感，願聽佛教徒進言，蘇軾就把他帶到朝中。佛印儘量在皇帝面前表現他對佛教的信仰。皇帝看他，高大俊俏，容貌不凡，就慷慨給他一張度牒，讓他入寺當和尚。他進退兩難，只好接受皇帝的建議，就這樣被迫出家。他住在杭州期間，傳說他一出門就帶了不少佣人和馱騾，根本不合乎出家人禁慾的生活原則。

佛印經常和蘇軾鬥智。一日蘇軾覺得自己修道日有精進，信手爲詩，詩中有兩句：「八風吹不動，穩坐紫金蓮。」詩成，命童子將詩作送過江給道友佛印。佛印見詩後，回了信，命童子捎回給東坡。蘇軾打開，一看，偌大的信紙只寫著「屁」字，不覺大怒，立刻渡江，想找佛印理論。一進佛寺，遍尋佛印不得，只見牆上留有詩句：「八風吹不動，一屁打過江。」蘇軾見此，知道自己的修爲仍然不夠，反教佛印戲弄了。

又一日，佛印與蘇軾對坐，蘇軾問佛印：「佛印你覺得我像什麼？」佛印答曰：「菩薩。」蘇軾甚喜。佛印反問蘇軾：「那我像什麼？」蘇軾答以：「一坨糞。」佛印笑而不語，蘇軾爲自己在言詞上佔了上風而沾沾自喜。回家說給妻子聽，妻子說：「你又輸給了佛印。」蘇軾不解，妻子解釋：「佛印心中有菩薩，所以見你亦如一尊菩薩；而你心中只有糞土，所以見人亦如一坨糞。」聽完，蘇軾知道自己又輸給了佛印，不禁爲之氣結。

在東坡與佛印鬥智的故事中，大多是佛印佔了上風，所以林語堂先生懷疑，這些故事大概都是佛印杜撰的。

㈡怕太太俱樂部的會長——陳慥

陳慥字季常，早年曾和蘇軾同學於道士張易簡，後來蘇軾謫居於黃州，陳慥也隱居在光州、黃州之間的歧亭，兩人時常往來，賦詩和唱其誼甚爲融洽。季常年少時使酒好劍，用財如糞土。後來拋棄功名財富，到歧亭隱姓埋名，鄉人不知他的名字，看見他常戴四方而高聳的帽子，就以「方山子」相稱。

兩人因情誼匪淺，所以蘇軾經常和他開玩笑。在一篇戲謔詩中，蘇軾寫道：「龍丘居士亦可憐，談空說有夜不眠，忽聞河東獅子吼，拄杖落地心茫然。」於是陳慥懼內的典故從此確定。至今「季常癖」仍是「懼內」的代稱，陳慥隱然成了千古來ＰＴＴ俱樂部的會長。

㈢以皛飯與毳飯互相戲弄的朋友——錢勰

蘇軾曾對錢勰自稱他喜歡以前鄉下簡樸的生活，他說他們晚餐常吃三白（即鹽、蘿蔔、白米飯），滋味很好，生活清苦但他十分快樂知足。過了幾天錢勰下帖請他吃飯，帖子上印著「皛」飯。蘇軾早忘了自己曾說過的話，欣然赴宴，發現錢勰準備的只有鹽一撮、一碟生蘿蔔、一碗白米飯。蘇軾想起自己的話，知道被愚弄了。蘇軾不動聲色，數日後下帖請錢勰吃「毳飯」。錢勰明知蘇軾有意報復，爲一探究竟，仍赴約去了。過了用餐時間，錢勰屢次催促，蘇軾都回答說：「再等一會。」直到錢勰飢腸轆轆，仍未見蘇軾端出毳飯。蘇軾才說：「鹽也毛（沒），飯也毛（沒），蘿蔔也毛（沒），這不是毳飯嗎？」原來毛與沒古音相同。錢勰只好苦笑，報復完，蘇軾仍端出豐盛酒菜，請朋友享用。

蘇軾性格中詼諧調皮的一面，由此可見。

㈣蘇軾與親友

在文學史上，蘇軾與其父蘇洵，弟蘇轍，並稱三蘇。一門三傑，與漢魏曹操，曹丕，曹植父子三人，交相輝映，這是人人盡知之事。蘇家除蘇軾、蘇轍二兄弟外，尚有一姊。

而在今古奇觀中有《蘇小妹三難新郎》一文，卻說蘇軾另有一妹，名喚小妹。小說中小妹曾與蘇軾互相嘲戲，蘇軾是一嘴鬍子，小妹嘲笑他是：「口角幾回無覓處，忽聞毛裡有聲傳。」小妹額顱凸起，蘇軾譏笑他是：「未出庭前三五步，額頭先到畫堂前。」小妹又嘲笑蘇軾下頦過長說：「去歲相思兩行淚，今纔流得到腮邊。」蘇軾不甘示弱因小妹雙眼微陷，又答說：「幾回拭眼深難到，留卻汪汪兩道泉。」

蘇軾並無妹妹，所有故事只能視爲通俗小說家穿鑿編構的故事，不必以史家眼光考證，不過故事中兄妹二人互相挖苦譏嘲，很合乎蘇軾性格中，喜開玩笑、用詞尖刻的特性。

㈤蘇軾與妻妾

蘇軾在赴京考試以前，已經在家鄉眉山結了婚，妻子王弗，是本鄉貢進士王方的女兒，後來生子蘇邁。王弗年輕貌美，侍翁姑恭謹，對丈夫溫柔賢慧，恩愛情深。可惜恩愛夫妻不到頭，王弗僅活了廿七歲就謝世了。蘇軾痛失愛侶，心中的沈痛，精神上遭遇的打擊，是難以言喻的。十年後，蘇軾知密州，在亡妻忌辰前夕，他夜夢愛妻，寫下了傳誦千古的悼亡詞——《江城子（乙卯正月二十日夜記夢）》

十年生死兩茫茫。不思量，自難忘。千里孤墳，無處話淒涼。縱使相逢應不識，塵滿面，鬢如霜。　夜來幽夢忽還鄉，小軒窗，正梳妝。相顧無言，惟有淚千行。料得年年斷腸處，明月夜，短松岡。

亡妻死後的三年，蘇軾續娶王氏的堂妹潤之。除了兩次娶妻以外，唐宋時代多官妓，雖持躬清正之士，亦不得免，蘇軾更是得其所哉樂在其中。在東坡的侍妾中，最得寵的莫過於——朝雲。她非常聰明，大多數的傳說，都認爲她是錢塘名妓。但據林語堂先生考證，朝雲本是蘇軾之妻在杭州買來的丫環，到蘇軾家才學讀學寫，長大後被納爲妾。蘇軾貶惠州，妓多散去，只剩朝雲隨侍南下，依依左右。

有一天，蘇軾吃完飯在房裡踱來踱去，心滿意足地捧著肚子。他問家中婦女，他肚內藏些什麼？一個侍兒說：「都是文章。」另一個說：「滿腹都是識見。」只有聰明的朝雲說：「學士一肚子不合時宜。」蘇軾捧腹大笑，從此對朝雲更加愛憐。後來朝雲向比丘尼義沖學佛，不僅在生活上，也在宗教上成爲蘇軾最親密的伙伴。

㈥蘇軾與美食

蘇軾才思敏捷，文章蓋世，和他的文采同樣爲人稱道的則是他的飲食藝術。

蘇軾喜吃肉是衆所周知之事，貶官黃州時，爲了繁榮地方，改善百姓生活，把黃州的肉大大地褒揚了一番，曾寫詩：「黃州好豬肉，價錢賤如土，富者不肯喫，貧者不解煮，慢著火，少著水，火候足時它自美，每日起來打一碗，飽得自家君莫管。」深諳豬肉烹調之要訣，無怪「東坡肉」至今，仍爲人人盡知的名菜。

同樣也是在黃州時，蘇軾經常到西山遊覽，成了古靈泉寺的常客，廟中的和尚以油餅款待他。蘇軾非常喜愛，只要來廟裡一定索取餅吃，爲了酬謝和尚招待的美意，寫了一部《金剛經》相贈，成了古靈泉寺的「鎭寺之寶」，保存至今，而這種餅也被命名爲「東坡餅」。

貳、課文參考資料

一、記承天寺夜遊賞析

本文選自《東坡志林》，簡單地說，這是一本蘇軾被貶至各地所搜錄的各地見聞錄，收集了許多的幽怪神奇及人物軼聞。

這是一篇隨筆式的散文，寫這篇文章時，作者正因「烏台詩案」，被貶黃州。一個月色澄澈的夜晚，作者不能成眠，到承天寺邀訪同貶黃州的張懷民，在庭中漫步。描寫了如水的月色，也抒發了自己遭貶的複雜心境。

文中最爲人稱道的是——作者用了極爲精練的筆法，勾勒出一幅清澈明淨的月夜圖。本是夜深人靜，解衣欲睡，卻因入戶月色的吸引，而使睡意全消，「欣然起行」寫出了月色的美妙及對作者的吸引。如此景致，怎能不與知交之人同遊呢？「遂步至承天寺，尋張懷民」、「相與步於中庭」。

「庭中如積水空明，水中藻荇交橫，蓋竹柏影也。」這段文字正是他對如水月色具體的描寫。「庭中如積水空明」不僅使人感覺到月色如水的清淨澄澈，更使庭中充溢著融融月色，而使作者有了「藻荇交橫」的錯覺，月色如水只是尋常譬喻，但藻荇交橫卻使整幅畫面添增了水流的動感，動靜交織，如眞似幻的景致，更爲這次夜遊平添幾許動人的雅興。庭中何來藻荇？藻荇交橫原來只是竹柏之影的錯覺，不直接寫竹柏形象而藉由其影所呈現的幻覺來寫，增添了月夜的迷濛景象，令人沈醉。

月光朗照，竹柏橫生，本是尋常之景，但就在這個偶然的夜遊中，作者卻有了不凡的體悟，「江水風月本無常主，閒者便是主人。」原來美景俯拾即是，只要有一份清閒心境，就能享受自然之趣，所以作者才有了「何夜無月，何處無竹柏，但少閒人如吾兩人耳」的感慨。再細細品味，這「閒」只是清閒、悠閒嗎？作者與張懷民此時同是政治失意的「天涯淪落人」，作者正因烏台詩案，貶居黃州，掛名爲「團練副使」外加「本州安置」的「閒」職，不得參與公事，亦不得簽署公文，形同流放。如此看來這「閒」可就是「傷心人別有懷抱」，頗有幾分悵惘了。這也是爲什麼在這個月色入戶，難以成眠的夜晚，兩個天涯淪落人要「相與步於庭中」以排遣心中的抑鬱了。而這「閒」字，更表現了身居「閒」職，卻能超脫世俗名利的超曠恬淡之態度。藉由同時期的作品《定風波》更可得到印證。

「莫聽穿林打葉聲，何妨吟嘯且徐行，竹杖芒鞋輕勝馬，誰怕一蓑煙雨任平生。　料峭春風吹酒醒，微冷，山頭斜照卻相迎，回首向來蕭瑟處，歸去，也無風雨也無晴。」

政治的風雨，人世的風雨，終有平息之日，處在政治的漩渦中，卻能有如此曠達的態度，以享受自然之美景，也唯有東坡能之。

全文雖是信手拈來之作，卻結構嚴謹；雖只區區八十三字，卻敍事、寫景、抒情無所不包，無怪前人評本文說「髯公之作，此爲第一」。首段交代起遊時間、地點、緣由、同遊之人。次段抒寫如水月光之幻覺及抒發遭貶的複雜心境。無一缺少，極其完整。由「欲睡」到「起行」、「尋友」、「散步」，由敘事到寫景，由賞景到抒發感觸，從頭至尾一氣呵成，行文是如此流暢自然，眞如「行雲流水」般，令人贊歎！

取材上，承天寺可寫之景何其多？蘇軾不寫其他，單取竹柏，除有去蕪存菁，予人鮮明印象外，另有其深意。「竹凌霜雪而色蒼蒼不改」，「松柏後凋於歲寒」可知，作者是有意以竹柏襯其孤高心境，以寫其遭挫不屈之心志。

本篇雖是信手偶得之作，但卻自然佳妙。無論是取材、結構，內容皆有可觀，無怪前人皆予以至高評價。

叁、課文補充資料

一、初至天目雙清莊記

◆袁宏道

數日陰雨，苦甚。至雙清莊，天稍霽。

莊在山腳，諸僧留宿莊中。僧房甚精，溪流激石作聲，徹夜到枕上。石簣夢中誤以爲雨，愁極，遂不能寐。

次早山僧供茗糜（茶和稀飯），邀石簣起。石簣歎曰：「暴雨如此，將安歸乎？有臥遊耳。」僧曰：「天已晴，風日甚美，響者乃溪聲，非雨聲也。」

石簣大笑，急披衣起，啜茗數碗，即同行。

賞析：

本篇以反襯法寫雙清莊所在環境之清幽，不說它「靜」卻說它「吵」。「溪流激石作聲，徹夜到枕上。」只有兩句，卻簡潔有力，水聲漫天蓋地，直侵入耳，喧聒不停的情景，寫得逼眞極了。天地間只充塞了巨大的溪聲，就更顯得莊舍萬籟俱寂，清雅宜人。

而文中最有趣的部分，就在作者與友人陶石簣，將漫天的溪石聲，誤作連夜豪雨，而徹夜不眠，晨起時仍愁歎不已。幸賴山僧即時一語，點醒二人。「石簣大笑」，我們也因豁然開悟而大笑。這段插曲，使作者與友人難以忘懷雙清莊，也令我們難以忘懷這篇有趣的遊記呀！

二、雪夜訪戴

劉義慶

王子猷嘗居山陰，夜大雪，眠覺，開室，命酌酒，四望皎然。因起徬徨，吟左思招隱詩，忽憶戴安道。時戴在剡，即便夜乘小船就之。經宿方至，造門不前而返。人問其故，王曰：「吾本乘興而行，興盡而返，何必見戴！」

賞析：

大雪初霽，月色皎潔的不眠之夜，適合作什麼？子猷和東坡一樣，想起了邀知己同遊。不同的是東坡與夢得同遊，領略了人生的哲理，而子猷夜訪知己，全是個人心靈的滿足，尤其文末「乘興而行，興盡而返，何必見戴！」更將魏晉名士任誕率性之形象，表露無遺。

肆、思考與練習

一、東坡說：「（月光）如積水空明。」除此外皎潔月色尚可比擬成？

答

(一)玉盤。（楊喚・夏夜「撒了滿天的珍珠和一個又圓又白的玉盤。」）
(二)秋霜。（王維・靜夜思「牀前明月光，疑是地上霜。」）
(三)如梵婀玲上奏著的名曲。（朱自清・荷塘月色）
(四)銀兔。（隋煬帝・望江南詩「清露冷侵銀兔影。」）
(五)銀蟾。（李中，思胸陽春遊感舊寄柴司徒詩。「銀蟾飛出海東頭。」）
(六)月兒像檸檬。（月明之夜，媽咪總是輕輕哼唱「月兒像檸檬，高高掛天空。」）

二、蘇軾見「月色入戶」，就想要邀懷民同遊。看到月亮，你想起什麼？

答

(一)兄弟。（蘇軾不是說：「但願人常久，千里共嬋娟。」嗎？王維也說：「共看明月應垂淚，一夜鄉心五處同。」）
(二)月餅。
(三)月下老人。
(四)月宮嫦娥的孤寂。（「嫦娥應悔偷靈藥，碧海青天夜夜心。」）

㈤狠人。

三、失眠的夜裡，你最想作什麼？

答 ㈠練功。（看金庸的武俠小說）

㈡沒有勇氣夜遊，就漫遊網際網路，找網友談心。

㈢打電話，參加電台 Call in 節目，加入「失眠」俱樂部。

㈣看錄影帶。

四、在什麼情況下，你會失眠？

答 ㈠害怕（剛聽完鬼故事）

㈡期待（明天有「校外教學」）

㈢焦慮（因爲有考試，或擔心半夜的風雨會釀成大禍）

㈣外在環境的干擾（夜來蚊子聲，鄰人的方城大戰……）

（關秀瓊）

十五、大明湖

／劉鶚

十五、大帝商

壹、作者參考資料

一、憂國憂民的劉鶚

劉鶚，原名孟鵬，字雲摶，後改名為鶚，字鐵雲。撰寫《老殘遊記》發表在報刊時，筆名洪都百鍊生。他是清朝江蘇省丹徒縣人。生於清文宗咸豐七年（西元一八五七年），卒於宣統元年（西元一九〇九年），享年五十三歲。

小時候就很聰敏，長大後雖然有點放曠不守規矩，但讀書仍很勤快。他治學宗泰州周太谷，主張儒、道、佛三教合一。他憂時憂世，對於國事非常關心，不但留心西洋科學，而且潛心於實際學問的研究，對於醫學、地理、水利等樣樣精通，這從他所寫的《老殘遊記》一書中可以看得出來。

他曾經在上海行醫，因為無人光顧而歇業，便改行學商，做起生意來，結果把全部資本都虧蝕掉，不得已只好回家鄉去。

光緒十四年戊子（西元一八八八年），黃河在鄭州決口，他想一展所學，以同知的身分投效中丞吳大澂。吳大澂和他談過話後，覺得他的主張可行，頗採納他的治河方法。這時候，劉鶚並親自參與治河工作，每天穿著短衣，騎著馬，和工人在一起幹活，凡是同僚害怕不能做的事，他都一肩承擔下來做，貢獻很大，聲譽因此大振。決口堵塞完工後，吳大澂要向朝廷奏報他的功績，他遜讓不受，把功績讓給他的哥哥夢熊，並向吳大澂請辭，說要回鄉去讀書。吳大澂沒有讓他回去，任命他為提調官，測繪三省黃河圖。黃河圖測繪完成後，黃河水患移到山東。吳大澂向山東巡撫張曜推薦劉鶚，劉鶚在張曜邀請下前去襄助治河，主張束水刷沙，反對讓地與河。

張曜在任上逝世後，由福潤繼任。福潤很欣賞劉鶚的才能，向朝廷推薦。劉鶚到京師通過考試後，以知府任用。這時的劉鶚意氣風發，慨然要有所建樹。認為扶衰振敝必須從興建鐵路開始，鐵路建成，實業就可振興，實業振興，國家便可富庶，國家富庶，一切政事就可以順利推行。於是上書請築津鎮鐵路。事情沒有成功，又上書建議，利用外資來開發山西煤礦。他的用意乃在養民富國，這在他給羅振玉的信上說的很明白。在信上他說：「蒿目時艱，當世之事百無一可為。近欲以開晉鐵謀於晉撫，俾請於朝。晉鐵開則民得養，而國可富也。國無素蓄，不如任歐人開之，我嚴定其制，令三十年而全礦路歸我。如是，則彼之利在一時，而我之利在百世矣。」這一建議雖然很好，但不能為執政的人所接受，守舊分子甚至攻訐他是漢奸。因為這個緣故，庚子（西元一九〇〇年）之亂時，剛毅竟然上奏清帝，說劉鶚通洋，請朝廷把他明正典刑。幸好他人在上海，才免遭此難。

庚子八國聯軍之役，提出扶清滅洋，自稱刀槍不入的義和團，敵不過洋人的火槍大砲，清軍也在戰場上節節失利，聯軍一路打進北京城時，兩宮西幸，北京城裡糧食匱乏，餓死的人很多。劉鶚用賤價向佔領太倉的俄軍購買太倉積穀，賑濟災民，救活了很多人。幾年後，朝廷竟然給他加上私售太倉積穀的罪名，把他流放到新疆去，這位精於實務，憂國憂民的志士，就這樣死在那裡。

他的著作很多，有《勾股天元草》、《弧角三術》、《歷代黃河變遷圖考》、《鐵雲藏龜》、《鐵雲藏陶》、《鐵雲封泥》、《老殘遊記》等書。其中的《老殘遊記》是一部遊記體的章回小說，初編二十回，一到十三回發表在上海商務印書館發行的《繡像小說》半月刊，十四到二十回，刊登在天津的《日日新聞》，後來合刊成為單行本。以後劉鶚又續撰二編，在光緒三十二、三年間，逐日發表在天津的《日日新聞》，前後計十四卷。後因事中斷，民國二十三年又刊載於上海《人間世》半月刊，第二年由良友書局印成單行本。（取材自羅振玉《劉鐵雲傳》及林瑞明《劉鶚與老殘遊記的寫作》）

貳、課文參考資料

一、《大明湖》賞析

本課是一篇記遊的文章，記述作者在遊覽中的見聞和經歷，全文以空間作線索，採用客觀的態度，把遊覽大明湖所看到的景物，像一架攝影機似的記錄下來。同時作者也把心中的感受，用具體的譬喻，使它呈現出鮮明的影像。順筆寫來，處處引人入勝。

記遊的文章和寫景的文章，作法上大致一樣。因為記遊的文章中，大部分也是在寫景，這類文章最常用的手法是描寫。描寫和記敘不同，有它獨特的寫作方式，因此也有人把描寫單獨提出，把它當作一種文體，稱它爲描寫文。

要描寫景物，有幾個最基本的工夫：

㈠要細心觀察

李穆堂的《秋山論文》說：「爲文須實有格物工夫。凡事見得明，然後說得出耳。」要凡事見得明，必須多下觀察工夫。自然界中的事物，往往是「同中有異」或「異中有同」，如果不仔細觀察，是看不出來的。《兒時記趣》文中，沈復說：「見渺小微物，必細察其紋理，故時有物外之趣。」如果他不去細察，恐怕就不會有物外之趣了。又本文作者劉鶚的《黃河結冰記》，當中有一段描寫夜晚雪月交輝的山景，如果沒有下過一番觀察的功夫，是寫不出那樣生動鮮明的文字來的。《大明湖》這課裡，劉鶚也發揮了他的這項特長，把千佛山的非凡景象描述得生動有致。

㈡要發揮想像力

想像是描寫的源泉，透過想像，才能夠把心中的感覺、意象和所描述的情態，借著另外的事物很生動地表現出來，像沈復的《兒時記趣》，把蚊子當作鶴，把叢草當作樹林，把蟲蟻當作走獸，就是運用想像力所作的具體描繪。本文有幾處地方也運用到想像力，如描寫千佛山的景觀，把它想像成宋人趙千里的一幅大畫，並用具體的屏風來做比喻，說這千佛山，好像是趙千里的一幅大畫所做成的一架數十里長的屏風。又如描寫湖南面的蘆葦，把它比喻作一條粉紅絨毯，並把它想像成上下兩個山的墊子。這種表現技巧，正如他對景色的讚美——實在奇絕。

㈢凸顯特色

由於季節的變換，地點的不同，各地各時的景物也都不一樣，都有它們獨自的特色，在描寫時一定要把握住它的特色，不可籠統浮泛，才能深刻生動。如劉鶚的《黃河結冰記》，寫的是山東境內的黃河冬天結冰的情景，不是其他地方結冰的情景，不同於其他地方。這一點劉鶚還在第十三回評論中強調說：「止水結冰是何情狀；流水結冰是何情狀？大河結冰是何情狀？河南黃河結冰是何情狀？須知前一卷所寫的是山東黃河結冰。」這是劉鶚由山東省齊河縣到濟南，在途中所看到的黃河結冰情形，是他親身實地觀察得來的。因爲他能把握住那種特點，所以描寫得十分深刻，令人有親臨其境，眼見其景的感覺。又如夏丏尊的《白馬湖之冬》這篇文章，它所要凸顯的是白馬湖的冬日情景，所要描述的特色是那裡特別尖峭的風。全文一共分爲五段，每一段都離不開風。各段的大意是這樣的：

第一段敍述移居白馬湖的經過和新居當初荒涼的景象。第二段敍述白馬湖冬季朔風野大，在松濤如吼、霜月當窗的時候，深感蕭瑟的詩趣，發出幽邈的遐想。第三段敍述白馬湖冬季如果不刮風，便非常和暖，可是寒風一起，日夜狂吼，情景就大不相同。第四段敍述白馬湖下雪機會不多。冬的情味幾乎都從風而來。並從地理上說明白馬湖所以多風的原因。第五段敍述僦居上海後，一聽到風聲，便勾起白馬湖的回憶。

劉鶚的《大明湖》所描述的是秋天的湖景，因爲地點不同，季節不同，所以湖景也不同，《白馬湖之冬》凸顯的是天寒地凍，山湖變色。《大明湖》凸顯的卻是秋高氣爽，風景宜人。兩篇都是經過精心的刻畫，所以意象很突出，兩地的風光，讓人一讀其文，就可以感覺出來。

胡適先生在《老殘遊記的文學技術》文中說：「《老殘遊記》最擅長的是描寫的技術，無論寫人寫景，作者都不肯用套語濫調，總想鎔鑄新詞，作實地的描畫。在這一點上，這部書可算是前無古人了。」又說：「因襲的詞章套語決不夠用來描寫景物，因爲套語總是浮泛的，籠統的，不能表現某地某景的個別性質。」劉鶚在本文中也發揮了他的鎔鑄新詞的專長。試看底下這幾段文字：

「只見對面千佛山上，梵宇僧樓，與那蒼松翠柏，高下相間——紅的火紅，白的雪白，青的靛青，綠的碧綠。更有那一株半株的丹楓，夾在裡面，彷彿宋人趙千里的一幅大畫，做了一架數十里長的屏風。」

「正在嘆賞不絕，忽聽得一聲漁唱，低頭看去，誰知那明湖業已澄淨得同鏡子一般。那千佛山的倒影映在湖裡顯得明明白白。那樓臺樹木，格外光彩，覺得比上頭的千佛山還要好看，還要清楚。」

「從這湖的南岸上去，便是街市，卻有一層蘆葦，密密遮住。現在正是開花的時候，一片白花映著帶水氣的斜陽，好似一條粉紅絨毯，做了上下兩個山的墊子，實在奇絕。」

這三段文字合起來雖然只有短短的三百四十多個字，但已把千佛山的景色描繪得栩栩如生，因爲劉鶚用的都是鮮活的詞語，當中沒有套語濫調，景觀都是實地觀察而來的，能把握住它的特色，所以並不籠統。即使用了像鏡子、屏風、絨毯、墊子這種平凡器物，但他賦予它新的意義，營造出另一種格局和意境，也能化腐朽爲神奇，所以才能寫出那樣生動的湖光山色。國中國文第三冊的教師手冊，對這三段文字的評價很高，也說出了它的妙處所在，茲錄列其文字如下：

> 第四段敘西行不遠來到鐵公祠，先大略介紹鐵鉉的忠義事蹟，而後著力描繪由祠前南望千佛山的特殊景觀。利用許多顏色來刻畫廟宇建築與花草樹木相間而成的生動畫面。在鮮麗之中，又運用「紅的火紅，白的雪白，青的靛青，綠的碧綠」四個排列整齊的語句，來造成一種懾人的氣勢。嫵媚中帶有雄偉，更能顯現出千佛山的非凡氣象。這是整個遊記中的重點。
>
> 既掌握到此一重點，作者即不輕易放過，所以緊接著在第五段中，以「一聲漁唱」聽覺的美作引子，繼續描寫千佛山的倒影映在大明湖中的景象，顯現出另外一種特殊的風味。
>
> 第六段仍然抓住這一重點不放，以蘆花、夕陽形成的奇異景致作為間借（借字舊國中國文教師手冊作藉），將四、五段中所寫的景象結合在一起，湖光山色，相映成趣。不僅風景「實在奇絕」，作者的表現技巧也「實在奇絕」。

古今來寫記遊的文章很多，寫的也都很出色，他們之中大部分都用第一人稱來敍述，但《老殘遊記》全書則採用第三人稱來寫，雖然這樣，不過《老殘遊記》中的主人翁鐵英，實際上就是劉鶚自己的化身，所以這只是表現方式的不同，實際描述的手法還是一樣的。本文以遊者爲主體，就是記出遊者經過路線所見所聞的事物，這種寫法，通常只選值得記的來記，不重要的部分大都一筆帶過，予以省略。本文是從《老殘遊記》第二章《歷山山下古帝遺跡，明湖湖邊美人絕唱》中節選出來的。《老殘遊記》是一本遊記式的小說，小說的寫法有其故事性，和一般散文的寫法不同，把這篇《大明湖》和夏丏尊的《白馬湖之冬》作一個比較，就可以很明顯地看出它們的差異。本文的重點是大明湖，一、二兩段只是一種橋樑，一種引子，沒有必要作詳細的說明，所以只作了簡單的交代。至於作爲本文重心的大明湖，劉鶚選了其中的三個景點來寫，就是歷下亭、鐵公祠和千佛山。不過他把重點放在千佛山，所以有關千佛山的描述，著墨最多，另外的歷下亭和鐵公祠，只是點到爲止。現在來看看他對這兩個景點的敍述。

入了大門，便是一個亭子，油漆已大半剝蝕。亭上懸了一副對聯，寫的是「歷下此亭古；濟南名士多。」上寫著「杜工部句」，下寫著「道州何紹基書」。亭子旁邊，雖有幾間房屋，也沒有什麼意思。

到了鐵公祠前，朝南一望，……看了一會兒，回轉身來，看那大門裡面，楹柱上有副對聯，寫的是：「四面荷花三面柳；一城山色半城湖。」暗暗點頭道：「真真不錯！」進了大門，正面便是鐵公享堂，朝東便是一個荷池，繞著曲折的迴廊。到了荷花東面，就是個圓門，圓門東邊有三間舊房，有個破匾，上題「古水仙祠」。祠前一副對聯，寫的是：「一盞寒泉薦秋菊；三更畫舫穿藕花。」

對於歷下亭的建築及其左近的建物，上述文字中都沒有提到。至於鐵公祠，雖然描述得較詳盡，但仍略去了一些景觀。這從郭嗣汾《細說錦繡中華‧大明湖風光》（地球出版社有限公司）一文中可以比較看出。雖然時間上兩篇文章相隔幾十年，不過一些重大的建築，應該不會有太多的改變。底下是郭文對這兩個地方的描述：

歷下亭四面環水，在湖中的名勝古蹟中，首屈一指。進大門，中有一八角亭，亭內有清乾隆帝御書碑。門上有州道何紹基所寫的「歷下（或作者海右）此亭古；濟南名士多。」是唐代杜工部跟李北海在此宴遊所題詩句，亭為重簷式建築，朱漆梁柱，雕刻精緻。亭後有臨湖閣。名士軒及大殿，迴廊連接，曲折幽緻，極為清雅。

鐵公祠在歷下亭的西邊，……建築極為精緻，祠前門上題有「小滄浪」三字，院內池中有小滄浪亭，正殿祀鐵公像，柱上懸有楹聯：「四面荷花三面柳；一城山色半城湖。」是極有名的一副對聯。在《老殘遊記》中對此處有動人的描繪。小滄浪亭之北有淨香亭、得月亭。由鐵公堂向東，迴廊曲折，繞過荷花池，可到一小院，院中建有古水仙祠，祠前楹聯：「一盞寒泉薦秋菊；三更畫舫穿藕花。」古典清雅之極。

郭嗣汾先生的《大明湖風光》，所要描述的是大明湖的風光，所以有關湖的情況及湖中的景點，都不分輕重，一一加以介紹，至於千佛山反而沒有提到，這是因爲郭文和劉文兩者的著眼點不同，在取材上自然就不一樣了。而爲什麼會有這樣的差異呢？那就是前面提到的，小說和散文的寫作方式不同的緣故。也就是《大明湖》是寫的老殘遊湖的經過，在遊湖的過程中，他可以欣賞湖中的景色，也可以觀看周圍的風光，所以把他看到的千佛山也寫進去。而《大明湖風光》純粹是客觀的說明，介紹的都是湖中的風景，千佛山在大明湖外，所以沒有提到。從這裡，我們更可體會出文章的寫作技巧和取材的秘訣了。

國中國文教師手冊說：「劉鶚的文章，不用陳腔套語，不作浮泛的描寫；對大自然的景物能作深刻眞切的觀察，以清新樸實的文筆表達出來，使景物顯得特別有情味。不僅給讀者提供了美妙的畫面，更能引導讀者感受親臨其境的意趣。他在文學上的成就，受到人們的推崇，可以說是理所當然的。」這一段話不是溢美之詞，劉鶚確實可以當之無愧。不信，你可仔細推敲，慢慢咀嚼《大明湖》這篇文章，從中不難發現，這些話說的一點也沒有錯。

叁、語文天地

一、文法修辭

本篇文章用了許多修辭方法。計有底下幾種：

㈠譬喻

用另有具有類似點的事物來比擬所記敘描述的人、物、事、理的修辭法。

1、只見對面千佛山上，梵宇僧樓，和那蒼松翠柏，高下相間—紅的火紅，白的雪白，青的靛青，綠的碧綠。更有那一株半株的丹楓，夾在裡面，彷彿宋人趙千里的一幅大畫，做了一架數十里長的屏風。

2、那明湖業已澄淨得同鏡子一般。

3、一片白花映著帶水氣的斜陽，好似一條粉紅絨毯，做了上下兩個山的墊子。

㈡對偶

上下兩句字數相等，句法相似，平仄相對的修辭法。

1、歷下此亭古；濟南名士多。

2、四面荷花三面柳；一城山色半城湖。

3、一盞寒泉薦秋菊；三更畫舫穿藕花。

㈢設問

爲提醒下文或激發本意而提出問題的修辭法。

1、你道鐵公是誰？就是明初與燕王爲難的那個鐵鉉。

2、如此情景，爲何沒有甚麼遊人？

(四) 頂真

下句句首的字詞和上句句末的字詞相同的修辭法，又稱作頂針。

1、到了荷池東面，就是個圓門，圓門東邊有三間舊房。

(五) 排比

把許多同類的句子，並列鋪排在一起的修辭方式。

1、紅的火紅，白的雪白，青的靛青，綠的碧綠。

(六) 轉品

說話上把某一類品詞移轉作別一類的品詞來用的修辭方式。

1、紅的火紅，白的雪白，青的靛青，綠的碧綠。

(七) 鑲嵌

在一些詞語裡加上幾個無關緊要的字來拉長音節，或故意用幾個特定的字來嵌入話中的一種修辭方式。以鑲加虛字和數字爲最常見。也有鑲嵌同義字和反義字以及方位詞的。

1、四面荷花三面柳，一城山色半城湖。

肆、課文補充資料

一、濟南的泉水

段穎在《品泉》文中有一段話說：「我第一次受到泉水的震撼，是剛到濟南的時候，那裡是一個可愛的水鄉，濟南的七十二泉，名聞全國，而以趵突泉爲最。記得我去賞趵突泉時，見到由水中突出，不捨晝夜的數尺高的水柱，看得神往不已。」又說：「濟南眞是一個泉水充沛的地方，每一口水井的水都湧滿到地面，人們可以拿茶杯在井中舀水，不需繩索等工具；甚至用一支筷子往下一扎，拔起來便是一線清泉。」

說用一支筷子往地下一扎，拔起來便是一線清泉，話是太誇張了些，但濟南的泉水的確是特別多，地下水實在是很充沛，所以劉鶚的《老殘遊記》，對濟南的風光也是用

「家家泉水，戶戶垂楊」來形容。濟南可算得上是一座泉城，每秒鐘大約有四立方公尺的泉水湧出來，其水量之豐，由此可見一斑。

爲什麼濟南水源會這樣充沛呢？原來它有一個用之不盡的天然水塔，就是南部山區儲藏的地下水。濟南的地理位置正好在山區和平原的分界線上，山區是由結合不很緊密的岩石組成的，有裂隙和洞穴，能儲存和輸送地下水；而平原泥土下面也隱伏著密不透水的岩漿岩。很巧的是山區的石灰岩以大約三百度左右的斜度由南向北傾斜，到了濟南，正好被地下的岩漿岩截斷，因此由山區大量流來的地下水，就匯集在濟南不動了。同時由於不能再前進，於是地勢低窪或低過地下水儲存面的地方，就湧出了泉水。濟南的多水多泉，可說是地理環境造成的。（錄自李炳傑編著《眞相大白》．《國語週刊雜誌社》）

二、談對聯

(一)何謂對聯

詩文中對仗的兩個句子叫對聯。這兩個句子，出句稱上聯，對句稱下聯，兩句合稱一聯，也稱聯語。後用在楹柱或廳堂上，又稱楹聯、楹帖、對子。至於春節時用紅紙寫一些吉祥語張貼在門上的對聯，則稱作春聯。

對聯是我國獨有的文學形式之一，是由春聯發展而來的。至於春聯，相傳起於古代新春的桃符。我國古代民間傳說，度朔山的桃林裡，住有兩個專吃妖魅鬼怪的神人，名叫神荼、鬱壘，當時人就用桃木雕了這兩個神人的像，懸掛在門上，藉以鎭邪，以求永保平安，桃符於是就這樣產生了。在漢代，除了用桃木雕像外，也有在木版上畫著神荼、鬱壘的形象的，後來更加以簡化，只在一方形的紅紙上畫一桃形，並在上面寫上「神荼」、「鬱壘」字樣。

桃符演變爲春聯，有記載可考的，要算五代蜀主孟昶所作的一副最早。宋人張唐英《蜀檮杌》說：「蜀未歸宋之前一年，蜀主孟昶令學士辛演遜題桃符板於寢門，以其詞非工，自命筆云：『新年納餘慶，嘉節號長春。』」自此後，春聯逐漸流行，宋朝時並還從春聯發展出堂聯，朱熹在自己的書齋寫了一副「爲善最樂；讀書便佳。」的對聯便是一例。

到了明清，貼春聯不僅是盛行，而且還成了一種習慣，這跟當時在上者的提倡有很大的關係。據說明太祖朱元璋很喜歡對聯，除了下旨要公卿士庶在過年時貼春聯外，他還親自撰寫了許多春聯賜給大臣們。像「國朝謀略無雙士；翰苑文章第一家。」是他賜給學士陶安的春聯。像「破敵平蠻，功貫古今第一人；出將入相，才兼文武世無雙。」是他賜給大將軍徐達的春聯。至於清朝，自從入關代明而有天下後，爲了籠絡漢人，極力提倡文學，對聯這門學問因此也蓬勃興盛了起來。

對聯，據張仁青教授的分類，有如下五大類：（見張仁青著《駢文學》．文史哲出版社）

1、春聯：新年專用之門聯。

2、楹聯：住宅、機關、廟宇、古蹟等處所用。

3、賀聯：壽誕、婚嫁、開業等喜慶所用。

4、輓聯：哀悼死者所用。

5、贈聯：頌揚或勸勉他人所用。

以上是就內容和懸掛的地方來區分的，屬於應用的性質。至於對聯的形式，有三言、四言、五言、六言、七言、八言、九言、十言，甚至有多到二百多言的。不過一般說來，以四言、五言、六言、七言、八言爲最多，如果超過八言，便是由兩句或兩句以上長短不等的文字組成，那就是一般所稱的長聯。

(二)對聯的作法

至於對聯的作法，和作律詩、駢文一樣，必須講求對仗和平仄。對仗方面，就是詞性要相對，亦即名詞要對名詞，動詞要對動詞，形容詞要對形容詞，副詞要對副詞，還有數字要對數字，顏色要對顏色，方位要對方位。平仄方面，平仄兩類的文字要對舉，亦即以平聲字對仄聲字，以仄聲字對平聲字，平仄如果很協調，讀起來就會顯得抑揚頓挫了。茲以《大明湖》中的三副對聯爲例來說明。

先說平仄，對聯的平仄和律詩中的二、三聯一樣，五言和七言各有兩種格式：

五言：(1)仄仄平平仄；　(2)平平平仄仄；
　　　平平仄仄平。　　仄仄仄平平。

七言：(1)仄仄平平平仄仄；　(2)平平仄仄平平仄；
　　　平平仄仄仄平平。　　仄仄平平仄仄平。

「歷下此亭古；濟南名士多。」的平仄是「仄仄仄平仄；仄平平仄平。」「四面荷花三面柳；一城山色半城湖。」的平仄是「仄仄平平平仄仄；仄平平仄仄平平。」「一盞寒泉薦秋菊；三更畫舫穿藕花。」的平仄是「仄仄平平仄平仄；平平仄仄平仄平。」當中的「此」、

「濟」、「名」、「一」、「山」、「薦」、「秋」、「穿」、「藕」都不合格律，但作詩有「一三五不論，二四六分明」的說法，所以不算出律，而且它本身也作了補救，就是「名」本應仄聲而改以平聲，來補救「濟」的變平聲爲仄聲，「山」本應仄聲而改以平聲，來補救「一」的變平聲爲仄聲。當中只有「一盞寒泉」這副對聯有點問題，就是上聯的第六字跟下聯的第六字平仄完全不對，還好它上下聯的平仄還是相對的，錯的不太離譜。

再說對仗，「濟南」對「歷下」是名詞對名詞，「名」對「此」是形容詞對形容詞（「名」是名詞當形容詞用，此是指示形容詞），「士」對「亭」是名詞對名詞，「多」對「古」是形容詞對形容詞。「一」對「四」是數字對數字，「城」對「面」是名詞對名詞，「山色」對「荷花」是名詞對名詞，「半」對「三」是數字對數字，「湖」對「柳」是名詞對名詞。「三」對「一」是數字對數字，「更」對「盞」是名詞對名詞，「畫舫」對「寒泉」是名詞對名詞，「穿」對「薦」是動詞對動詞，「藕花」對「秋菊」是名詞對名詞（植物對植物）。

對聯除了自己創作外，也有用集句的，上述的「歷下此亭古；濟南名士多。」「一盞寒泉薦秋菊；三更畫舫穿藕花。」就是。集句除了集前人的詩句外，也有集格言的，如「得過且過；自然而然。」「立定腳跟做事；放開眼孔觀人。」集經書的，如「無聲無臭；至大至剛。」（四書），至於古文和詞曲等也在集句之列。

(三)對聯的故事

在過去，塾師教導學生，在作文作詩之前，最先教的就是對對，這是作對聯和作詩的初步工夫。對對時先從一個字開始（如「天」對「地」），然後再兩個字（如「清風」對「明月」）、三個字、四個字、五個字逐漸增加字數。對對說簡單很簡單，說難也很難，前人常拿它來作文字遊戲或製作笑話。如《笑話世界》裡有一則故事說，有一個私塾老師教學生對對，以「嫩松」二字爲題，先叫甲生對，甲生文思敏捷，稍微想了一下，立即對以「老柏」。「老」對「嫩」是形容詞對形容詞，「柏」對「松」是名詞對名詞，並且是植物對植物，而「老柏」對「嫩松」，意義上也很妥適，所以塾師大爲讚許。輪到乙生時，由於上課不怎麼專心，把「老柏」聽作「老伯」，「老伯」和「阿爹」意思都是長輩，便大聲對塾師說：「阿爹」。塾師一聽，簡直不通極了，一生氣，就拿起戒尺打他手心。

乙生被打，心裡很不服氣，邊哭邊大聲喊著：「先生偏心，怎麼不打老伯，反而打阿爹呢？」又如《大明湖》的討論與練習，有一題要學生屬對，當中的「綠水」，當以對上「青山」最妥切。但是把它拉長，上下句各加上幾個字，如果不用心，有時也會鬧出笑話來。如從前有一個塾師，在某富翁家教讀，有一天，某富翁要看看他的教學成績，特別到書房去探視。塾師對他說，他的兒子功課大有進步，目前已經能對對子了。富翁就請塾師出題考考他的兒子。塾師於是出了一個「門前綠水流將去」的上聯要富家子對。那富家子想了很久才對出。說：「屋裡青山跳出來」。「門前」對「屋裡」，「綠水」對「青山」，「流將去」對「跳出來」，對仗很工整，平仄也很協調，富翁覺得不錯，頻頻點頭。但是繼而一想，不對啊，屋裡怎麼可能有「青山」，那這個屋子未免大得離譜，還有「青山」是不動的，怎麼可能跳出來。便責備他的兒子，說他讀書不用心，功課一點也沒有進步，這下聯簡直不通嘛。他的兒子辯解說：「爸爸！我們家不是有一個叫青山的傭人嗎？他只有一條腿，從屋裡出來的時候就是用跳的。屋裡青山跳出來，說的就是他呀！」塾師一旁聽說，連忙替他解圍，對富翁說：「東翁，令郎說的不錯，可見他不是胡謅的，您就請息怒吧！」

因爲孩童從小就開始學對聯，一些聰慧的孩子，在這方面常有很卓越的表現，如明朝的解縉，十四歲就中了黃甲進士，在他九歲時，有一天，和他的父親去江邊洗澡，把脫下的衣服掛在岸邊的樹枝上，他的父親觸動靈感，出了一個上聯「千年老樹爲衣架」要他屬對，他立即應以「萬里長江作浴盆」，不但對仗工整，而且氣勢不凡。又如明朝的張居正，幼年時去應童子試，巡撫顧璘要他對對子，題目是「雛鶴學飛，萬里風雲從此始。」張居正對說：「潛龍奮起，九天雷雨及時來。」顧璘大爲讚賞說：「這小孩子，將來一定貴不可及，不是我能比得上的。」後來張居正果然貴爲宰相。又如清朝人張玉書，幼年在私塾讀書時，每天遲到，他的老師以此爲題，出「紅日當窗人未起」的上聯要他對下聯，他不假思索的回答說：「青雲得路我先行」，口氣不小，他的老師覺得這個孩子將來一定有不凡的表現，後來果然考中了順治朝的狀元，官做到文華殿大學士。又如清末民初人張謇，十歲時在私塾讀書，有一個人騎著白馬從私塾門前經過，塾師出了一個「人騎白馬門前過」的上聯要學生對，張謇當時對以「我踏金鰲海上來」，氣勢非凡，後來果然高中光緒朝的狀元。

從前的文人，常愛用對聯來表達自己的志趣、愛好、情感和抱負，從對聯裡可以看出一個人的才情和氣勢。如明太祖朱元璋，爲了試試建文帝和燕王的才氣，出了「風吹馬尾千條線」的上聯要他們兩人屬對，建文帝對的是「兩打羊毛一片氈」，燕王對的是「日照龍鱗萬點金」，兩人在氣勢上有大大的不同，燕王的對句已顯出了帝王的氣勢。據說朱元璋聽了他們的對句後，心知建文帝柔弱仁慈，燕王有雄心大志，將來難免會發生事情。便叫人鑄造了一個鐵櫃，在櫃內放置了僧衣、唸珠、度牒、剃刀等物，密封後，命兩位顧命大臣看守，吩咐他們遇到緊急時才能打開。後來燕王兵臨南京城下，情勢非常危急，奉命看守鐵櫃的大臣，於是打開鐵櫃，把裡面的東西進呈給建文帝。建文帝看到那些東西，知道朱元璋是叫他出家避難，便用剃刀剃去頭髮，穿上僧衣，掛上唸珠，改扮成和尚後，逃出皇宮，才沒有被燕王俘獲。還有蘇軾寫了一副「識遍天下字，讀盡人間書」的對聯貼在書房門框的兩旁，把他的志趣說了出來。這副對聯口氣有點狂妄，有位讀書人看了很不服氣，有一天故意帶了一本他的著作去向蘇軾請教，蘇軾打開一看，有些字不認得，有些道理看不懂，便推託沒有時間，請那位讀書人先把書帶回去，以後有時間再來慢慢討論。等那人離開後，蘇軾想起自己書房的對聯，想必是那讀書人看了，覺得自己太囂張，所以才故意拿那本書來考驗他。想到這裡，覺得很不好意思，便立即提筆在那副對聯的上頭各加了兩個字，改成「發憤識遍天下字，立志讀盡人間書」，口氣委婉謙虛了很多。

現在工商業發達，都市裡寸土寸金，蓋的房子都是高樓大廈，不像以前的四合院，不大適合貼對聯，過年貼春聯的人家越來越少，加上白話文興起後，寫駢文、舊體詩的人不多，應用不上對聯，學的人不是很多，所以這門學識便逐漸式微，甚至於沒落了。其實對句是訓練腦力，增進作文能力的最好方式，在學校教育中應特別提出來隨機施教，並多讓學生來練習，把它發揚光大才是。因爲它也是一種藝術，在日常生活中有時也用得到啊！

三、談「對句」練習

國中國文教材，選有詩詞曲，在那些作品中，時有對句出現。有關對句的情形，學生僅限於一知半解，所以常會問起這個問題。要讓學生徹底領悟，老師除了告訴他們對句的作法，如上下句的平仄要對，詞性要對，對仗必須工整，音韻必須和諧，辭意必須貼切外，最直接有效的辨法，就是叫他們實際作對句練習。要學生作對句練習，其實也不難，因爲課文中有許多現成的材料。試舉部分例子如下：

㈠一言

塞——通（愚公移山）
戶（承天寺夜遊）——窗（雅量）
智——愚（老馬識途）
樓（登鸛雀樓）——閣（我所知道的康橋）
多（母親的教誨）——少（雅量）
易——難（爲學一首示子姪）

㈡二言

頂天——立地（只要我們有根）
乘風——破浪（生存與奮鬥的啓示）
苦惱——歡欣（享福與吃苦）
好逸——惡勞（勤訓）
海闊——天空（生存與奮鬥的啓示）
客戶——主人（寄弟墨書）
巧言——令色（孔子的人格）
驕矜（孔子的人格）——謙遜（麥帥爲子祈禱文）
枕流——漱石（品泉）
沈澱（品泉）——昇華（成功）
聰敏——昏庸（爲學一首示子姪）
單調（鳥）——複雜（科學的頭腦）
細瘦——豐腴（鳥）
平淡（科學的頭腦）——神奇（品泉）
驚濤——駭浪（成功）
待人——接物（母親的教誨）
門前——屋後（鄉下人家）
黑暗——光明（行道樹）
薄霧——輕煙（匆匆）
守舊——創新（弘揚孔孟學說與復興中華文化）
六朝（韻文常識）——三國（空城計）
殘酷——仁慈（生存與奮鬥的啓示）
穴居——野處（創造）
耳聞——目見（創造）

㈢三言

致廣大——盡精微（弘揚孔孟學說與復興中華文化）
坦蕩蕩——漠楞楞（我所知道的康橋）

百十丈——點把鐘（黃河結冰記）

㈣四言

劍及履及（弘揚孔孟學說與復興中華文化）——心到眼到（讀書）

登山殺虎——入水斬蛟（創造）

飲食不節——興寐無常（自由與放縱）

柔軟似絮——輕勻如綃（鄉居情趣）

救人濟世（生存與奮鬥的啓示）——利國福民（報紙的言論）

讓學生練習作「對句」，可以下面幾種方式進行。

㈠以課文中的字面出對，叫學生也以課文中的字面屬對，如上面所學例子。

㈡以課文外的字面出對，叫學生以課文中的字面屬對。如慌張——鎭定（生存與奮鬥的啓示）、芙蓉——芍藥（張可久梧葉兒）、華裾——短褐（五柳先生傳）、楊朱——李白（黃鶴樓送孟浩然之廣陵）、討厭——喜歡（生存與奮鬥的啓示）、淺薄——深厚（孔子的人格）、流藏——流露（孔子的人格）、映階碧——入簾青（陋室銘）、閒居賦——陋室銘（陋室銘）、七松處士——五柳先生（五柳先生傳）、有口皆碑——無徵不信（讀書）、苦中作樂——忙裡偷閒（讀書）、柳巷花街——竹籬茅舍（失根的蘭花）、水到渠成——瓜熟蒂落（碧沈西瓜）、惟一途徑——不二法門（享福與吃苦）、養生有妙方——飲食無禁忌（運動最補）、時還讀我書——晨興理荒穢（歸園田居）、牙齒舌喉脣——宮商角徵羽（四時讀書樂）、事不經過不知難——書到用時方恨少（讀書）、沾衣欲濕杏花雨——吹面不寒楊柳風（春）。

㈢以課文中的字面出對，叫學生以課文外的字面屬對。（自行創作或他書字句都可以）如歲月如流（黃河結冰記）——光陰似箭、守先待後（寄弟墨書）——繼往開來、錦上添花（成功）——雪中送炭、有意（溪頭的竹子）——無心、無聊——（談興趣）——有趣、高低（鄉居情趣）——遠近、忍氣吞聲（寄弟墨書）——揚眉吐氣、穿山越嶺（詹天佑）——涉水過橋、年華似水（結善緣）——歲月如流。

㈣由學生自行出對及屬對，使用上述三種方式，或自行創作。

在過去沒有設立學校的時代，小孩子一進私塾認識字以後，大都先學對「對子」，然後再學作文，因此對於「對句」都很在行。

明朝人解縉，有一位做大官的鄰居，見他聰明可愛，請他到他家去玩。解縉不肯走偏門，那位大官出了一個「小馬無知嫌路窄」的上聯要他對，說對得來就開大門請他進去。解縉立即對上，說：「大鵬展翅恨天低。」那大官還要爲難他，看見他穿了一件小綠襖，又出對說：「出水蝦蟆穿綠襖」，解縉知道那大官是故意在取笑自己，見到他穿了一件大紅袍，當時也還以顏色，說：「落湯螃蟹著紅袍。」那大官看他文思敏捷，大爲嘆服，便開了大門請他進去。又解縉考中了進士以後，在朝廷爲官，每天陪侍在明成祖左右。有一天，明成祖對他說，「色難」這一句很難對。他應聲回答說：「容易。」說完後就不再開口。過了一會，明成祖問他說：「既然你說容易，爲什麼到現在還不對？」解縉說：「剛才已經對過了。」明成祖聽他這麼一說才恍然大悟，不覺哈哈地笑了起來。原來「容易」是用來對「色難」的，不是說「色難」很容易對。當中「色」對「容」是名詞對名詞，「易」對「難」是形容詞對形容詞。色難的聲調是仄平，容易則是平仄，不但對仗工整，而且平仄也很協調，可稱得上是「絕對」。

現在學校教育著重多方面的學習，國文只是其中一科，加上每週上課時數有限，有關對句的訓練總是缺如。希望國文教學能在這方面多加强，利用每課書的講授，作一些對句練習，激發學生學習國文的興趣，提升他們的語文能力。（李炳傑作，錄自民國八十二年七月十八日國語日報）

四、與大明湖有關之聯語

(一)濟南大明湖名人聯

地占百灣多是水
樓無一面不當山

(二)濟南歷下亭名人聯

1、鑿壁開窗最可喜雪霽南山霞明東海
庋牀枕水有幾箇春宵聽雨秋月彈琴

2、李北海亦豪哉杯月相邀頓教歷下古亭千古歸詩人吐屬
杜少陵已往矣湖山如昨試問濟南過客有誰繼名士風流

3、勝景畫圖開憶杜老當年豪氣縱横傾北海
酒痕襟袖滿自杭州至此風光明媚似西湖

4、活水向源頭七二名泉隨地湧
好山排對面一千尊佛隔城看

㈢濟南趵突泉名人聯

畫閣鏡中看幻作神仙福地
飛泉雲外聽寫成山水清音

（以上諸聯錄自丁景云編《對聯彙編》・順風出版社）

伍、思考與練習

一、本文中有一些對句，請把它們找出來。

答

㈠秋山紅葉—老圃黃花
㈡家家泉水—戶戶垂楊
㈢歷下此亭古—濟南名士多
㈣四面荷花三面柳—一城山色半城湖
㈤一盞寒泉薦秋菊—三更畫舫穿藕花

二、本文有一些詞語可以構成對子，請把它們找出來。

答

㈠梵宇—僧樓
㈡蒼松—翠柏
㈢火紅—雪白
㈣粉紅—碧綠
㈤車資—酒錢

三、「明明白白」是由「明白」兩字連疊而成的，疊用後和原來的意思有點不一樣。你還能舉出像這種情形的其他例子來嗎？

答

㈠清清楚楚㈡整整齊齊㈢乾乾淨淨㈣安安靜靜㈤本本分分㈥實實在在㈦熱熱鬧鬧㈧吵吵鬧鬧㈨原原本本㈩老老實實(十一)歡歡喜喜(十二)高高興興(十三)大大方方(十四)冷冷清清(十五)簡簡單單(十六)多多少少(十七)清清白白(十八)完完全全。

四、作者遊覽大明湖，爲什麼不多介紹湖中風景，卻用了那麼多的筆墨來描述千佛山呢？

答

作者之所以用了三段文字來描述千佛山及其倒影映在大明湖中的景象，主要是爲了凸顯湖光山色的相映成趣，能讓人感受到另外一種特殊的風味。

五、你能說出一些作「對句」的趣事嗎？

六、「對對」練習。

底下有幾個詞語，請以課文中的詞語或課文外的詞語來對。

㈠無聊—（有趣）
㈡塞北—（江南）

(三)早餐——(晚飯)
(四)車費——(酒錢)
(五)樵歌——(漁唱)
(六)亭閣——(樓臺)
(七)混濁——(澄淨)
(八)糊塗——(明白)
(九)下面——(上頭)
(十)難聽——(好看)
(十一)結果——(開花)
(十二)良辰——(佳景)
(十三)新屋——(舊房)
(十四)依然——(仍舊)

(李炳傑)

國家圖書館出版品預行編目資料

新國中國文動動腦／許碧華等合著. --初版.
--臺北市：萬卷樓，民87
冊；　公分
ISBN 957-739-200-8(第3册：平裝)

1.中等教育-教學法 2.國文-讀本

524.31　　87016441

新國中國文動動腦 3

作　　者：韓姝如、闕秀瓊、許碧華、林嫻雅、
江艾倫、李敏雪、劉崇義、李炳傑
發 行 人：許錟輝
責任編輯：李冀燕
出 版 者：萬卷樓圖書有限公司
台北市羅斯福路二段41號6樓之3
電話(02)23216565・23952992
FAX(02)23944113
劃撥帳號 15624015
出版登記證：新聞局局版臺業字第5655號
網站網址：http://www.wanjuan.com.tw/
E　-mail：wanjuan@tpts5.seed.net.tw
經銷代理：紅螞蟻圖書有限公司
台北市內湖區文德路210巷30弄25號
電話(02)27999490
FAX(02)27995284
承印廠商：晟齊實業有限公司
電腦排版：浩瀚電腦排版股份有限公司
定　　價：400元
出版日期：民國87年12月初版
民國89年7月初版三刷

ISBN 957-739-200-8